Recht verstehen

in Ausbildung, Beruf und Alltag

von

Julia Ruch

2., überarbeitete und erweiterte Auflage

Handwerk und Technik • Hamburg

Über dieses Buch

Das Recht im Allgemeinen zählt gewiss nicht zu den beliebtesten Themen des Alltags. Und dennoch spielt es eine allgegenwärtige Rolle, deren man sich zumeist erst bewusst wird, wenn – was nicht selten vorkommt – Probleme oder Fragen auftauchen.

Das vorliegende Lehr- und Arbeitsbuch vermittelt leicht verständlich Rechtskenntnisse, die in Ausbildungsbetrieb und Prüfung, Beruf und privatem Wirtschaftsverkehr sowie im Umgang mit Behörden immer wieder gefragt sind.

Im besonderen Fokus stehen das allgemeine **Vertragsrecht**, das **Kaufrecht**, das Recht der **Online-Verträge**, der **Verbraucherschutz**, das **Arbeitsrecht** und der **Umgang mit belastenden Verwaltungsakten**. In den Bereichen des Straf-, des Verfahrens-, des Ausbildungs- und des Handelsrechts werden die für Jugendliche und junge Erwachsene wichtigsten Grundlagen dargestellt.

Neben der Vermittlung eines „rechtlichen Allgemeinwissens" für den Hausgebrauch ist Ziel des Buches auch, den Leserinnen und Lesern das Lösen alltäglicher Rechtsfälle zu ermöglichen. Diesem Zweck dienen ein eigenes Kapitel und die stets praxisorientierte Aufbereitung des Inhalts mit einer Vielzahl von Beispielen.

Eingestreute „Gut zu wissen"-Kästen beleuchten Themen wie Wohnungskündigung, Garantie und Umtausch, Rechtsrecherche im Internet und „Was kostet ein Prozess?" oder räumen mit besonders „beliebten Rechtsirrtümern" auf.

In der vorliegenden **2. Auflage** sind einige Themen hinzugekommen bzw. stärker betont worden, die in der Lebens- und Berufswelt der Schülerinnen und Schüler heute vielleicht eine noch größere Rolle spielen als vor neun Jahren: **Mietrecht, Urheber- und Bildrechte** (speziell im **Internet**), gemischte und atypische Verträge wie **Fitnessstudio-** und **Mobilfunkvertrag** sowie **„rechtliche Fallstricke im Umgang mit sozialen Medien"**.

Autorin und Verlag wünschen viel Spaß beim Eintauchen in eine ungewohnte Materie und viel Erfolg beim Lösen spannender Alltagsfälle!

ISBN 978-3-582-**74734**-1 Best.-Nr.: 1803

Verlag Handwerk und Technik GmbH,
Lademannbogen 135, 22339 Hamburg; Postfach 63 05 00, 22331 Hamburg – 2020
E-Mail: info@handwerk-technik.de – Internet: www.handwerk-technik.de

Satz und Layout: PER Medien+Marketing GmbH, Braunschweig
Umschlagsmotiv: iStockphoto, Berlin: xsandra
Druck: Himmer GmbH, 86167 Augsburg

1.1 | Das Recht kennen – wozu?

Das Recht begleitet uns Tag für Tag – ein Leben lang. Auf Bundesebene gibt es etwa 1.900 Gesetze und knapp 3.000 Verordnungen. Dazu kommen die Gesetze der Bundesländer. Das Europarecht umfasst weitere 7.000 Vorschriften. Bei einer solchen Fülle an Rechtsvorschriften kommt man zwangsläufig täglich mit einer Vielzahl rechtlicher Konstellationen in Berührung.

Die Kündigung des Arbeitgebers, die Unterschrift unter den Ausbildungsvertrag, die Aushändigung des IHK-Prüfungszeugnisses, aber auch der Kauf der Frühstücksbrötchen, der Musik-Download im Internet und der Eintritt ins Schwimmbad sind rechtlich bedeutsame Handlungen. Es ist im reinsten Wortsinn alltäglich, unbewusst rechtlich bedeutsame Erklärungen abzugeben.

Recht beginnt also nicht erst mit einem Verfahren vor Gericht, an dem jemand als Kläger oder Beklagter, als Angeklagter oder als Zeuge beteiligt ist. Recht beginnt im Alltag und hört eigentlich nie auf. Rechtskenntnisse zu besitzen heißt damit mehr über den Alltag zu wissen.

Wie hier am Fahrkartenautomaten werden täglich Millionen von Verträgen abgeschlossen. An Rechtsfragen wird dabei kaum ein Gedanke „verschwendet".

1.2 | Was ist Recht?

1.2.1 Was unterscheidet das Recht von Sitten, Bräuchen und Werten?

Das menschliche Zusammenleben wird durch drei große Bereiche bestimmt:

Recht – Sitte & Brauch – religiöse & ethische Werte

Zwischen den Bereichen gibt es Schnittmengen, wie das Schaubild zeigt:
rot: Wenn Anwälte vor Gericht eine Robe tragen, ist das eine Kleidersitte, aber in einigen Bundesländern auch eine Rechtspflicht.
lila: „Du sollst nicht stehlen" ist als Gebot ein religiöser Wert, entspricht aber auch dem § 242 Strafgesetzbuch (StGB), welcher den Diebstahl mit Strafe bedroht.
grün: Schenken zu Weihnachten ist Brauch und gleichzeitig religiöser Wert.

RECHT
SITTE & BRAUCH
religiöse & ethische WERTE

Recht	Sitte & Brauch	Religiöse & ethische Werte
Die Summe der Rechtsvorschriften, die das Verhältnis der Bürger untereinander und zum Staat regeln: z. B. Mietrecht, Kaufrecht, Gebührensatzung der Gemeindebücherei, Steuerrecht	Verhaltensweisen (Traditionen), die sich über einen langen Zeitraum hinweg gebildet haben: z. B. Umgangsformen, Austausch von Eheringen, Silvesterfeier, Taufe	Vorstellungen von gutem und richtigem Verhalten, die sich über einen langen Zeitraum hinweg gebildet haben: z. B. die Zehn Gebote, Hilfsbereitschaft, Rücksichtnahme, Respekt vor Mitmenschen
Einhaltung: erzwingbar	**Einhaltung: freiwillig**	

Beachte:
Nur das Recht ist erzwingbar, kann vom Staat also auch gegen den Willen des Einzelnen durchgesetzt werden. Die Einhaltung von Sitten und Bräuchen und der Glaube an Werte sind freiwillig.

Ob Sitten oder Werte in Gesetze „gekleidet" werden und ihre Einhaltung mit Staatsgewalt durchsetzbar wird, entscheidet sich nach herrschenden Vorstellungen von ihrer Wichtigkeit.

Beispiel 1: Das 4. Gebot („Du sollst deinen Vater und deine Mutter ehren.") achten zwar viele Menschen. Wenn aber jemand ein „Nicht-Verhältnis" zu seinen Eltern pflegen möchte, steht ihm dies frei. Das 5. Gebot („Du sollst nicht töten.") muss dagegen eingehalten werden. Wer dagegen verstößt, kann lebenslänglich ins Gefängnis wandern (Mord: § 211 StGB).

1.2.2 Das Wort „Recht“ hat unterschiedliche Bedeutungen

In der Tabelle im Abschnitt 1.2.1 ist das Recht als die „Summe der Rechtsvorschriften“ bezeichnet worden. Hier wird das *objektive* Recht beschrieben, also das Recht in seiner sich an alle Bürger wendenden Funktion.

Beispiel 2: Das Recht der Bundesrepublik Deutschland besteht aus dem Grundgesetz, sämtlichen gültigen Gesetzen, Rechtsverordnungen und Satzungen.

Darüber hinaus kann unter einem Recht auch ein *subjektives* Recht, also ein Anspruch eines Einzelnen gegen einen Mitbürger oder gegen den Staat, gemeint sein.

Beispiel 3: Julia verkauft ihr Smartphone für 25,– Euro an Jan. Aus dem Kaufvertrag ergibt sich für Julia das Recht, von Jan Zahlung zu verlangen. Jan hat im Gegenzug das Recht, von Julia die Aushändigung des Smartphones zu fordern.

Schließlich bedeutet „recht haben“ im alltäglichen Sprachgebrauch so viel wie „die Wahrheit sagen“, ohne dass dies mit juristischen Folgen verbunden wäre.

Beispiel 4: Laura gibt im Wirtschaftskundeunterricht eine richtige Antwort. Lehrer Müller sagt: „Da hast du recht.“

1.2.3 Rechtsgebiete

Nicht alle Rechtsbereiche lassen sich problemlos dem öffentlichen Recht oder dem Zivilrecht zuordnen. So ist das Arbeitsrecht zivilrechtlich, wenn es die individuellen Vertragsbeziehungen zwischen Arbeitgeber und Arbeitnehmer regelt, aber öffentlich-rechtlich, wenn es um Arbeitsschutz geht.

Das Recht wird unterteilt in zwei große Gebiete: das öffentliche Recht und das Zivilrecht (auch Privatrecht genannt). Beide Rechtsgebiete werden in diesem Buch noch ausführlich dargestellt. Während das Zivilrecht die Rechtsbeziehungen im Zusammenleben der Bürger ordnet, enthält das öffentliche Recht Bestimmungen für das Verhältnis zwischen Bürger und Staat.

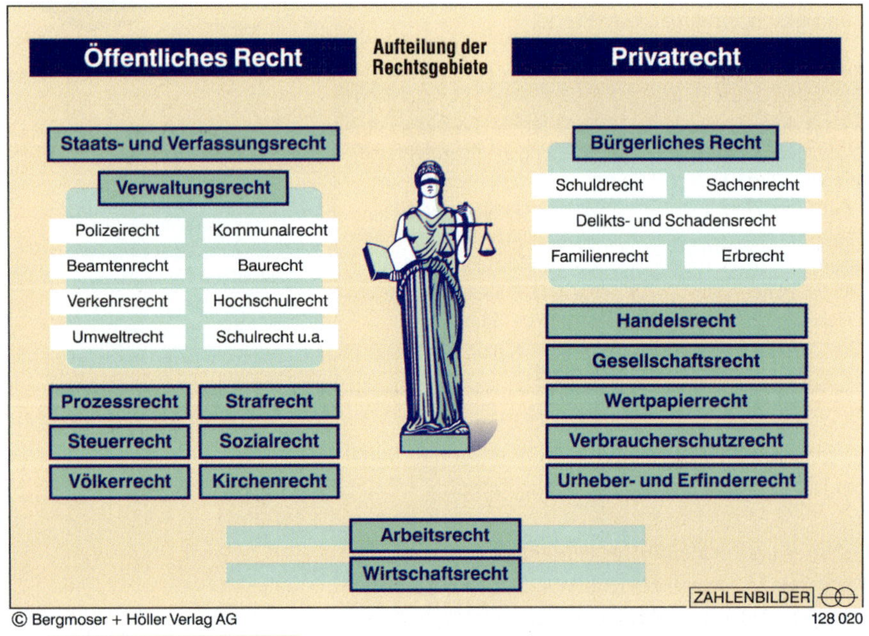

128 020

Beispiel 5: Lukas hat von seinem verstorbenen Opa ein Grundstück in München geerbt. Er möchte hierauf kurz nach seinem 18. Geburtstag ein Haus bauen.
Lukas benötigt eine Baugenehmigung der zuständigen staatlichen Stelle (hier der Stadt München). Es geht um ein Rechtsverhältnis zwischen Bürger und Staat im öffentlichen Baurecht.

Beispiel 6: Lukas schließt einen Vertrag mit der Architektin Andrea Baumann, der er die gesamte Bauplanung überträgt.
Hier geht es um ein zivilrechtliches Rechtsverhältnis zwischen zwei Bürgern, genauer um einen Werkvertrag, der dem Schuldrecht angehört.

1.2.4 Rechtsnormen – und wer sie schafft

Rechtsnormen sind alle gültigen Vorschriften, die Rechtsverhältnisse regeln. In Deutschland besteht ein „hierarchischer" Aufbau von Rechtsvorschriften.

Über allem steht das Grundgesetz (GG), die Verfassung Deutschlands. Jede Rechtsvorschrift, die dem Grundgesetz widerspricht, ist nichtig.

Es folgen die Bundesgesetze, die vom Deutschen Bundestag beschlossen werden. Sie stehen über den Rechtsverordnungen des Bundes, die von den Ministerien erlassen werden.

Da das Bundesrecht stets über dem Landesrecht steht, folgen nun die Landesverfassungen, die Landesgesetze und die Rechtsverordnungen der Bundesländer.

Am Boden der Pyramide stehen die Satzungen der Gemeinden.

Eine Rechtsnorm ist immer dann unwirksam, wenn sie einer Norm auf der höheren Ebene der Normenpyramide widerspricht. Zur Verdeutlichung einige Beispiele:

Grundrechte
Die Grundrechte des GG sind die wichtigsten Rechte eines Bürgers. Allerdings entstehen aus ihnen zumeist keine direkten Ansprüche auf Leistungen, sondern auf Unterlassung staatlichen Zwangs wie das Verbot bestimmter Meinungen oder Versammlungen.

Beispiel 7: Der Bundestag ändert das StGB dahingehend, dass nun Mord mit der Todesstrafe belegt werden soll.
Das Gesetz verstößt gegen Artikel (Art.) 102 des GG, wonach in Deutschland die Todesstrafe abgeschafft ist. Die Änderung des StGB ist nicht möglich.

Beispiel 8: Das Landespressegesetz des Bundeslandes X bestimmt in § 5, dass alle Zeitungen vor ihrem Erscheinen von der Landesregierung genehmigt werden müssen.
Diese Norm verstößt gegen Art. 5 des GG, wonach die Pressefreiheit garantiert ist und eine Zensur nicht stattfindet.

Beispiel 9: Die Gemeinde Y in Bayern beschließt eine Satzung, wonach auch Bürger der Nachbargemeinde Z bestimmte Abgaben zahlen müssen.
Die Satzung verstößt gegen Art. 22 der Bayerischen Gemeindeordnung (Landesgesetz), wonach die Hoheitsgewalt der Gemeinde nur das Gemeindegebiet und dessen Bevölkerung umfasst. Über Bürger der Nachbargemeinde hat Y nicht zu bestimmen.

Die Landesverfassungen sind zwar höchstes Landesrecht, sie sind aber in ihrer Bedeutung mit dem GG nicht vergleichbar. Denn schon jede ordnungsgemäß erlassene Bundesrechtsverordnung geht im Zweifelsfall der Landesverfassung vor („Bundesrecht bricht Landesrecht", Art. 31 GG).

In welchen Lebensbereichen der Bund und in welchen die Länder (durch die Landtage) Gesetze erlassen dürfen, richtet sich wiederum nach dem GG. So wird etwa die betriebliche Berufsausbildung im Berufsbildungsgesetz (BBiG) vom Bund zentral geregelt, während das gesamte Schulwesen und damit auch der Erlass von Regelungen über den Berufsschulunterricht Ländersache sind.

Der Erlass von Rechtsverordnungen durch ein Ministerium muss immer auf der Grundlage einer gesetzlichen Ermächtigungsnorm erfolgen, sonst ist die Verordnung nichtig. Wie Verordnungen sind auch Satzungen keine „echten" Gesetze, da sie nicht von einem Parlament wie dem Bundes- oder Landtag erlassen werden. Für den Einzelnen spielt das jedoch keine Rolle: Ist eine Rechtsnorm gültig und anwendbar, muss er sich daran halten – egal ob Satzung oder GG.

Achtung:
Nicht jedes Gesetz heißt auch „Gesetz". Manches Gesetz wird auch als „Ordnung" bezeichnet, wie z. B. die Gemeindeordnung und die Handwerksordnung. Hier handelt es sich *nicht* um Verordnungen, sondern um richtige Gesetze.

1.3 | Aufgaben des Rechts

Das Recht sollte in allererster Linie Gerechtigkeit schaffen. Das Bestehen einer geltenden Rechtsordnung ist aber kein sicheres Zeichen für das Bestehen einer *gerechten* Ordnung. Viele Unrechtsstaaten versuchen, sich durch Gesetze eine Rechtfertigung zu geben. Ein Beispiel dafür ist die Judenverfolgung durch die Nationalsozialisten zwischen 1933 und 1945, die durch die „Nürnberger Gesetze" legitimiert werden sollte.

legitimiert
rechtmäßig oder gesetzmäßig gemacht

Deutschland ist ein freiheitlicher, demokratischer, sozialer Bundesstaat. Aus diesem Gebot, das sich aus dem Grundgesetz ableiten lässt, ergeben sich vier grundlegende Aufgaben des Rechts:

Würde das „Recht des Stärkeren" gelten, dann könnte der Stärkere dem Schwächeren ungestraft sein neues Smartphone stehlen.

- Sicherung des Friedens
  Die Gesetze verhindern das „Recht des Stärkeren" zum Schutz des Schwächeren, da Kraft und Stärke keine tauglichen Maßstäbe für ein friedliches Zusammenleben sind.
- Schutz der Freiheit
  Die Freiheit wird insbesondere durch die Grundrechte geschützt. Es gibt jedoch keine absolute Freiheit. Die eigene Freiheit endet dort, wo die Freiheit des anderen beginnt. Es bedarf somit immer einer Abwägung der eigenen Grundrechte mit den Grundrechten anderer.
- Ordnung des Gemeinwesens
  Das Recht organisiert auch das menschliche Zusammenleben. Dies bedeutet aber nicht, dass alles geregelt wird. Insbesondere private Bereiche, wie beispielsweise Freundschaften, werden nicht vom Recht erfasst.
- Förderung des Gemeinwohls
  Durch das Recht sollen auch die Bedürftigen geschützt werden. Mit Gesetzen, die eine Daseinsfürsorge in Form von Sozialleistungen festlegen, wird jedem Menschen eine angemessene Lebensgrundlage ermöglicht.

Aufgaben

1. **Ordnen Sie die folgenden Beispiele a) – d) den vier Hauptaufgaben des Rechts zu und begründen Sie Ihre Zuordnung.**
   a) Politiker A bezeichnet Politiker B als „Schwein" und beruft sich dabei auf sein Grundrecht auf Meinungsfreiheit. Dennoch wird er wegen Beleidigung verurteilt.
   b) Ehe und Familie werden im Grundgesetz unter besonderen Schutz gestellt.
   c) Das Sozialgesetzbuch gewährt Langzeitarbeitslosen Anspruch auf das ALG II.
   d) Das StGB stellt Körperverletzung unter Strafe.
2. **Finden Sie – z. B. mithilfe des Internets – je ein Beispiel Ihrer Wahl für ein Bundesgesetz, eine Bundesverordnung, eine Landesverfassung, ein Landesgesetz, eine Landesverordnung und eine Gemeindesatzung.**
   a) Erstellen Sie eine Tabelle und tragen Sie dort jeweils ein, welches Rechtsgebiet geregelt wird und wer die Rechtsnorm erlassen hat.
   b) Warum gelten Verordnungen und Satzungen nicht als „echte" Gesetze?
3. **Ordnen Sie die beiden folgenden Fälle dem Zivilrecht oder dem öffentlichen Recht zu und begründen Sie Ihre Zuordnung.**
   a) Die Handwerksordnung sieht vor, dass ein selbstständiges Gewerbe den erfolgreichen Abschluss der Meisterprüfung voraussetzt.
   b) Handwerksmeister Fritz schließt einen Reparaturauftrag mit einem Kunden.

2.1 | Die Suche nach dem richtigen Recht

Wie bereits in Kapitel 1 gezeigt, ist rechtliches Wissen notwendig und oft sehr hilfreich. Recht findet man in Verfassungen, Verordnungen oder Satzungen, vor allem aber in Gesetzen. Hat man das richtige Gesetz gefunden, muss noch der richtige Paragraf her.

Für einen juristischen Laien ist das Auffinden und Anwenden von Gesetzen mühsam. Wie soll man sich etwa unter den 2.385 Paragrafen des BGB zurechtfinden? In wichtigen und schwierigen Fällen sollte man diese Arbeit deshalb den Juristen überlassen.

Andererseits sollte man für die Lösung der praktischen Rechtsfragen des Alltags die Technik der Rechtsfindung beherrschen. Wenn man sich einmal den Aufbau eines einfachen Paragrafen und dessen Satzbau vergegenwärtigt hat, fällt das Verstehen oft gar nicht mehr so schwer. Denn Gesetze und Paragrafen haben häufig eine sehr ähnliche Struktur.

2.2 | Wie finde ich mein Recht?

2.2.1 Was will ich wissen?

Am Anfang jeder Rechtsfindung ist stets zu klären, wonach gesucht wird. Auf welchem Rechtsgebiet besteht Ungewissheit, welche konkrete Frage soll beantwortet werden? Nur wer seine Frage möglichst genau formuliert, kann auch die Rechtsnorm finden, die seine Frage beantwortet.

Beispiel 1: Die 17-jährige Kati ist Auszubildende zur Medizinischen Fachangestellten. Ihr Chef, Dr. Graus, gestattet ihr jeden Tag nur eine 20-minütige Mittagspause, obwohl Kati von 7.30 bis 16 Uhr arbeitet. Nun möchte sie wissen, ob sie Anspruch auf mehr Pausenzeit hat. Sie ist der Ansicht, das hätte „irgendwas mit Jugendrecht zu tun."
Kati geht es hier um ihre tägliche Pausenzeit. Es geht um Jugendrecht, da sie mit 17 noch nicht volljährig ist. Genauer geht es aber um Jugendarbeitsrecht – und noch genauer um das Jugendarbeitsschutzrecht.

2.2.2 Das richtige Gesetz und der richtige Paragraf

Kati ist bei ihrer Rechtssuche schon auf keinem so schlechten Weg. Wenn sie die Frage stellt, ob 20 Minuten Pause bei einer 8,5 Stunden arbeitenden 17-jährigen Auszubildenden okay sind, hat sie die Kriterien für die Rechtsfindung bereits formuliert: 1. Pausenzeit: 20 Minuten; 2. Arbeitszeit: 8,5 Stunden; 3. Status: Auszubildende; 4. Alter: 17 Jahre.

Nun muss sie noch das richtige Gesetz und dort die richtigen Paragrafen finden. Doch wie soll das gehen? Vielleicht findet sich im heimischen Haushalt gerade noch eine verstaubte Ausgabe des BGB. Da es aber – siehe Kapitel 1 – Tausende von Gesetzen und darüber hinaus noch Verfassungen, Verordnungen und Satzungen gibt, kann nicht einmal der fleißigste Rechtsanwalt alle Paragrafen parat haben, geschweige denn kennen.

Das ist auch gar nicht nötig. Hilfe bringt das Internet – und das ziemlich bequem. Das heißt nicht, dass man den eigenen Kopf ausschalten darf. Nur eine clevere Suche führt zum Ziel.

Achtung:
Dieses Kapitel ersetzt nicht den Rechtsanwalt. Es soll dazu anleiten, die einfachen Fälle des Alltagslebens zu durchschauen und zu lösen. Wenn es zu kompliziert wird, sollten Sie den Experten das Feld überlassen.

Achtung:
Auch das Internet bietet nicht immer die aktuellsten Informationen. In der „Unendlichkeit" der Möglichkeiten können sich auch einmal veraltete Versionen von Gesetzen finden. Überprüfen Sie gefundene Infos unbedingt mindestens auf einer anderen Seite und versuchen Sie herauszufinden, wann eine Seite zuletzt aktualisiert wurde.

Gut zu wissen | **Rechtsrecherche im Internet**

1. Die Suche nach dem passenden Gesetz:
   a) Rufen Sie eine Suchmaschine (z. B. „Google") auf.
   b) Kreisen Sie Ihre Suche durch das Eingeben von Schlüsselbegriffen ein.
   c) Verwendet man in Katis Fall aus Beispiel 1 die Schlüsselbegriffe „Auszubildende", „17 Jahre" „Pausenzeit" und „Gesetz", so ergibt die Suche bereits zahlreiche Hinweise auf das Jugendarbeitsschutzgesetz (JArbSchG).
   d) Verlässliche Informationen finden sich zumeist auf den Seiten von staatlichen Stellen wie z. B. Ministerien und Behörden. Geben Sie z. B. zusätzlich den Schlüsselbegriff „Ministerium" oder „IHK" (für Industrie- und Handelskammer) ein, dann bekommen Sie einen Überblick über staatliche Informationen zum Thema.
   e) Die aktuelle Version eines Gesetzes finden Sie im Internet unter *www.gesetze-im-internet.de*. Dort können Sie in der Titelsuche „JArbSchG" eingeben – und werden zum Inhaltsverzeichnis des Gesetzes geführt.

2. Die Suche nach dem passenden Paragrafen:
   a) Ist mit dem JArbSchG in diesem Fall das richtige Gesetz gefunden, muss noch der passende Paragraf aufgestöbert werden.
   b) Liest sich Kati das Inhaltsverzeichnis durch, so wird sie zügig auf § 11 stoßen, der sich mit Ruhepausen beschäftigt. Wenn sie diesen anklickt, wird sie schnell zur Beantwortung ihrer Frage gelangen: Bei einer Arbeitszeit von 8,5 Stunden müssen ihr im Voraus festgelegte Ruhepausen von mindestens 60 Minuten gewährt werden.
   c) In anderen Fällen, in denen auf viel umfangreichere Gesetze (wie z. B. das BGB) zurückgegriffen werden muss, sollte entweder im Inhaltsverzeichnis oder in der Gesamtausgabe (kann als HTML- oder PDF-Dokument aufgerufen werden) mit der Begriffssuche gearbeitet werden.
   d) Findet sich der gesuchte Begriff nach einigen Versuchen nicht oder ergeben sich zu viele Fundstellen, ist vermutlich der Moment gekommen, um den Rechtsexperten (Juristen) das Feld zu überlassen.

2.2.3 Der Aufbau eines Gesetzes

Ein Gesetz unterteilt sich in verschiedene Abschnitte. Zu Beginn enthält es oft Begriffserklärungen, auf die in den folgenden Abschnitten zurückzugreifen ist.

Den Aufbau vom Allgemeinen hin zum Besonderen (Speziellen) haben alle Gesetze gemeinsam. Aber nicht jedes Gesetz ist so stark untergliedert wie das BGB mit seinen rund 2.300 Paragrafen. Zum Vergleich: Das JArbSchG hat lediglich 72 Paragrafen.

Beispiel 2: § 2 BGB erklärt den Begriff der Volljährigkeit: „Die Volljährigkeit tritt mit der Vollendung des 18. Lebensjahres ein."

In umfangreichen Gesetzen wie dem BGB folgen allgemeine Bestimmungen (Allgemeiner Teil), die für eine Vielzahl von Rechtsbeziehungen gelten.

Beispiel 3: Nach § 134 BGB ist jedes Rechtsgeschäft, das gegen ein gesetzliches Verbot verstößt, nichtig.

Daran schließt sich ein Besonderer Teil an. Er regelt Teilbereiche wie spezielle Verträge, Straftaten usw.

Beispiel 4: Das Kaufvertragsrecht (§§ 433 ff.) gehört zum Besonderen Teil des BGB. Seine Bestimmungen gelten nicht für andere Vertragsarten wie Mietvertrag oder Werkvertrag.

2.2.4 Der Aufbau eines Paragrafen

Ein Paragraf hat entweder einen oder mehrere Absätze. Die Absätze werden in den Gesetzen mit (1), (2) usw. markiert. In Texten schreibt man häufig z. B. „§ 1 Abs. 1" oder „§ 235 Abs. 3".

Beispiel 5: § 105 BGB
(1) Die Willenserklärung eines Geschäftsunfähigen ist nichtig.
(2) Nichtig ist auch eine Willenserklärung, die im Zustand der Bewusstlosigkeit oder vorübergehender Störung der Geistestätigkeit abgegeben wird.

Ein Absatz kann sich in Sätze und Nummern unterteilen. Man schreibt dann z. B. „§ 434 Abs. 1 Satz 2 Nr. 2 BGB".

Beispiel 6: § 434 BGB
(1) Die Sache ist frei von Sachmängeln, wenn sie bei Gefahrübergang die vereinbarte Beschaffenheit hat. Soweit die Beschaffenheit nicht vereinbart ist, ist die Sache frei von Sachmängeln,
1. wenn sie sich für die nach dem Vertrag vorausgesetzte Verwendung eignet, sonst
2. wenn sie sich für die gewöhnliche Verwendung eignet und eine Beschaffenheit aufweist, die bei Sachen der gleichen Art üblich ist und die der Käufer nach der Art der Sache erwarten kann.

Inhaltlich lassen sich Paragrafen wie folgt unterteilen: Der Tatbestand beschreibt, auf welches Geschehen (Sachverhalt) der Paragraf anzuwenden ist. Die Rechtsfolge stellt fest, was zu erwarten ist, wenn der Tatbestand auf den Sachverhalt „passt". Besonders deutlich wird dies im StGB.

Beispiel 7: § 303 StGB (Sachbeschädigung)
(1) Wer rechtswidrig eine fremde Sache beschädigt oder zerstört, wird mit Freiheitsstrafe bis zu zwei Jahren oder mit Geldstrafe bestraft.

- *Tatbestand: „Wer rechtswidrig eine fremde Sache beschädigt oder zerstört"*
- *Rechtsfolge: „wird mit Freiheitsstrafe bis zu zwei Jahren oder mit Geldstrafe bestraft."*

Hat Geschäftsmann Jähzorn das Handy seines Konkurrenten Müller vor Wut zertreten, ist der Tatbestand erfüllt und Jähzorn muss mit der entsprechenden Rechtsfolge rechnen.

Während es in Beispiel 7 nicht schwerfällt, die Handy-Zerstörung als „Sachbeschädigung" zu deuten, ist in komplizierten Fällen vor einem schnellen Urteil zu warnen. Denn nicht immer lassen sich die Begriffe der Gesetzessprache einfach in die Alltagssprache übersetzen. Vielmehr erfolgt eine Auslegung durch die Gerichte.

Beispiel 8: Jähzorn geht diesmal weniger offensichtlich vor. In einem unbewachten Moment lässt er aus sämtlichen Reifen von Müllers neuem Sportwagen die Luft heraus. Müller, der gerade zu einer wichtigen Geschäftsreise aufbrechen wollte, ist außer sich vor Zorn.

Dass Jähzorns Verhalten nicht in Ordnung ist, steht fest. Doch liegt auch eine Straftat, hier eine Sachbeschädigung, vor? Für eine Beschädigung spricht, dass das Auto nicht mehr funktionstüchtig ist. Dagegen spricht, dass es durch einfaches Aufpumpen, also ohne Reparatur, wieder funktionstüchtig wird. Die Entscheidung muss im Einzelfall den Gerichten überlassen bleiben.

Man sollte nicht versuchen, Paragrafen an einem Stück zu verstehen.
1. Lesen Sie zunächst den kompletten Paragrafen.
2. Suchen Sie nun in den Absätzen, Sätzen und Nummern nach dem Schlagwort, das für Sie interessant ist.
3. Lesen Sie den Paragrafen erneut. Lassen Sie nun die Absätze, Sätze, Nummern, Wörter etc. aus, die für Sie nicht relevant sind.

Neben dem für die Arbeitsbedingungen von Jugendlichen zuständigen Jugendarbeitsschutzgesetz (JArbSchG) ist im Jugendrecht das Jugendschutzgesetz (JuSchG) von großer Bedeutung. Letzteres soll Jugendliche vor Gefahren in der Öffentlichkeit und im Bereich der Medien schützen.

2.3 | „Zu Recht finden" bei alltäglichen Problemen

Beispiel 9: Die 17-jährige Lena will mit ihrer Clique in einer beliebten Disco bis zum nächsten Morgen durchmachen. Alle Cliquenmitglieder außer ihr haben den 18. Geburtstag hinter sich. Lena fragt sich, ob sie tatsächlich so lange bleiben darf. Da sie widersprüchliche Antworten erhält, recherchiert sie auf eigene Faust, nimmt ihr Smartphone und beginnt zu surfen ...

Den gegebenen Hinweisen folgend sollte Lena Suchbegriffe wie „17 Jahre", „Disco", „wie lange" und „Gesetz" eingeben. Schnell wird sie Hinweise auf das Jugendschutzgesetz finden. Zunächst erfährt Lena dort in § 1 Nr. 2 JuSchG, dass Jugendliche Personen sind, die 14, aber noch nicht 18 Jahre alt sind. Sie ist also Jugendliche.

Danach hat Lena etwas zu knabbern, denn der Begriff der „Disco" kommt im JuSchG nicht vor. Da das Gesetz aber nicht lang ist, wird sie auf § 5 (Tanzveranstaltungen) stoßen.

§ 5 (1) JuSchG: *„Die Anwesenheit bei öffentlichen Tanzveranstaltungen ohne Begleitung einer personensorgeberechtigten oder erziehungsbeauftragten Person darf Kindern und Jugendlichen unter 16 Jahren nicht und Jugendlichen ab 16 Jahren längstens bis 24 Uhr gestattet werden."*

Nun muss Lena prüfen, ob ihr Vorhaben (der Sachverhalt) unter alle Elemente des Tatbestandes (Tatbestandsmerkmale) fällt. Nur wenn dies der Fall ist, gilt die Rechtsfolge des § 5 (1) JuSchG auch für sie. Tabellarisch könnte sie etwa so prüfen:

Tatbestandsmerkmal	liegt vor?	Begründung
Anwesenheit bei öffentlicher Tanzveranstaltung	ja	Lena will in einer Disco tanzen. Es geht nicht um eine Privatfeier.
ohne Begleitung einer personensorgeberechtigten oder erziehungsbeauftragten Person	ja	Keiner der volljährigen Freunde wurde von Lenas Eltern mit der „Erziehung" beauftragt (sog. „Muttizettel").
Jugendliche ab 16 Jahre	ja	Lena ist 17 Jahre alt.
Rechtsfolge: Aufenthalt längstens bis 24 Uhr		

Es führt also für Lena kein Weg daran vorbei: Sie muss als Einzige um Mitternacht nach Hause – es sei denn, die anderen gehen aus Solidarität auch früher.

Bilden Sie Gruppen und prüfen Sie jeweils arbeitsteilig per Internetrecherche und Tatbestandsprüfung, ob die Aussagen bzw. Verhaltensweisen in den folgenden kurzen Fällen mit dem Recht übereinstimmen.

1. Der 16-jährige Lars betritt um 18 Uhr eine Gaststätte und bestellt ein Bier. Gastwirt Streng teilt ihm mit, dass dies „nach dem Gesetz verboten" sei.
2. Lea ist Auszubildende im Friseursalon von Frau Harig. Nach Ende der Probezeit geht ihr ein Kündigungsschreiben zu. Einen Kündigungsgrund nennt Frau Harig nicht.
3. Der 23-jährige Tim arbeitet als Metallbauer beim Großunternehmen Merz AG. Er möchte sich in die JAV wählen lassen. Kollegin Marie meint, dass er dafür zu alt sei.
4. Lukas, Auszubildender zum Metallbauer, hat am 11.01.2020 seinen 17. Geburtstag gefeiert. Der Chef gewährt ihm im Jahr 2020 einen Urlaub von 25 Werktagen.
5. Sarah (15) feiert mit ihren Eltern in der Gaststätte „Funny Place". Als die Eltern um 23 Uhr gehen, will Sarah „noch eine halbe Stunde bleiben".

3.1 | Welche Aufgabe haben Gerichte?

Wenn aus den ersten beiden Kapiteln deutlich wurde, warum rechtliches Grundverständnis nötig ist und wie man in Alltagsfällen zu seinem Recht findet, so ist doch damit im Ernstfall noch nicht viel erreicht. Denn die gesamte Rechtsordnung und alle Gesetze wären nahezu wertlos, wenn sich das Recht nicht auch durchsetzen ließe. Hierfür gibt es die Rechtsprechung durch die Gerichte und – wenn sich jemand auch einem Gerichtsurteil nicht beugt – die Zwangsvollstreckung.

Die Gerichte haben die Aufgabe, möglichst zügig und auf direktem Wege Recht herbeizuführen.

Beispiel 1: Saskia hat ihre Ausbildung zur Verkäuferin erfolgreich abgeschlossen. Sie verkauft einige Lehr- und Prüfungsbücher per schriftlichem Kaufvertrag für insgesamt 70,– Euro an Melina, die noch mitten in der Ausbildung steht. Sie übergibt Melina die Bücher, doch die verweigert auch nach mehrfacher Mahnung die Zahlung. Saskia recherchiert nach den Vorgaben aus Kapitel 2, dass sie die Zahlung gemäß § 433 BGB verlangen kann.

Hier verhilft Saskia ihre Rechtskenntnis noch nicht zum gewünschten Ziel. Um die Zahlung zu erwirken, bleibt ihr in letzter Konsequenz nur der Gang zum Gericht. Dort müsste sie eine Klage einreichen. Das Gericht wird Melina aufgrund der eindeutigen Rechtslage zur Zahlung verurteilen. Wenn Melina nun immer noch nicht zahlt, kann Saskia die Zwangsvollstreckung betreiben, also einen Gerichtsvollzieher beauftragen, das Geld einzutreiben.

3.2 | Rechtsprechung in Deutschland

3.2.1 Die Rechtsprechung im System der Gewaltenteilung

Die Gesamtheit aller Gerichte in Deutschland bildet im System der Gewaltenteilung neben der gesetzgebenden (Legislative) und der ausführenden Gewalt der Regierungen und Verwaltungen (Exekutive) die „dritte Gewalt": die Rechtsprechung oder Judikative. Die Gewaltenteilung soll gewährleisten, dass eine Machtbalance stattfindet, also dass nicht etwa die Regierung zu viel Macht hat. Um dies zu gewährleisten, schreibt das Grundgesetz den Gewalten eine gegenseitige Kontrolle vor.

Staatsgewalt	Gesetzgebung (Legislative)	Regierung, Verwaltung (Exekutive)	Rechtsprechung (Judikative)
Organe auf Bundesebene	Bundestag Bundesrat	Bundesregierung bundeseigene Verwaltung	Bundesverfassungsgericht höchste Bundesgerichte
Organe auf Landesebene	Länderparlamente (Landtage)	Landesregierungen Landesverwaltung	Amtsgerichte Landgerichte usw.
Beispiel für Kontrolle	durch Judikative: Ein Gesetz, das gegen das GG verstößt, kann vom Bundesverfassungsgericht für ungültig erklärt werden.	durch Legislative: Jedes Handeln von Regierung und Verwaltung muss sich im Rahmen der geltenden Gesetze bewegen.	durch Legislative: Jede Rechtsprechung muss sich an die geltenden Gesetze halten.

Vierte Gewalt
Als „vierte Gewalt" werden die Medien bezeichnet. Dies steht zwar nicht im Grundgesetz, doch insbesondere die Digitalisierung sorgt tatsächlich dafür, dass die Medien einen nicht zu unterschätzenden Machtfaktor in der modernen Demokratie darstellen.

3.2.2 Rechtsprechung: Aufbau und Rechtswege

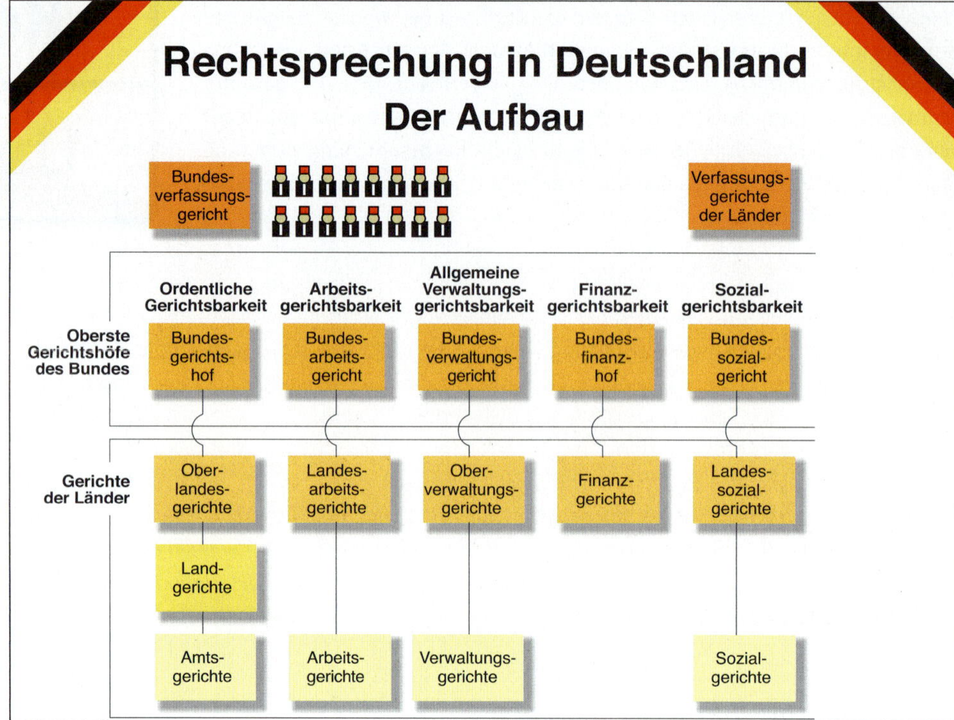

Nicht immer kann man gleich gerichtlich vorgehen:

- Wer vor das Bundesverfassungsgericht ziehen will, muss umfangreiche rechtliche Voraussetzungen erfüllen.
- Verwaltungs-, Sozial- und Finanzgerichtsverfahren setzen ein Vorverfahren bei der Behörde voraus.
- Der Zivilrechtsweg setzt in einigen Bundesländern bei Bagatellfällen eine Schlichtung voraus.
- Im Strafrecht obliegt die Anklage der Staatsanwaltschaft.

Der Aufbau der deutschen Rechtsprechung – siehe das Schaubild oben – ergibt sich horizontal aus den Zuständigkeiten für die unterschiedlichen Rechtsgebiete (z. B. Arbeitsgerichtsbarkeit für das gesamte Arbeitsrecht) und vertikal nach Bundesgerichten und Gerichten der Länder.

Die folgende Tabelle gibt eine Übersicht über die **Rechtswegzuständigkeiten** – und darüber, welches Gericht innerhalb des Rechtsweges zuständig ist:

Fallbeispiel	Rechtsweg	Zuständiges Gericht
Die SPD-Fraktion hält ein vom Bundestag beschlossenes Gesetz für verfassungswidrig.	Verfassungs-gerichtsbarkeit	Bundesverfassungs-gericht
Saskia hat einen Kaufpreisanspruch über 70,- Euro gegen Melina und reicht Klage ein.	Ordentliche Gerichtsbarkeit	Amtsgericht (Zivilsachen)
Herr Windig verkauft einen Unfallwagen als unfallfrei. Der Staatsanwalt erhebt Anklage wegen Betruges.	Ordentliche Gerichtsbarkeit	Amtsgericht (Strafsachen)
Andreas wird der Betrieb seiner Bäckerei untersagt, da er nicht in die Handwerksrolle eingetragen ist.	Verwaltungs-gerichtsbarkeit	Verwaltungsgericht
Jan, Auszubildender zum Fachlageristen, wird von seinem Chef fristlos gekündigt. Er will klagen.	Arbeits-gerichtsbarkeit	Arbeitsgericht
Herr Scholz hält seinen ALG II-Bescheid für falsch. Da das Amt nicht reagiert, will er klagen.	Sozial-gerichtsbarkeit	Sozialgericht
Lisa muss laut Steuerbescheid für das Jahr 2019 500,- Euro nachzahlen. Ihr Einspruch bleibt erfolglos.	Finanz-gerichtsbarkeit	Finanzgericht

3.2.3 Grundsätze des Gerichtsverfahrens

Gerichtsverfahren sind unterschiedlich, je nachdem welcher Rechtsweg beschritten wird. Informationen zum Zivilprozess, zum Strafprozess, zum Verwaltungsverfahren und zum Verfahren vor dem Arbeitsgericht finden Sie in den Spezialkapiteln. Es gibt jedoch eine Reihe von gemeinsamen Grundsätzen, über die hier ein Überblick gegeben werden soll.

Wer klagen will, sollte bei Rechtsfragen nicht verzweifeln, sondern einen Anwalt beauftragen.

3.2.3.1 Zulässigkeit und Begründetheit der Klage

Über eine Klage wird nur dann verhandelt, wenn sie zulässig ist. Zu den wichtigsten Zulässigkeitsvoraussetzungen zählen:

Zulässigkeit des Rechtsweges: Die Klage muss auf den richtigen Rechtsweg (siehe Tabelle auf S. 10) gebracht werden.

Klageerhebung: Das Gericht muss aus der Klageschrift erfahren, was verlangt wird und woraus sich der Anspruch ergibt.

Zuständigkeit des Gerichtes: Es muss beim örtlich und sachlich (instanziell) zuständigen Gericht geklagt werden.

Beispiel 2: Nachdem die in Düsseldorf wohnende Saskia (aus Beispiel 1) erfolglos alles versucht hat, um von der mittlerweile nach Köln verzogenen Melina die 70,– Euro zu bekommen, reicht sie eine Klageschrift beim Landgericht Düsseldorf ein. Etwas schreibfaul gibt sie als Begründung lediglich an: „Melina schuldet mir 70,– Euro, und das weiß sie auch."

Die Klage ist aus mehreren Gründen unzulässig. Die Klageschrift ist unzureichend, da sich dem Gericht nicht erschließt, worauf der Zahlungsanspruch beruht. Auch ist das Landgericht sachlich unzuständig, da für Geldforderungen bis 5.000,- Euro das Amtsgericht zuständig ist. Das Gericht ist auch örtlich unzuständig, da im Regelfall beim Gericht am Wohnsitz des Beklagten, hier also Köln, geklagt werden muss.

Ist die Klage zulässig, beginnt der eigentliche Prozess vor Gericht. Ist die Klage auch **begründet**, wird der/die Beklagte gemäß dem Klageanspruch verurteilt. Begründet ist die Klage, wenn sich der geltend gemachte Anspruch aus den Rechtsvorschriften ergibt.

3.2.3.2 Der Prozess vor Gericht

Auf Besonderheiten in den Verfahren der unterschiedlichen Rechtswege wird in den Spezialkapiteln eingegangen. Einige **Verfahrensprinzipien** gelten für (fast) alle Prozesse:

- *Grundsatz des rechtlichen Gehörs:* Es kann keine Entscheidung ergehen, ohne dass Kläger, Beklagter oder Angeklagter zuvor Gelegenheit zur Stellungnahme bekommen.
- *Öffentlichkeitsprinzip:* Gerichtsverhandlungen müssen für Zuschauer geöffnet sein (Ausnahme: z. B. Jugendstrafrecht), was der Information, aber auch der Kontrolle des Verfahrens durch die Öffentlichkeit dienen soll.
- *Mündlichkeitsprinzip:* Ein Verfahren muss mündlich in Form einer Gerichtsverhandlung durchgeführt werden. Ausnahmen gibt es z. B. im Zivilprozess in ganz eindeutigen Fällen.

Ein **Richter** ...
- kann nicht gegen seinen Willen aus dem Amt entlassen oder versetzt werden,
- muss von niemandem Weisungen entgegennehmen, sondern ist frei in seinem Handeln und seinen Entscheidungen,
- muss sich in seinen Entscheidungen und Urteilen jedoch immer an Gesetze und Verordnungen halten.

Kosten
Vor Gericht zu klagen ist nicht ohne Risiko. Denn man riskiert nicht nur, dass die Klage abgewiesen wird, sondern muss dann im Regelfall auch noch die Gerichts- und Anwaltskosten (auch des Beklagten) tragen.

Verfahrensbeteiligte sind in jedem Verfahren Richter, zudem der Kläger und der Beklagte sowie die Prozessbevollmächtigten (Rechtsanwälte), in Strafverfahren der Staatsanwalt als Vertreter der Anklage, der Angeklagte und dessen Verteidiger (Rechtsanwalt).

Um zu einem Urteil zu kommen, muss das Gericht eine Überzeugung von dem gewinnen, was sich tatsächlich abgespielt hat. Ergibt sich diese Überzeugung nicht schon aus dem Tatsachenvortrag der Parteien, kann eine **Beweisaufnahme** Klärung bringen. Als Beweismittel kommen insbesondere Zeugen, Sachverständige und Urkunden in Betracht.

Beispiel 3: Saskia (aus Beispiel 1 und 2) reicht eine zulässige Klage gegen Melina auf Zahlung der 70,- Euro aus dem Kaufvertrag über die Bücher beim Amtsgericht Köln ein. In der mündlichen Verhandlung erklärt Melina, sie habe nie irgendetwas von Saskia gekauft.
Bei dieser Sachlage („Aussage gegen Aussage") müsste das Gericht die Klage als unbegründet abweisen, da es nicht überwiegend von Saskias Vortrag überzeugt ist. Als Klägerin muss Saskia aber das Gericht überzeugen. Zweifel des Gerichts gehen zu ihren Lasten.

Beispiel 4: Saskia will dem Gericht den schriftlichen Kaufvertrag, den sie vorsorglich aufgehoben hat, als Beweisstück vorlegen.
Der Vertrag ist eine Urkunde. Das Gericht wird den Urkundsbeweis zulassen und durch ihn die Überzeugung gewinnen, dass Saskias Klage begründet ist. Das Gericht wird ihr folglich im Urteil den Anspruch auf Zahlung der 70,- Euro zusprechen.

Urteile werden stets „im Namen des Volkes" gesprochen.

Das auf der Grundlage der Überzeugung des Gerichts gesprochene **Urteil** schafft Klarheit über die Pflichten der Parteien. Allerdings kann die im Urteil unterlegene Partei unter strengen Voraussetzungen **Rechtsmittel** einlegen, die zu einer Überprüfung des Urteils in einer höheren Instanz führen.

Dabei führt die **Berufung** zu einer vollen Überprüfung des Urteils der ersten Instanz. Die **Revision** führt lediglich zu einer Überprüfung des Urteils auf Verfahrensmängel.

Beispiel 5: Im Beispiel 4 kündigt Melina an: „Gegen das Urteil lege ich Berufung ein."
Damit wäre sie schlecht beraten. Im Zivilprozess ist die Berufung nämlich erst ab einem Beschwerdegegenstand von 600,- Euro möglich. Auch wäre Melina chancenlos, da sie kein Beweismittel vorlegen kann, um die Kaufpreisforderung zu entkräften.

Ist die Frist zur Einlegung von Rechtsmitteln abgelaufen, so tritt Rechtskraft ein: Das Urteil ist für alle Zeiten unangreifbar. Kommt der Verurteilte dem Urteil nun immer noch nicht nach, kann die Zwangsvollstreckung in Gang gesetzt werden. Bei Geldforderungen geschieht dies zumeist durch einen Gerichtsvollzieher.

Aufgabe

Prüfen Sie per Rechtsrecherche im Internet (s. Kapitel 2), ob die Kläger in den folgenden Fällen den korrekten Rechtsweg gewählt haben, und begründen Sie Ihr Ergebnis.

1. Azubi Jonas verkauft seinem Kollegen Patrick mehrere Prüfungsbücher für insgesamt 100,- Euro. Als Patrick nicht zahlt, reicht Jonas Klage beim Arbeitsgericht ein.
2. Annika ist in der Abschlussprüfung zur Medizinischen Fachangestellten durchgefallen. Sie hält ihre Beurteilung für ungerecht und reicht Klage beim Amtsgericht ein.
3. David möchte nach erfolgreich abgeschlossener Ausbildung zum Hotelfachmann selbst ein Lokal eröffnen. Weil ihm die Erlaubnis hierfür versagt wird und auch sein Widerspruch hiergegen erfolglos bleibt, wendet er sich an das Verwaltungsgericht.

Das Zivilrecht wird auch **Privatrecht** genannt. Bei einer zivilrechtlichen Streitigkeit stehen sich entweder zwei Bürger (natürliche Personen), ein Bürger und eine juristische Person (also z. B. eine AG oder GmbH, vgl. Abschnitt 4.4) oder aber auch zwei juristische Personen gegenüber.

4.1 | Vertragsfreiheit und Abschlusszwang

Das Grundgesetz sichert in Art. 2 Abs. 1 allen Bürgern **allgemeine Handlungsfreiheit** zu: *„Jeder hat das Recht auf die freie Entfaltung seiner Persönlichkeit (...)."* Diese Handlungsfreiheit spiegelt sich im Zivilrecht in der sogenannten **Privatautonomie** wider. Danach darf jeder im Rahmen der Gesetze frei entscheiden, ob, mit wem und mit welchem Inhalt er **Verträge** abschließt.

Vertrag
rechtlich verbindliche Vereinbarung mindestens zweier Personen, deren Erfüllung vor Gericht eingeklagt werden kann

Privatautonomie
Verhandlungs- und Abschlussfreiheit

Kontrahierungszwang
Abschlusszwang

Beispiel 1: Frank möchte Marie deren Smartphone abkaufen und bietet ihr 30,– Euro. Marie ist aber zum Verkauf nicht verpflichtet – sie kann darüber frei entscheiden.

Im Gegensatz dazu versteht man unter **Kontrahierungszwang** eine gesetzliche Pflicht zum Abschluss eines Vertrages. Kontrahierungszwang besteht zumeist dann, wenn eine öffentliche Versorgungsaufgabe – sogenannte Daseinsvorsorge – besteht. Insbesondere gilt dies für Unternehmen der Verkehrswirtschaft (Beförderungspflicht), der Wasser-, Elektrizitäts- und Gasversorgung sowie gesetzliche Krankenkassen.

Beispiel 2: Frank zieht nach Berlin und benötigt eine Monatskarte für den Nahverkehr. Die Berliner Verkehrsbetriebe sind verpflichtet, einen entsprechenden Vertrag mit ihm abzuschließen.

4.2 | Inhalt und Gesetz

Das im Jahr 1900 in Kraft getretene (und seitdem häufig geänderte und ergänzte) Bürgerliche Gesetzbuch, kurz **BGB**, ist das wichtigste Gesetz im Zivilrecht. Es regelt die Rechtsbeziehungen zwischen Privatpersonen. Das BGB unterteilt sich in fünf Hauptrechtsgebiete (siehe Schaubild). Von Bedeutung für Prüfungen, Beruf und Alltag sind insbesondere der Allgemeine Teil und das Schuldrecht. Hierauf sind die Schwerpunkte dieses Kapitels ausgerichtet.

Neben dem BGB existieren noch viele weitere zivilrechtliche Gesetze, wie zum Beispiel die Zivilprozessordnung (ZPO), welche das zivilrechtliche Gerichtsverfahren regelt, das Handelsgesetzbuch (HGB), das Regelungen über Gesellschaften und für Kaufleute enthält, und das Gesetz betreffend die Gesellschaften mit beschränkter Haftung (GmbHG).

4.3 | Ein zivilrechtlicher Lebensstrahl

Jedem Menschen stehen diverse Rechte und Pflichten zu. Jedoch kann man bestimmte Rechte und Pflichten erst ab einem gewissen Alter wahrnehmen, da man nach dem Gesetz erst dann die Fähigkeit dazu erlangt. Der folgende „Lebensweg" soll dies veranschaulichen.

Alter: 7 Jahre
beschränkte Geschäftsfähigkeit (§§ 106 ff. BGB), beschränkte Deliktsfähigkeit (§ 828 BGB)

Mit Geburt:
Rechtsfähigkeit (§ 1 BGB)

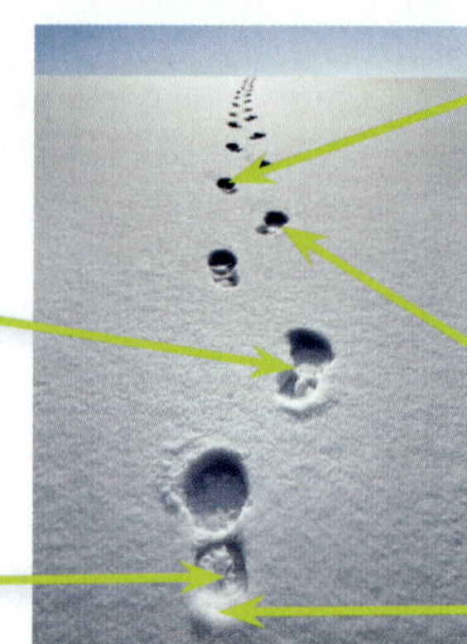

Alter: 18 Jahre
volle Geschäfts-, Testier- und Deliktsfähigkeit sowie volle Ehemündigkeit

Alter: 16 Jahre
beschränkte Testierfähigkeit und beschränkte Ehemündigkeit

Mit Zeugung:
bereits Ungeborene sind erbberechtigt (§ 1923 Abs. 2 BGB)

	Recht bzw. Pflicht	... und was dahintersteckt
§ 1 BGB	**Rechtsfähigkeit**	Fähigkeit, selbstständig Träger von Rechten und Pflichten zu sein: Schon mit der Geburt kann man z. B. Eigentümer eines Autos sein.
§§ 104 ff. BGB	**Geschäftsfähigkeit**	*Volle Geschäftsfähigkeit* (ab 18 Jahre): Fähigkeit, rechtlich bindende Willenserklärungen abzugeben, zum Beispiel Verträge zu schließen.
§§ 106, 107 BGB		*Beschränkte* Geschäftsfähigkeit (7–17 Jahre): Abgeschlossene Verträge sind „schwebend unwirksam", d. h., sie werden erst wirksam, wenn die Eltern sie genehmigen; wenn keine Genehmigung erfolgt, sind die Verträge nichtig.
§ 104 BGB		Wer noch nicht 7 Jahre alt ist, ist *geschäftsunfähig*.
		Beispiel 3: Frank hat einen wertvollen Oldtimer geerbt. Er kann diesen bis zum Alter von 6 Jahren nicht an den Sammler X verkaufen, der hinter dem Fahrzeug her ist. Im Alter von 7–17 Jahren kann Frank das Auto nur dann verkaufen, wenn seine Eltern zustimmen. Ist Frank 18 Jahre alt, kann er dagegen mit dem Fahrzeug machen, was er will – also es auch für einen beliebigen Preis an X verkaufen.
§ 828 BGB	**Deliktsfähigkeit (Haftungsrecht)**	Pflicht, für einen vorsätzlich oder fahrlässig angerichteten Schaden Ersatz zu leisten.
		Beispiel 4: Wer einem anderen ein Bein stellt, ihn zu Fall bringt und dadurch dessen Knie verletzt, muss dessen Heilbehandlungskosten *immer* zahlen, wenn er bei der Tat *mindestens 18 Jahre* alt ist, aber *nie*, wenn er *unter 7 Jahre alt* ist. Dazwischen ist man *beschränkt deliktsfähig* – es kommt auf die individuelle Einsichtsfähigkeit an.
§§ 2229, 2233 BGB	**Testierfähigkeit**	Fähigkeit, ein Testament zu schreiben. Wer mindestens 18 Jahre alt ist, kann dies eigenhändig und handschriftlich tun; wer 16 oder 17 Jahre alt ist, benötigt hierfür einen Notar. Wer noch nicht 16 ist, ist testierunfähig, kann also kein wirksames Testament schreiben.
§ 1303 BGB	**Ehemündigkeit**	Fähigkeit, im Alter von *mindestens 18 Jahren* rechtswirksam eine Ehe zu schließen; wer *16 oder 17 Jahre* alt ist, kann mit Zustimmung des Familiengerichts eine Ehe schließen, wenn der Ehepartner mindestens 18 Jahre alt ist (beschränkte Ehemündigkeit).

Aufgabe

Um welche der in Abschnitt 4.3 kennengelernten Rechte bzw. Pflichten geht es in den folgenden Beispielen? Ordnen Sie jedes der Beispiele einem der mit Buchstaben versehenen Bereiche zu. Die Buchstaben der richtigen Lösungen ergeben – zusammengesetzt in der Folge der Beispiele 1. bis 7. – das Lösungswort.

Beispiel	Bereiche
1. Daniel hat heute ein totales Schnäppchen gemacht. Er hat einen 30 Jahre alten Whisky aus seinem Geburtsjahr für nur 25,- Euro gekauft.	**E** Beschränkte Geschäftsfähigkeit **V** Volle Geschäftsfähigkeit **B** Volle Deliktsfähigkeit
2. „Säugling erbt Milliardenvermögen" Er kann nicht sprechen und nicht laufen – trotzdem ist der zwei Monate alte Thomas Müller bereits Milliardär. Er erbte das auf drei Milliarden Euro geschätzte Vermögen des verstorbenen Immobilienhändlers Georg Müller.	**A** Testierfähigkeit **F** Geschäftsunfähigkeit **E** Rechtsfähigkeit
3. „Ich, Sabine Reiser, erlaube meiner Tochter Judith Reiser, die Jacke der Marke Style X für einen Preis von 49,95 Euro zu kaufen."	**R** Beschränkte Geschäftsfähigkeit **H** Geschäftsunfähigkeit **I** Beschränkte Deliktsfähigkeit
4. „Sechsjähriger verursacht schwere Schäden" Ein sechsjähriger Junge hat schwere Schäden verursacht. Von einer Autobahnbrücke warf der Junge einen Stein, der auf der Windschutzscheibe eines Lkws aufprallte. Der erschreckte Lkw-Fahrer kam von der Fahrbahn ab. Er verletzte sich nur leicht, doch die Fracht wurde schwer beschädigt. Die Transportfirma will nun den Schaden von dem Sechsjährigen ersetzt haben.	**S** Beschränkte Geschäftsfähigkeit **T** Deliktsunfähigkeit **L** Geschäftsunfähigkeit
5. Der sechsjährige Maik „kauft" am Kiosk drei Tafeln Schokolade. Seine Mutter will die Tafeln zurückgeben und dafür das Geld zurück. Der Kioskbetreiber verweigert dies und beruft sich auf den Kaufvertrag.	**R** Geschäftsunfähigkeit **M** Beschränkte Geschäftsfähigkeit **K** Beschränkte Deliktsfähigkeit
6. „Ich, Elisabeth Meier, geboren am 12.01.1935, vermache mein gesamtes Vermögen dem Tierheim in Hanau."	**B** Beschränkte Geschäftsfähigkeit **S** Beschränkte Testierfähigkeit **A** Volle Testierfähigkeit
7. „Haben Anne und Stefan schon geheiratet?" – „Nein, sie warten noch auf die Entscheidung des Familiengerichts."	**G** Beschränkte Ehemündigkeit **K** Volle Ehemündigkeit **T** Volle Geschäftsfähigkeit

4.4 | Natürliche und juristische Personen

Die Rechtsordnung unterscheidet zwischen natürlichen und juristischen Personen. **Natürliche Personen** sind alle Menschen, unabhängig von ihrem Alter. Ab der Geburt erhält jeder Mensch bestimmte Rechte und Pflichten, die er im Rechtsverkehr wahrnehmen kann und muss. Alle natürlichen Personen sind rechtsfähig (siehe Abschnitt 4.3).

Mit einer **juristischen Person** ist nicht ein Richter oder ein Rechtsanwalt gemeint. Es handelt sich vielmehr um Zusammenschlüsse von Personen oder Vermögensmassen, die Träger von Rechten und Pflichten sind und vor Gericht als „Person" klagen und selbst verklagt werden können.

Auch juristische Personen sind also rechtsfähig. Da sie jedoch keine Menschen sind, können sie naturgemäß auch nicht selbst rechtlich handeln, sondern müssen sich **durch sogenannte Organe vertreten** lassen. Hinter diesen Organen stehen wiederum Menschen – wie beispielsweise der Geschäftsführer einer GmbH oder der Vorstand eines Sportvereins.

Im Rechtsverkehr kann also sowohl eine natürliche als auch eine juristische Person Forderungen geltend machen, klagen oder verklagt werden.

Forderung
Anspruch, der gerichtlich geltend gemacht werden kann.
Verkauft z. B. der 18-jährige Frank aus Beispiel 3 dem Sammler X den Oldtimer für 15.000,– Euro, so hat er gegen X eine Forderung über die Zahlung des Kaufpreises von 15.000,– Euro.

Körperschaft
Auf der Mitgliedschaft von Personen beruhender Verband. Beispiel: Eine Gemeinde ist ein auf der Mitgliedschaft der Gemeindebürger beruhender Verband.

Stiftung
Einrichtung, die mithilfe eines Vermögens einen vom Stifter festgelegten Zweck verfolgt. Die Stiftung hat keine Mitglieder. Beispiele: Stiftung Preußischer Kulturbesitz, Stiftung Warentest.

Natürliche Personen	Juristische Personen	
alle Menschen	treten auf als	
	juristische Personen des Privatrechts, z. B. • Sportverein • GmbH • Aktiengesellschaft (AG) • Stiftung	juristische Personen des öffentlichen Rechts, z. B. • Körperschaft (Bundesrepublik Deutschland, Stadt Mainz) • Anstalt (z. B. Rundfunkanstalten wie WDR, MDR) • Stiftung
	und können durch ihre Organe rechtlich handeln wie natürliche Personen	
Beginn der Rechtsfähigkeit: mit der Geburt der Person	**Beginn der Rechtsfähigkeit:** bei juristischen Personen des Privatrechts mit Eintragung in ein Register (z. B. Vereinsregister beim Verein, Handelsregister bei der GmbH); bei juristischen Personen des öffentlichen Rechts mit staatlicher Verleihung	
Ende der Rechtsfähigkeit: mit dem Tod der Person	**Ende der Rechtsfähigkeit:** bei juristischen Personen des Privatrechts mit Löschung aus dem Register; bei juristischen Personen des öffentlichen Rechts mit Auflösung	

Ordnen Sie folgende Rechtssubjekte – soweit möglich – jeweils einer der Rubriken (natürliche Person, juristische Person des Privatrechts, juristische Person des öffentlichen Rechts) zu!

Reitverein – Siemens AG – Berufsschüler Max – Stadt Berlin – Dackel Timmy – Schlosser Jan – Bayerischer Rundfunk – Freistaat Sachsen

4.5 | Vertragsrecht

4.5.1 Alltägliche Verträge

Die bekanntesten und häufigsten Vertragsarten des Zivilrechts finden sich im BGB und sind dort mehr oder weniger ausführlich geregelt. Eine Übersicht zu „klassischen Vertragstypen" gibt das nebenstehende Schaubild.

Gläubiger ist, wer eine Leistung fordern kann.

Schuldner ist, wer eine Leistung zu erbringen hat.

Weitere wichtige Vertragsarten des BGB sind

- der **Werkvertrag**: Erbringung einer bestimmten Leistung gegen Geld,
- der **Dienstvertrag**: Erbringung von Diensten gegen Geld,
- die **Bürgschaft**: Verpflichtung des „Bürgen", für die Schulden eines Dritten gegenüber dessen Gläubiger einzustehen,
- die **Schenkung**: Zuwendung eines Schenkers an einen Beschenkten, die nach dem Willen beider unentgeltlich erfolgt.

Bei der Abgrenzung der Vertragsarten ist entscheidend, was *vereinbart* ist, nicht, wie die Parteien den Vertrag bezeichnen.

Verwandte Vertragsarten sind Kaufvertrag/Tausch, Miete/Pacht/Leihe sowie Werkvertrag/Dienstvertrag. Zur Abgrenzung der Vertragsarten hier einige alltägliche Beispiele.

Beispiel 5: Nelly möchte Elenas Tablet „kaufen". Bietet sie ihr statt Geld ihr fast ungenutztes Fahrrad als Gegenleistung an, so steht statt des Kaufvertrages ein Tausch zur Diskussion.

Beispiel 6: Das Auto von Landwirt L ist momentan zur Reparatur in einer Werkstatt. Da L sich einen landwirtschaftlichen Betrieb anschauen will, den er möglicherweise „mieten" will, nimmt er sich für 80,– Euro einen „Leihwagen". Vor Ort trifft er den Obstbauern O. Als L feststellt, dass der Betrieb sehr weitläufig ist, bietet O an, ihm ein Fahrrad zu „borgen", um sich alles anschauen zu können. Hierauf lässt sich L trotz der extrem nasskalten Witterung ein. Am nächsten Tag stellt er allerdings fest, dass er sich einen handfesten Schnupfen eingehandelt hat. Er sucht Dr. H. NO auf, um sich behandeln zu lassen.

Hier geht es bei der Autoreparatur um einen Werkvertrag, denn die Werkstatt erfüllt ihre Pflicht erst, wenn der Wagen repariert ist. Beim Arztbesuch liegt dagegen ein Dienstvertrag vor, da Dr. H. NO sich zwar um Heilung bemüht, er sie aber nicht garantieren kann und will. Bei dem „Leihwagen" handelt es sich tatsächlich um einen Mietwagen, da L ja für den Gebrauch zahlen muss. Leihe ist dagegen beim Fahrrad gegeben, da O dem L dieses kostenlos zur Verfügung stellt. Nicht Miete, sondern Pacht ist beim landwirtschaftlichen Betrieb beabsichtigt. L will nämlich nicht nur den Betrieb nutzen, sondern auch die Erträge, wie z. B. die Obsternte, behalten.

Verträge im BGB
Kauf (§§ 433 ff.)
Tausch (§ 480)
Darlehen (§§ 488 ff.)
Miete (§§ 535 ff.)
Pacht (§§ 581 ff.)
Leihe (§§ 598 ff.)
Dienstvertrag (§§ 611 ff.)
Werkvertrag (§§ 631 ff.)

Ausführliche Informationen zu weiteren Verträgen (neben dem Kaufvertrag) finden Sie in Abschnitt 4.7

Willenserklärungen – und damit Vertragsschlüsse – können auf unterschiedliche Weise erfolgen:

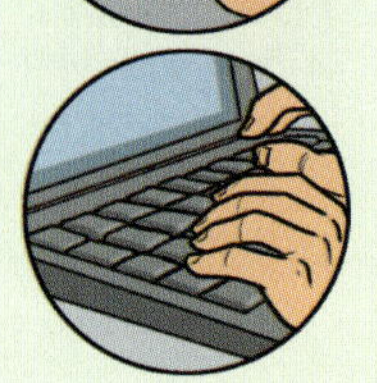

Ob eine Erklärung rechtlich bindend gemeint ist, muss anhand der Umstände beurteilt werden. Kauft jemand beim Bäcker Brötchen, ist dies eindeutig zu bejahen. „Leiht" jedoch eine Mutter ihrem 15-jährigen Sohn ihr Fahrrad, damit er rechtzeitig zum Fußballtraining kommt, wäre es weltfremd anzunehmen, die Mutter wolle einen rechtlich verbindlichen Leihvertrag mit ihrem Sohn abschließen.

4.5.2 Der Vertragsschluss: wie ein Vertrag zustande kommt

4.5.2.1 Willenserklärungen: Voraussetzung für jeden Vertrag

Ein Vertrag kommt zustande, wenn mindestens zwei geschäftsfähige Personen übereinstimmende Willenserklärungen abgeben. Diese Willenserklärungen nennt man **Angebot** und **Annahme**.

Willenserklärung:
Unter einer Willenserklärung versteht man die Äußerung eines Willens durch eine Person, die einen Rechtserfolg beabsichtigt, also eine rechtliche Wirkung herbeiführen und sich dementsprechend festlegen will. Willenserklärungen sind zumeist formfrei, müssen also nicht mündlich oder schriftlich, sondern können auch durch ein entsprechendes Handeln geäußert werden. Das bloße Schweigen gilt dagegen im Regelfall nicht als Willenserklärung.

Beispiel 7: Deshalb kann auch ein Nicken oder ein Handzeichen eine Willenserklärung sein, so bei einer Auktion oder wenn ein Taxi angehalten wird. Wer aber bei einer Auktion nur sitzt und schweigt, wird nichts ersteigern.

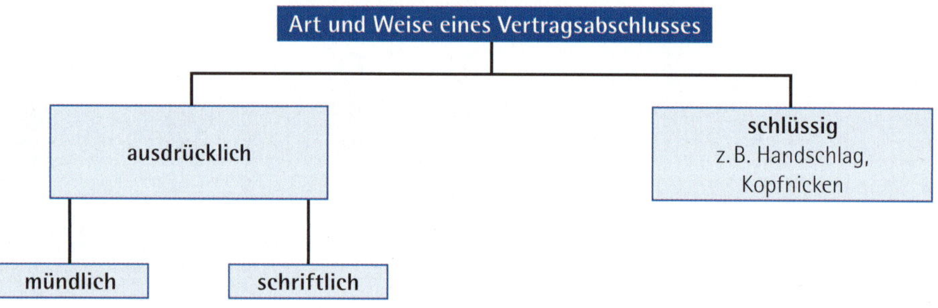

Angebot:
eine Willenserklärung, mit der jemand einem anderen den Abschluss eines Vertrages anbietet
- zeitlich erste Willenserklärung
- empfangsbedürftig, d. h., die Willenserklärung wird erst mit Zugang beim Annehmenden rechtswirksam
- muss inhaltlich so bestimmt sein, dass die Annahme durch ein bloßes „Ja!" des Antragsempfängers erfolgen könnte

Beispiel 8: Erik möchte sein Auto an Sarah verkaufen. Die Frage „Kaufst du mir meinen roten Opel Astra für 5.000,– Euro ab?" ist ein hinreichend bestimmtes Angebot.

Annahme:
eine mit einem Angebot inhaltlich übereinstimmende Willenserklärung des Angebotsempfängers, mit der ein entsprechender Vertrag begründet wird
- zeitlich zweite Willenserklärung
- empfangsbedürftig, d. h., die Willenserklärung wird erst mit Zugang beim Antragenden rechtswirksam
- ist das Einverständnis des Annehmenden mit dem Angebot, d. h., es muss eine inhaltliche Übereinstimmung von Angebot und Annahme vorliegen

Beispiel 9: „Okay, ich nehme ihn" oder einfach „Ja". Dies genügt, um den Kaufvertrag über den roten Opel Astra für 5.000,– Euro zustande kommen zu lassen. Natürlich könnte sich Sarah auch genauer ausdrücken, z. B.: „Ja, ich kaufe dir den roten Opel Astra für 5.000,– Euro ab."

4.5.2.2 Wirksamkeit von Willenserklärungen und Verträgen

Entscheidend für das Wirksamwerden einer Willenserklärung sind ihre **Abgabe** und ihr **Zugang**. Unter Abgabe wird die gewollte Entäußerung der Erklärung verstanden. Zugang bedeutet das Gelangen der Erklärung in den „Machtbereich" des Empfängers, sodass dieser unter normalen Umständen Kenntnis von der Erklärung nehmen konnte. Kenntnis selbst ist nicht zwingend erforderlich. Dies bereitet in alltäglichen Fällen wiederum kaum Schwierigkeiten.

Verträge und andere Rechtsgeschäfte
Neben dem Vertrag als wichtigstem (mehrseitigen) Rechtsgeschäft gibt es einseitige Rechtsgeschäfte, für deren Wirksamkeit nur eine Willenserklärung erforderlich ist. Wichtige Beispiele sind Kündigung und Anfechtung, von denen später noch die Rede sein wird.

Beispiel 10: Wer beim Bäcker deutlich erklärt, er wolle „drei Mohnbrötchen", der hat diese Erklärung abgegeben. Der Zugang erfolgt im selben Moment, nämlich wenn die Verkäuferin die Bestellung vernimmt.

Problematisch können Fragen der Abgabe und des Zugangs ausnahmsweise werden, wenn es um Willenserklärungen unter Abwesenden geht.

Beispiel 11: Keine wirksame Abgabe liegt vor, wenn ein Manager einen Brief mit einem Kaufangebot auf seinem Schreibtisch liegen lässt und die Reinigungskraft diesen später ohne sein Wissen in die Post gibt. Hier wollte der Manager den Brief mit dem Angebot noch nicht abgeben. Folge: *Da kein wirksames Kaufangebot abgegeben wurde, kommt selbst dann kein Vertrag zustande, wenn die Adressatin erklärt: „Ich nehme Ihr Angebot an."*

Beim Zugang können Probleme auftreten, wenn der Empfänger der Willenserklärung an der tatsächlichen Kenntnisnahme gehindert ist.

Urlaubsbedingte Abwesenheit schützt nicht vor Zugang einer Willenserklärung. Wer sich vor unliebsamen Folgen schützen will, sollte Vorkehrungen gegen das Überquellen des Postkastens treffen.

Beispiel 12: Geschäftsfrau G sendet dem Verkäufer V per einfachem Brief folgendes Angebot: „Ich bin bereit, den von Ihnen zum Verkauf angebotenen Konferenztisch Business 2020 zum Preis von 600,– Euro zu erwerben. Dieses Angebot gilt jedoch nur zwei Wochen ab Zugang."
Der Brief, den G am 30.06.2020 einwirft, landet am 01.07.2020 im Postkasten des V. Leider ist V verreist und liest den Brief erst unmittelbar nach seiner Rückkehr am 24.07.2020. Da er höchstens mit einem Erlös von 500,– Euro für den Konferenztisch gerechnet hatte, ruft er freudestrahlend bei G an und erklärt: „Abgemacht, der Kauf ist perfekt." G antwortet trocken: „Ich habe kein Interesse mehr." Kann V auf dem Angebot der G bestehen?

G hat ein befristetes Angebot abgegeben, dessen Zugang spätestens am 02.07.2020 erfolgte. Zu diesem Zeitpunkt hätte V das Angebot normalerweise aus dem Postkasten geholt und zur Kenntnis genommen. Dass er tatsächlich keine Kenntnis nahm, spielt keine Rolle. Er hätte jemanden beauftragen können, die Post zu öffnen und ihn zu benachrichtigen.
Da die zweiwöchige Frist mit dem Zugang am 02.07.2020 begann, ist sie am 24.07.2020 jedenfalls abgelaufen. G braucht sich an diesem Tag nicht mehr an das Angebot gebunden fühlen. Da kein Angebot und damit keine Willenserklärung der G vorliegt, kommt kein Vertrag zustande.

Ausnahmefall: Schriftform erforderlich

Da grundsätzlich Formfreiheit besteht, dient die Wahl der Schriftform zumeist Beweiszwecken. Man fühlt sich wohler, wenn man für den Kauf eines teuren Notebooks „etwas Schriftliches" in der Hand hält. Es gibt jedoch Rechtsgeschäfte, für die das BGB die Schriftform vorschreibt. Sie müssen schriftlich fixiert und eigenhändig unterschrieben werden. Grund ist hier zumeist der Schutz vor übereiltem Handeln bei einem Rechtsgeschäft mit besonders bedeutsamen Folgen.

Weitere Formvorschriften sind die **öffentliche Beglaubigung** (z. B. bei Anträgen auf Eintragungen ins Handelsregister) und die **notarielle Beurkundung** (z. B. beim Grundstückskauf). Sie erfüllen neben der Schutz- auch eine Kontroll- und Warnfunktion.

Beispiel 13: Der Bürgschaftsvertrag erfordert eine schriftliche Erklärung des Bürgen (§ 766 BGB). Die Kündigung eines Arbeitsvertrages bedarf der Schriftform (§ 623 BGB).

Gründe für die Unwirksamkeit von Verträgen

Verträge, die von voll geschäftsfähigen Personen abgeschlossen werden und den Anforderungen an Bestimmtheit, Abgabe und Zugang der Willenserklärungen erfüllen, sind grundsätzlich wirksam und müssen eingehalten werden. Von diesem Grundsatz gibt es jedoch Ausnahmen. Das BGB bestimmt für einige Fälle die Nichtigkeit der den Vertrag begründenden Willenserklärungen: Sie sind nichtig, wenn sie so schwere Mängel aufweisen, dass sie zum Schutz der Beteiligten nicht gelten sollen. Zu erwähnen sind:

- Formmangel (§ 125 BGB)

Beispiel 14: Herr B. Trug ist sich mit Frau G. Rissen darüber einig, ihr sein Grundstück für 900.000,– Euro zu verkaufen. Allerdings wird der Kaufvertrag nicht vom Notar beurkundet.
Er ist deshalb wegen Formmangels nichtig.

- Scheingeschäft (§ 117 BGB)

Beispiel 15: Herr B. Trug und Frau G. Rissen erfahren, dass ihr Vertrag, um der Nichtigkeit zu entgehen, der notariellen Beurkundung bedarf. Sie holen die notarielle Beurkundung nach, geben jedoch, um Steuern zu sparen, als Kaufpreis lediglich 500.000,– Euro an.
Da die Höhe des Kaufpreises nur zum Schein so niedrig angegeben wurde, ist auch dieser Vertrag nichtig.

- Scherzerklärung (§ 118 BGB)

Beispiel 16: Am Strand herrschen 35 Grad, doch Jana und Tim haben die Getränke vergessen. Jana seufzt: „Ein Königreich für eine Flasche Wasser." Tim läuft zum zwei Kilometer entfernten Supermarkt und bringt Jana eine Flasche Wasser.
Wegen der offensichtlich fehlenden Ernsthaftigkeit kann Tim kein Königreich verlangen.

- Sittenwidrigkeit (138 BGB)

Beispiel 17: Geschäftsfrau Gaby Grün beauftragt den zwielichtigen Dieter Dunkel gegen Zahlung von 100.000,– Euro mit der „Ausschaltung" ihres Konkurrenten Berthold Braun.
Da das Geschäft offensichtlich gegen jegliche guten Sitten verstößt, ist es nichtig.

- Verstoß gegen ein Gesetz (§ 134 BGB)

Beispiel 18: Beschäftigung von „Schwarzarbeitern", da dies gesetzlich verboten ist.

Folge der Nichtigkeit eines Vertrages
Da der Vertrag als niemals abgeschlossen gilt, sind alle bisher erbrachten Leistungen (z. B. Kaufpreis und Ware) zurückzugeben. Es ist genau die Situation herzustellen, die vor dem Abschluss des nichtigen Vertrages bestand.

Aufgabe

Beurteilen Sie anhand der genannten Fallgruppen, ob der jeweilige Vertrag wirksam oder nichtig ist. Begründen Sie Ihre Beurteilung stichwortartig.

1. Frau Meier hat sich eine Bluse gekauft. Zu Hause merkt sie, dass sie ihr zu klein ist.
2. Herr Kunze ärgert sich über die teuren Renovierungskosten. Sein Nachbar bietet ihm an, am Sonntag seine Wohnung für 100,– Euro komplett zu streichen. Herr Kunze nimmt dieses günstige Angebot an.
3. Sven schließt mit Frau Kleine einen schriftlichen Kaufvertrag über deren Parzelle in einem Kleingartengebiet ab.
4. Sven kauft Firmenaktien, weil der Broker ihm aufgezeigt hat, dass diese bisher nur gestiegen sind. Nach dem Kauf fallen die Aktien jedoch im Wert.
5. Herr Schneider schaut sich im Autohaus seines Freundes Fritz die Gebrauchtwagen an und sagt ironisch: „Für jedes dieser Autos würde ich sofort 100.000,– Euro auf den Tisch legen." Der Verkäufer antwortet: „Okay, abgemacht."
6. Um seiner neuen Freundin zu imponieren, schließt Herr Schneider mit seinem Freund Fritz einen schriftlichen Kaufvertrag über einen Sportwagen zu 80.000,– Euro ab. Schneider und Fritz wissen, dass Schneider die Summe niemals aufbringen könnte.

4.5.3 Die Anfechtung von Willenserklärungen

4.5.3.1 Die Anfechtung führt zur Nichtigkeit der Willenserklärung

„Pacta sunt servanda!" („Verträge sind einzuhalten!"): Ein Grundsatz, der bereits bei den alten Römern galt, beschreibt die Verpflichtung der Vertragspartner. Sie müssen den Vertrag erfüllen, und zwar auch dann, wenn sie den Vertragsschluss schon am Tag danach bereuen.

Manchmal erfährt man aber erst *nach* Vertragsschluss von Umständen, bei deren Kenntnis vor Vertragsschluss man seine Willenserklärung gar nicht erst abgegeben hätte. Unter bestimmten Voraussetzungen besteht dann die Möglichkeit, die eigene Willenserklärung rückwirkend zu beseitigen. Diese Möglichkeit nennt man Anfechtung. Durch eine wirksam erklärte Anfechtung wird die Willenserklärung und damit der abgeschlossene Vertrag nichtig, § 142 BGB.

Die Anfechtung beseitigt alle rechtlichen Wirkungen der Willenserklärung und hat dieselben Auswirkungen wie die Fallgruppen der Nichtigkeit (vgl. Abschnitt 4.5.2.2.). Unterschied: Während dort die Nichtigkeit ohne Zutun von selbst eintritt, muss die Anfechtung (= neue Willenserklärung) erst erklärt werden. Sonst bleibt jede noch so anfechtbare Willenserklärung wirksam.

Verträge sind einzuhalten – auch wenn man beim Abschluss kopflos war.

Beispiel 19: A und B sind sich einig, dass A das Grundstück des B für zwei Millionen Euro kauft. In Unkenntnis der Formvorschriften schließen sie den Kaufvertrag lediglich mündlich ab.
Folge: Der Kaufvertrag ist nichtig.

Beispiel 20: Sie lassen den Kaufvertrag ordnungsgemäß notariell beurkunden. Allerdings stellt A alsbald fest, dass B ihn über die Bausubstanz der auf dem Grundstück stehenden Villa in voller Absicht getäuscht hat. Diese weist nämlich zahlreiche versteckte Mängel auf, sodass das Grundstück alles in allem höchstens 500.000,– Euro wert ist.
Folge: Der Kaufvertrag ist nach wie vor wirksam. Erst wenn A ihn wegen „arglistiger Täuschung" anficht, wird er nichtig.

4.5.3.2 Voraussetzungen der Anfechtung

Für eine wirksame Anfechtung müssen folgende Voraussetzungen erfüllt sein:
- Anfechtungsgrund liegt vor
- Anfechtungserklärung wird abgegeben
- Anfechtungsfrist wird eingehalten

Anfechtungsberechtigung
Nur jeweils der Irrende, Getäuschte oder Bedrohte ist berechtigt, seine Willenserklärung anzufechten, nicht sein Geschäftspartner oder gar Dritte.

<u>Anfechtungsgrund</u>
Zunächst bedarf es eines Anfechtungsgrundes. Das BGB zählt die Gründe, aus denen eine Willenserklärung angefochten werden kann, abschließend auf. Von Bedeutung sind besonders die Irrtümer des § 119 BGB sowie arglistige Täuschung und widerrechtliche Drohung (jeweils § 123):

- **Erklärungsirrtum**
  Der Erklärende erklärt nicht, was er erklären will, sondern verspricht oder verschreibt sich.
  Beispiel 21: A setzt im Kaufvertrag versehentlich statt 540,– Euro 450,– Euro ein.

- **Inhaltsirrtum**
  Der Erklärende erklärt, was er erklären will, kennt aber die Bedeutung des Inhalts nicht.
  Beispiel 22: B erklärt, er möchte ein Dutzend Äpfel kaufen. Er denkt dabei, dass ein Dutzend nicht zwölf, sondern nur zehn Äpfel sind.

Anfechtungs-grund

+

Anfechtungs-erklärung

+

Einhaltung der Anfechtungsfrist

=

Vertrag nichtig

- **Eigenschaftsirrtum**
  Der Erklärende irrt über das Vorhandensein bestimmter wesentlicher Eigenschaften einer Person oder einer Sache. Eigenschaften sind alle wertbildenden Merkmale einer Sache oder Person. Sie sind wesentlich, wenn sie für das Rechtsgeschäft von Bedeutung sind. Keine Eigenschaften sind jedoch der Preis oder der Wert einer Sache.

  Beispiel 23: Kunstsammler K kauft ein Gemälde für 20.000,– Euro im Glauben, dass es von der Künstlerin X stamme. Es handelt sich jedoch um eine wertlose Fälschung des F.
  K kann hier anfechten, da er sich über ein wertbildendes Merkmal irrte.

  Beispiel 24: K kauft ein Gemälde, ohne sich Gedanken über den Künstler zu machen. Er zahlt 5.000,– Euro und hält dies für ein gutes Geschäft, da er den tatsächlichen Wert auf 10.000,– Euro schätzt. Es stellt sich heraus, dass das Werk nur 800,– Euro wert ist.
  Hier fehlt ein Anfechtungsgrund, da sich K nur über den Wert irrte.

- **Arglistige Täuschung**
  Entscheidend ist, dass der Vertragspartner oder ein Dritter den Erklärenden bewusst täuscht und dies zur Abgabe der Willenserklärung führt.

  Beispiel 25: Bei einer Autogrammstunde des Stars S schiebt der Versicherungsmakler V dem S statt des zu signierenden Songtextes einen Versicherungsvertrag zur Unterschrift unter.
  S kann den Versicherungsvertrag anfechten.

- **Widerrechtliche Drohung**

  Beispiel 26: Mit vorgehaltener Waffe zwingt Verkäufer V den K dazu, einen Kaufvertrag zu unterzeichnen.
  K kann den Kaufvertrag anfechten.

<u>Anfechtungserklärung, § 143 BGB</u>

Der Anfechtungsberechtigte muss dem Anfechtungsgegner die Anfechtung mitteilen.

Beispiel 27: K muss im Beispiel 23 nicht ausdrücklich den Begriff „Anfechtung" gebrauchen. Es genügt, wenn sich die Anfechtung aus den Umständen ergibt, etwa: „Da ich nicht wusste, dass es sich um eine Fälschung handelte, mache ich den Kauf rückgängig."

<u>Anfechtungsfrist, §§ 121, 124 BGB</u>

Laut § 121 BGB muss bei einem Irrtum die Anfechtung unverzüglich nach der Kenntniserlangung vom Anfechtungsgrund erfolgen (spätestens nach zwei Wochen). Die Anfechtung wegen einer Täuschung oder Drohung ist binnen eines Jahres zu erklären (§ 124 BGB).

Lesen Sie sich die einzelnen Fälle durch und beurteilen Sie, ob die abgegebene Willenserklärung jeweils anfechtbar ist. Begründen Sie stichwortartig.

1. Der Fabrikant F will dem Unternehmer U eine Maschine für 7.400,– Euro anbieten. In dem Angebot verschreibt sich F jedoch, sodass als Kaufpreis nur ein Betrag von 4.700,– Euro erscheint. U nimmt das Angebot freudig an.
2. Der Berliner B bestellt in einer Kölner Kneipe nach der Karte einen „halven Hahn". Der Kellner serviert ihm statt des erwarteten halben Hähnchens ein Käsebrötchen.
3. V bietet K einen gebrauchten Mercedes an. K fragt V, ob der Wagen unfallfrei sei, sonst werde er ihn nicht kaufen. V bejaht dies, wobei er lügt. K kauft das Auto. Nun erfährt K, dass V mit dem Mercedes einen schweren Unfall hatte.
4. Verkäufer V verlangt vom Käufer K die sofortige Unterzeichnung eines Kaufvertrages. Falls K nicht unterschreibe, werde V ihn wegen eines begangenen Diebstahls anzeigen. K sieht keine andere Wahl und unterschreibt.

4.5.4 Die Stellvertretung

4.5.4.1 Die rechtsgeschäftliche Stellvertretung

Die meisten Verträge müssen nicht von den Beteiligten persönlich abgeschlossen werden. Es kann ein Vertreter eingeschaltet werden, dessen Willenserklärung unmittelbar für den Vertretenen wirkt, §§ 164 ff. BGB. Die vom Vertreter abgegebene Erklärung wird so behandelt, als hätte sie der Vertretene selbst abgegeben. Voraussetzungen einer wirksamen Stellvertretung sind:

- **Vertretungsmacht**
  Jemand erteilt einem anderen die Vollmacht, ihn zu vertreten.

- **Handeln im fremden Namen**
  Der Vertreter muss die Stellvertretung offenlegen.

- **eigene Willenserklärung**
  Der Vertreter übergibt nicht die Willenserklärung des Vertretenen, sondern er trifft aufgrund seines eigenen Handlungsspielraums eine eigene Entscheidung.

Beachte dagegen: Ein Bote übermittelt keine eigene Willenserklärung. Er gibt nur eine fremde Willenserklärung weiter. Daher ist er auch kein Stellvertreter im rechtlichen Sinne.

Eine Stellvertretung ist nicht möglich bei höchstpersönlichen Rechtsgeschäften wie der Testamentserrichtung oder der Eheschließung.

Beispiel 28: Manager Mustermann will einen neuen Sportwagen bei V kaufen. Da er selbst keine Zeit hat, beauftragt er seinen Freund F, einen Wagen für ihn zu erwerben. Dabei dürfe F „zwischen 40.000,– und 60.000,– Euro ausgeben". F entscheidet sich für ein Modell zum Preis von 55.000,– Euro und gibt im schriftlichen Kaufvertrag Mustermann als Käufer an.
Hier sind alle drei Voraussetzungen für ein wirksames Handeln des Stellvertreters gegeben. Der Kaufvertrag kommt zwischen V und Mustermann zustande.

Beispiel 29: Mustermann schickt F mit genauen Anweisungen zu V: Er will das Modell XY zum Preis von 46.000,– Euro erwerben. F erklärt dies dem V.
Hier fehlt es an der eigenen Willenserklärung des F, denn dieser hat keinerlei eigenen Handlungsspielraum und überbringt nur die Erklärung des Mustermann. Er ist Bote.

Vertreter ohne Vertretungsmacht
Tritt jemand als Vertreter auf, ohne Vertretungsmacht zu haben, ist der Vertrag „schwebend" unwirksam. Wenn der ahnungslose Vertretene den Vertrag nachträglich genehmigt, wird er Vertragspartner. Wenn nicht, kann der getäuschte Vertragspartner den Vertreter ohne Vertretungsmacht in Anspruch nehmen.

4.5.4.2 Die gesetzliche Stellvertretung

Neben der rechtsgeschäftlichen gibt es die gesetzliche Stellvertretung, die einer Vollmacht nicht bedarf. Wichtigstes Beispiel ist die Vertretung minderjähriger Kinder durch die Eltern (§ 1629 BGB). Sie ist erforderlich, da Minderjährige nicht voll geschäftsfähig sind (vgl. Abschnitt 4.3).

Beispiel 30: Der 15-jährige Max möchte dem Fußballclub seiner Heimatstadt beitreten. Die Eltern unterschreiben das Beitragsformular in seinem Namen.

4.6 | Der Kaufvertrag

4.6.1 Inhalt und Zustandekommen des Kaufvertrages

Ob Gebrauchtwagen (wie hier), Frühstücksbrötchen oder MP3-Player: Kaufverträge werden täglich millionenfach abgeschlossen. Über Rechtsfragen macht man sich dabei zumeist wenig Gedanken.

Der am häufigsten abgeschlossene Vertrag im deutschen Zivilrecht ist der Kaufvertrag. Täglich schließen wir mehrere Kaufverträge, ohne uns die damit verbundenen Rechte und Pflichten bewusst zu machen. Warum auch – handelt es sich in vielen Fällen doch um Leistungen im Wert geringer Eurobeträge. Je höher aber der Kaufpreis, je größer der Wert der Gegenleistung, desto bedeutsamer wird es, seine eigenen Rechte zu kennen, wenn bei der Abwicklung des Kaufvertrages einmal etwas schiefläuft. Deshalb gilt es, den Kaufvertrag als den mit Abstand wichtigsten Vertrag in Wirtschaftsverkehr und Alltag etwas genauer unter die Lupe zu nehmen.

4.6.1.1 Wesentliche Inhalte

Für den wirksamen Abschluss eines Kaufvertrages müssen die Vertragsparteien nur die **wesentlichen Punkte** vereinbaren. Diese sind bei einem Kaufvertrag:

- die Angabe des **Kaufgegenstandes** und
- die Angabe des **Kaufpreises**.

Alle anderen Umstände wie Zeitpunkt der Übergabe oder Art der Bezahlung etc. können im Nachhinein vereinbart werden. Ergeben sich hier Differenzen zwischen den Parteien, gibt das Gesetz Auskunft.

Beispiel 31: Das Bild links oben zeigt zufriedene Gesichter, weil Käufer Steven sich endlich für ein Modell hat entscheiden können. Leider haben Steven und der Gebrauchtwagenverkäufer G jedoch vergessen, sich auf einen konkreten Preis zu einigen.
Hier ist die Freude verfrüht. Da die Vertragspartner keine Einigung über die wesentliche Frage des Preises erzielt haben, ist kein Kaufvertrag zustande gekommen.

Beispiel 32: Steven hat sich mit G auf einen Kaufpreis von 3.900,– Euro geeinigt. Am nächsten Tag bereut er den Kauf und teilt G mit, dass er sich an den Vertrag nicht mehr gebunden fühle, weil man sich nicht über die Zahlungsmodalitäten geeinigt habe.
Mit dieser Einschätzung der Lage wird Steven nicht durchkommen. Zwar stimmt es, dass die Zahlungsmodalitäten nicht vereinbart wurden. Dies war aber auch nicht erforderlich, denn in diesem Fall gibt das BGB in § 271 Auskunft, wonach sofort die volle Summe gezahlt werden muss. Der Kaufvertrag ist wirksam.

4.6.1.2 Wie der Kaufvertrag zustande kommt

Wie alle anderen Verträge ist auch der Kaufvertrag ein Rechtsgeschäft, welches aus zwei inhaltlich übereinstimmenden, aufeinander Bezug nehmenden Willenserklärungen besteht. Diese Willenserklärungen nennt man – wie bei jedem Vertrag – Angebot und Annahme.

Allerdings darf man sich nicht zu sehr an diesen beiden Begriffen festhalten, denn sie werden in den seltensten Fällen wörtlich benutzt. Wenn man prüfen will, ob ein Kaufvertrag zustande gekommen ist, stellt sich vielmehr die Frage, ob sich aus dem Verhalten der Vertragspartner der eindeutige Wille zum Abschluss eines Kaufvertrages über einen bestimmten Kaufgegenstand zu einem bestimmten Kaufpreis ergibt. Die Einhaltung einer bestimmten Form ist nicht notwendig.

Ausnahme vom Grundsatz der Formfreiheit: Der Grundstückskaufvertrag ist notariell zu beurkunden (vgl. Abschnitt 4.5.2.2).

Beispiel 33: Auf dem morgendlichen Weg zur Ausbildungsstätte fällt Cem jedes Wort schwer. Für gewöhnlich tritt er wortlos in den Zeitungsladen des Z ein, legt 60 Cent auf den Tresen, nimmt sich einen „Morgenkurier" und verschwindet wieder. Auch Z ist zu dieser Stunde noch nicht sehr kommunikativ: Er nickt nur beiläufig beim Auspacken weiterer Ware.

Hier wird zwar kein Wort gesprochen und erst recht nichts Schriftliches vereinbart. Ein Kaufvertrag ist dennoch zustande gekommen, denn mit der Entnahme der Zeitung und der Hingabe des Geldes erklärt Cem, dass er diese Zeitung zu diesem Preis erwerben will. In dem Nicken des Z ist die Annahme zu sehen, denn Z weiß ja, was Vertragsgegenstand ist.

Aufgabe 

Überlegen Sie jeweils, ob ein Kaufvertrag zustande gekommen ist. Wenn ja: Wer hat das Angebot abgegeben und wer die Annahme erklärt?

1. Frau Anders bestellt beim Versandhaus N per Post eine Waschmaschine. N verschickt daraufhin eine Eingangsbestätigung und zwei Wochen später die Maschine.
2. Computerhändler C bietet dem Einzelhändler E mehrere Computer zum Stückpreis von 690,– € an. E bestellt daraufhin zehn Computer zum Einzelpreis von 650,– €.
3. Saskia legt im Supermarkt die Waren auf das Band. Der Kassierer kassiert den Gesamtbetrag.
4. Ein Buchversand sendet Lena ein Kochbuch zu, das sie nicht bestellt hat. Lena zahlt nicht und vergisst bald das Buch, das in einer Schublade liegt.
5. Herr Klein betritt ein Restaurant und sagt nach Durchsicht der Speisekarte zum Kellner: „Ich hätte gerne das Filetsteak."

4.6.1.3 Abschluss von Kaufverträgen durch Minderjährige

Dass Minderjährige (7 – 17 Jahre) nicht voll, sondern lediglich beschränkt geschäftsfähig sind, wurde bereits in Abschnitt 4.3 angesprochen. „Beschränkt geschäftsfähig" bedeutet, dass von ihnen oder in ihrem Namen geschlossene Verträge nicht ohne den Willen der gesetzlichen Vertreter (also im Regelfall der Eltern, vgl. Abschnitt 4.5.4.2) wirksam sein können. Bei Kaufverträgen spielt das Minderjährigenrecht noch eine ganz besondere Rolle, da Jugendliche – wenn sie auf eigene Faust Rechtsgeschäfte tätigen – zumeist Kaufverträge abschließen.

Ausnahme vom Erfordernis elterlicher Einwilligung: **„nur vorteilhafte Rechtsgeschäfte"**. Hier entfällt der Schutzzweck der Einwilligung. Wer etwas geschenkt bekommt (§ 516 BGB), bedarf keines Schutzes. Anders beim Kaufvertrag, da der Minderjährige den Kaufpreis zahlen muss – und damit einen rechtlichen Nachteil erleidet.

Da Jugendliche lieber mit Freunden als mit den Eltern „shoppen" gehen und eine ständige Einwilligung der Eltern, etwa in schriftlicher Form, lebensfremd ist, gibt es den sogenannten **„Taschengeldparagrafen"**, § 110 BGB. Danach ist in der Überlassung des Taschengeldes eine stillschweigende Generaleinwilligung der Eltern in alle Geschäfte zu sehen, die der Minderjährige mit dem Taschengeldbetrag bestreiten kann.

Beachte: Die Generaleinwilligung bezieht sich nur auf Geschäfte, von denen anzunehmen ist, dass sie nicht außerhalb jeder Vernunft liegen.

Beispiel 34: Die 16-jährige Denise kauft sich von gespartem Taschengeld eine Modezeitschrift und einen Kasten Bier, um sich „mal so richtig zuzudröhnen".
Während die Modezeitschrift unter § 110 BGB fällt, dient der Erwerb des Kastens Bier hier keinem „vernünftigen" Zweck und fällt nicht unter den § 110 BGB.

§ 110 BGB
gilt auch für Lohn aus einem Ferienjob und Bafög.

4.6.1.4 Sonderprobleme beim Zustandekommen von Kaufverträgen

Unternehmer
Ein Unternehmer ist eine natürliche oder juristische Person, die ein Rechtsgeschäft zu gewerblichen oder selbstständigen beruflichen Zwecken abschließt.

Verbraucher
Verbraucher ist jede natürliche Person, die ein Rechtsgeschäft ausschließlich zu privaten Zwecken abschließt.

Zusendung nicht bestellter Ware, § 241a BGB

Das Zusenden unbestellter Waren führt nicht dazu, dass der Empfänger diese Ware bezahlen muss. Die Zusendung unbestellter Ware durch einen Unternehmer an einen Verbraucher führt zu keinem Vertragsabschluss. Der Verbraucher ist auch nicht verpflichtet, die unbestellt zugesandte Ware aufzubewahren. Er kann sie entsorgen und sogar benutzen und verbrauchen.

Ähnlich verhält es sich mit der Zusendung von unberechtigten Rechnungen. Wer nichts bestellt hat, muss auch nicht bezahlen. Auf eine einfache Rechnung muss nicht reagiert werden. Sollte jedoch ein gerichtlicher Mahnbescheid folgen, sollte umgehend Widerspruch eingelegt werden, wenn man sich sicher ist, dass man nichts bestellt hat.

Beispiel 35: Alina (18) kauft von Zeit zu Zeit Kleidung beim Internetanbieter S. Die ihr mit Rechnung über 358,– Euro von S zugesandte Jacke hat sie nicht bestellt. Alina hängt die Jacke kopfschüttelnd in den Schrank. Die Rechnung landet wie die fünf Wochen später eintreffende Mahnung im Müll. Zwei Monate später kommt ein gerichtlicher Mahnbescheid.

Ist ein Kaufvertrag (durch entsprechendes Verhalten, vgl. Abschnitt 4.6.1.2) zustande gekommen? Das Angebot könnte im Zusenden der Ware inkl. Rechnung bestanden haben, die Annahme mit dem Einhängen in den Schrank erklärt worden sein, was auf ein „Behaltenwollen" hindeutet. § 241a BGB schließt aber vertragliche Ansprüche im Falle der Zusendung unbestellter Ware aus, sodass sich Alina hier keine Sorgen machen muss.

Genauso sorglos durfte sie mit Rechnung und Mahnung umgehen. Gegen den gerichtlichen Mahnbescheid sollte sie aber schnell Widerspruch bei Gericht einlegen. Da das Gericht hier nämlich nicht prüft, ob der Anspruch des S gegen Alina tatsächlich besteht, könnte sie sich sonst auf einen baldigen Besuch des Gerichtsvollziehers einstellen.

„Supersonderangebot"

Angebote müssen so hinreichend bestimmt sein, dass ein einfaches „Ja" genügt, um den Vertrag zu schließen. Manchmal will eine Partei aber nicht in dieser Weise gebunden sein, ihre Ware also nicht im rechtlichen Sinne anbieten, sondern nur anpreisen.

Angebot und Angebot
Ein „Angebot", besonders ein „Sonderangebot" aus der Werbung, ist nicht immer auch ein rechtliches Angebot. Vielmehr handelt es sich meistens um eine bloße Aufforderung an die Kundschaft, Kaufangebote im rechtlichen Sinne abzugeben.

Beispiel 36: Der Elektronikmarkt M hat eine Annonce in der Zeitung platziert, in der die neue Blu-ray zur Tour der Hit-Band „The Cheap Ones" als „Supersonderangebot" für 7,99 Euro beworben wird. Lea macht sich auf den Weg zu M, findet aber das entsprechende Fach leer vor. Einer Verkäuferin erklärt sie: „Ich nehme Ihr Kaufangebot für die neue Blu-ray der Cheap Ones zu 7,99 Euro an." Zu Recht?

Würde es sich bei dem „Supersonderangebot" um ein echtes Angebot handeln, könnte jeder Kunde dieses Angebot annehmen und hätte einen Anspruch auf Übergabe der Blu-ray zu diesem Preis. Dies kann aber nicht im Interesse des „Anbieters" M sein, der sich stets nur so oft binden will, wie sein Vorrat tatsächlich reicht. Derartige „Angebote" sollen den potenziellen Kunden also lediglich dazu auffordern, seinerseits ein verbindliches Angebot abzugeben, welches der Elektronikmarkt dann so oft annehmen kann, wie er die Ware auf Lager hat. Hier ist Leas „Annahme" wie ein neues Kaufangebot zu behandeln, das der Musikmarkt jedoch ablehnen wird, da er keine Ware mehr hat. Ein Kaufvertrag kommt nicht zustande.

4.6.2 Hauptpflichten beim Kaufvertrag

Die Hauptpflichten der Vertragspartner beim Kaufvertrag ergeben sich aus § 433 BGB (siehe Randspalte). Verletzt ein Vertragspartner eine seiner Hauptpflichten, kann der andere Vertragspartner unter Umständen „Gewährleistungsrechte" (siehe Abschnitt 4.6.3.1), also z. B. Schadensersatzansprüche geltend machen. Hieraus ergeben sich jährlich Millionen von Streitigkeiten – im privaten Alltag wie im geschäftlichen Bereich. Deshalb ist es wichtig, sich zunächst einmal einen Überblick über die unterschiedlichen Hauptpflichten zu verschaffen. Eine Übersicht gibt die folgende Tabelle:

§ 433 BGB: Vertragstypische Pflichten beim Kaufvertrag
(1) Durch den Kaufvertrag wird der Verkäufer einer Sache verpflichtet, dem Käufer die Sache zu übergeben und das Eigentum an der Sache zu verschaffen. Der Verkäufer hat dem Käufer die Sache frei von Sach- und Rechtsmängeln zu verschaffen.
(2) Der Käufer ist verpflichtet, dem Verkäufer den vereinbarten Kaufpreis zu zahlen und die gekaufte Sache abzunehmen.

Hauptpflichten der Vertragspartner beim Kaufvertrag	
Verkäufer	**Käufer**
• Übergabe der Kaufsache	• Zahlung des Kaufpreises
• Übertragung des Eigentums an der Kaufsache	
• in mangelfreiem Zustand	• Abnahme der Kaufsache

4.6.2.1 Hauptpflicht des Verkäufers: Übergabe der Kaufsache

Der Verkäufer muss dem Käufer die Kaufsache übergeben, also den Besitz an der Kaufsache verschaffen. Das liegt klar auf der Hand, denn ohne die Sache selbst zu erhalten, wäre der Abschluss des Vertrages für den Käufer ja sinnlos. In den meisten Fällen ist leicht zu erkennen, ob eine Übergabe stattgefunden hat, nämlich immer dann, wenn diese gewissermaßen von Hand zu Hand erfolgen muss.

Beispiel 37: Daniel kauft sich an einer Würstchenbude eine Currywurst. Da Würstchenverkäufer V aufgrund des Andrangs an der Bude die Übersicht verliert, vergisst er Daniels Bestellung.
Hier hat V seine Hauptverpflichtung zur Übergabe der Wurst nicht erfüllt. Unter Umständen gerät er in Schuldnerverzug (siehe Abschnitt 4.6.3.3).

Aber auch wenn die Kaufsache nicht körperlich übergeben wird, kann eine Übergabe vorliegen.

Beispiele 38: Beim Kauf eines Grundstücks wird die Schlüsselübergabe vom Verkäufer an den Käufer als Übergabe des Haus-Grundstückes selbst angesehen.

Eigentum
rechtliche Herrschaft über eine Sache

Besitz
tatsächliche Herrschaft über eine Sache

Abstraktionsprinzip
Die Unterscheidung von Verpflichtungsgeschäft und Erfüllungsgeschäft nennt man Abstraktionsprinzip. Dieses Prinzip im Detail zu erläutern, würde den Rahmen dieses Buches sprengen. Es lohnt sich aber zu wissen, dass man mit Abschluss des Kaufvertrages allein noch nicht Eigentümer wird. Es bedarf vielmehr einer weiteren Einigung über die Eigentumsübertragung, nämlich des Erfüllungsgeschäftes.

Der Dieb wird Besitzer, aber nicht Eigentümer der gestohlenen Sache.

4.6.2.2 Hauptpflicht des Verkäufers: Übertragung des Eigentums an der Kaufsache

Neben der Übergabe (= Besitzübertragung) muss der Verkäufer dem Käufer auch das Eigentum an der Kaufsache verschaffen (= Eigentumsübertragung). Wo liegt der Unterschied zwischen Besitz und Eigentum? Er liegt darin, dass der Besitz ein rein tatsächlich, nicht aber rechtlich begründetes „Haben" ist. Das Eigentum ist dagegen ein rechtlich begründetes „Haben".

Während für den Besitzwechsel die Übergabe ausreicht (vgl. Abschnitt 4.6.2.1), muss für den Eigentumswechsel eine weitere Einigung, also ein Rechtsgeschäft (das sogenannte Erfüllungsgeschäft) geschlossen werden. „Erfüllungsgeschäft" deshalb, weil damit die Verpflichtung aus dem Kaufvertrag („Verpflichtungsgeschäft") erfüllt wird. Zur Verdeutlichung der Begriffe „Übergabe" und „Eigentumsübertragung" einige Beispiele:

Beispiel 39: Cem betritt den Zeitungsladen des Z, legt wie jeden Morgen 60 Cent auf den Tresen, nimmt sich den „Morgenkurier" und geht. Der anderweitig beschäftigte Z nimmt dies wie immer mit einem beiläufigen Nicken zur Kenntnis.

Hier liegen Kaufvertrag, Übergabe und Eigentumsübertragung an der Kaufsache vor, obwohl nicht ein einziges Wort gesprochen wurde. Zum Abschluss des Kaufvertrages vgl. Abschnitt 4.6.1.2. Die Übergabe liegt darin, dass sich Cem die Zeitung selbst nahm, also Besitz von ihr ergriff, und Z dies mit einem Nicken akzeptierte. In dem Ergreifen der Zeitung machte Cem zudem das Angebot an Z, das Eigentum an der Zeitung zu erwerben. Mit dem Kopfnicken erklärte Z die Annahme dieses Angebotes. So kompliziert kann ein alltägliches Geschehen sein.

Während die „rechtliche Zerfaserung" hier geradezu absurd wird, wird der Unterschied zwischen Kaufvertrag, Übergabe und Eigentumsübertragung im nächsten Beispiel deutlich.

Beispiel 40: K einigt sich mit V am 07.07.2020 darauf, dessen Grundstück (Haus mit Garten) für 800.000,– Euro zu erwerben. Sie schließen am 24.07.2020 einen notariell beurkundeten Kaufvertrag. V übergibt dem K am 03.08.2020 sämtliche Schlüssel für das Grundstück. Am 24.08.2020 erklären beide vor demselben Notar ihren übereinstimmenden Willen zum Eigentumswechsel. Am 07.09.2020 wird K als neuer Eigentümer in das Grundbuch eingetragen.

Hier dauert es vom Kaufvertrag bis zur Eigentumsübertragung zwei Monate. Dies hängt mit der Bedeutung des Grundstückskaufes zusammen. Zwar sind Grundstückskauf und Zeitungskauf Kaufverträge mit denselben Pflichten. Doch der Grundstückskauf bedarf der Beurkundung durch einen Notar. Die Übergabe (Besitzübertragung am Grundstück) liegt in der Übergabe der Schlüssel. Die Eigentumsübertragung beim Grundstück bedarf der Einigung beim Notar und der Eintragung ins Grundbuch, sodass K erst am 07.09.2020 Eigentümer wurde.

Zur Verdeutlichung des Unterschiedes zwischen Besitz und Eigentum folgendes Beispiel.

Beispiel 41: Wie Beispiel 39, doch gerade als Cem den Zeitungsladen verlassen hat, entreißt ihm der Dieb D den „Morgenkurier" und verschwindet in einer sofort abfahrenden U-Bahn.

Besitz und Eigentum lagen ab Mitnahme der Zeitung bei Cem. Nun liegt der Besitz (das „tatsächliche Haben") bei D, der mit der Zeitung verschwunden ist. Das Eigentum verbleibt bei Cem. Er hat es von Z erworben und nicht an D verloren, denn eine Eigentumsübertragung (Einigung) hätte nur mit Cems Willen vonstatten gehen können. Cem war nicht zur Eigentumsübertragung verpflichtet, weil er keinen Kaufvertrag mit D geschlossen hatte. Auch fehlt es an einer willentlichen Besitzübertragung, denn Cem wurde die Zeitung von D entrissen.

Ein Auseinanderfallen von Eigentum und Besitz kann auch gewollt sein. Das zeigt Beispiel 42.

Beispiel 42: Frau Schopf besucht die Staatsoper. Wie üblich gibt sie ihren Mantel an der Garderobe ab, wo er für 3,– Euro unter Aufsicht verwahrt wird.

Frau Schopf bleibt Eigentümerin des Mantels. Zwar liegt der „unmittelbare" Besitz bei der Garderobenaufsicht, die den Mantel aufgrund des Verwahrungsvertrages für Frau Schopf bereithält. Da Frau Schopf aber jederzeit weiß, wo sich ihr Mantel befindet und auf ihn Zugriff nehmen kann (z. B. wenn sie schon nach 20 Minuten gehen will), hat auch sie noch Besitz: den sogenannten mittelbaren Besitz.

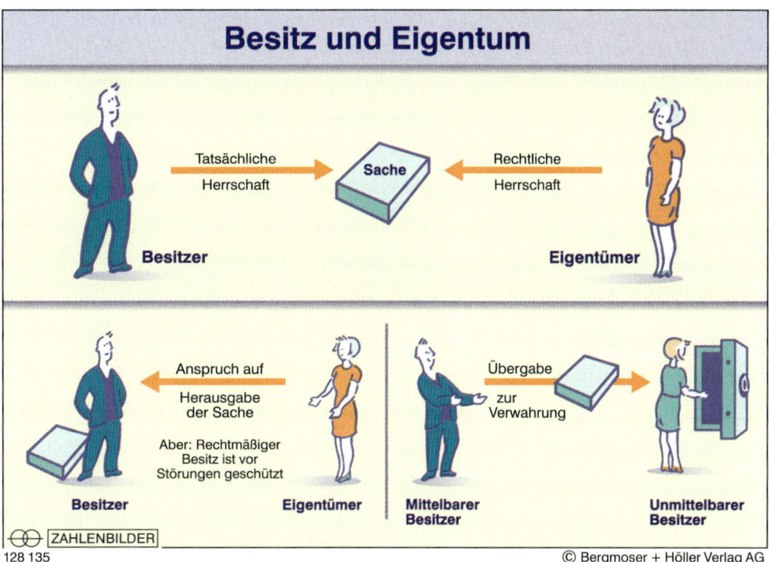

Gut zu wissen **Gutgläubiger Erwerb**

Was passiert eigentlich, wenn der Verkäufer gar nicht der Eigentümer der Sache ist? Das BGB bestimmt in § 932, dass Eigentum auch vom „Nichtberechtigten" erworben werden kann, solange der Erwerber „gutgläubig" ist, also davon ausgeht, dass der Verkäufer Eigentümer ist. Da es dem Erwerber meist nicht möglich ist zu überprüfen, ob der Veräußerer Eigentümer oder nur Besitzer der Sache ist, „vermutet" das BGB zum Schutz des Erwerbers, dass der Veräußerer als Besitzer auch Eigentümer ist.

Voraussetzung für einen gutgläubigen Erwerb ist aber, dass die Sache übergeben wird und der Erwerber im guten Glauben ist. Nicht im guten Glauben ist der Erwerber, wenn ihm bekannt ist oder hätte bekannt sein können, dass die Sache nicht dem Veräußerer gehört. Der gutgläubige Eigentumserwerb tritt ebenfalls nicht ein, wenn die veräußerte Sache dem tatsächlichen Eigentümer gestohlen wurde, verloren gegangen oder sonst abhanden gekommen ist.

Hat also der Dieb D in Beispiel 41 den „Morgenkurier" ausgelesen und verkauft ihn für 30 Cent weiter an C, dann wird C auch dann nicht Eigentümer, wenn C den D für den wahren Eigentümer hält. Denn die Zeitung war ja dem Eigentümer Cem gestohlen worden.

4.6.2.3 Hauptpflicht des Verkäufers: Mangelfreiheit bei Übergabe

Es genügt nicht, wenn der Verkäufer dem Käufer die Kaufsache übergibt und übereignet. Seine Hauptpflichten hat er erst erfüllt, wenn die Kaufsache frei von Sach- und Rechtsmängeln ist.

übereignen
das Eigentum übertragen

Sachmangel

Ein Sachmangel liegt vor, wenn die Kaufsache nicht die vereinbarte Beschaffenheit hat.

Sachmangel
§ 434 BGB

Beispiel 43: Frau Frey braucht einen neuen Koffer und wendet sich an den Verkäufer V. Sie teilt ihm mit, dass der neue Koffer „auf keinen Fall mehr als 3,5 kg wiegen" dürfe. Man entscheidet sich für einen Koffer der Marke „XYZ". Zu Hause angekommen wiegt Frau Frey den Koffer und stellt fest, dass das Gewicht 4,5 kg beträgt.
Hier ist die Beschaffenheit „Gewicht höchstens 3,5 kg" vereinbart worden. Da der Koffer die vereinbarte Beschaffenheit nicht aufweist, liegt ein Sachmangel vor.

Kein Sachmangel liegt dagegen bei einer **enttäuschten Erwartung** des Käufers vor.
Kauft z. B. der etwas weltfremde Pepe eine Tube „Alleskleber", um einen schweren Wandschrank an die Wand zu kleben, so liegt kein Sachmangel vor, wenn der Schrank umgehend zu Boden fällt. Denn es ist erkennbar, dass mit einem Alleskleber nicht „alles" geklebt werden kann.

Weil es im Alltag meist nicht notwendig ist, die Bedingungen eines Kaufes im Einzelnen auszuhandeln, wird auch nichts über die Beschaffenheit vereinbart. Wird über die Beschaffenheit im Vertrag keine Vereinbarung getroffen, liegt ein Sachmangel vor, wenn sich die Kaufsache nicht für die nach dem Vertrag vorausgesetzte Verwendung eignet.

Beispiel 44: Jan bestellt in einem Fahrradladen ein Rennrad für ein Bergrennen. Der Verkäufer liefert ihm ein Rennrad, welches aber mit einer Gangschaltung ausgestattet ist, die bei großen Anstrengungen versagt.
Hier wurde zwar die Beschaffenheit nicht ausdrücklich angesprochen. Im Vertrag wurde aber die Verwendbarkeit für ein Bergrennen vereinbart. Da sich das Fahrrad mit dieser Gangschaltung nicht für ein Bergrennen eignet, ist das Rad mit einem Sachmangel behaftet.

Wird im Kaufvertrag auch über die konkrete Verwendung nichts vereinbart, liegt ein Sachmangel vor, wenn sich die Kaufsache nicht für die gewöhnliche Verwendung eignet und nicht eine solche Beschaffenheit aufweist, die bei Sachen der gleichen Art üblich ist und die der Käufer nach der Art der Sache erwarten kann.

Beispiel 45: Carsten kauft einen Staubsauger, der aber nur Luft abbläst anstatt zu saugen.
Hier wurde gar nichts vereinbart. Doch es ist selbstverständlich, dass ein Staubsauger saugt. Wenn er dies nicht kann, liegt ein Sachmangel vor.

Nicht immer fallen Mängel sofort ins Auge

Ferner ist ein Sachmangel gegeben, wenn die Montageanleitung bei einer zur Montage bestimmten Sache fehlerhaft ist, sodass die Sache nicht zusammengebaut werden kann.

Beispiel 46: Sabine kauft bei einem Möbelhaus ein Bett. Zwar sind bei der Anlieferung alle Bauteile mangelfrei und vollständig vorhanden. Leider lässt sich aber anhand der konfusen Montageanleitung das Bett nicht zusammenbauen.

Schließlich steht es einem Sachmangel gleich, wenn entweder eine andere Sache oder eine zu geringe Menge geliefert wird.

Beispiel 47: Sabine kauft bei einem Möbelhaus einen Schreibtisch sowie fünf Klappstühle. Geliefert werden ein Esstisch und ein Klappstuhl.
Hier wird der Esstisch wie ein mangelhafter Schreibtisch behandelt. Auch die Klappstuhllieferung ist mangelhaft, da eine zu geringe Menge vorliegt.

Rechtsmangel
§ 435 BGB

Rechtsmangel

Neben dem Sachmangel kennt das Gesetz auch den Rechtsmangel. Von einem Rechtsmangel spricht man, wenn ein Dritter aufgrund eines ihm zustehenden Rechts das Eigentum, den Besitz oder den Gebrauch der Sache beeinträchtigen kann.

Beispiel 48: Herr Schneider erwirbt von Frau Klein ein Mehrfamilienhaus, in dem er aber allein wohnen möchte. Frau Klein verheimlicht, dass die Wohnungen noch vermietet sind.
Hier liegt ein Rechtsmangel vor, da die Mieter (Dritte) ein Recht auf Benutzung der Wohnung haben. Darüber hinaus liegt hier auch ein Anfechtungsgrund vor, da Frau Klein Herrn Schneider bewusst über die Tatsache getäuscht hat, dass die Wohnungen vermietet sind und dies auch ursächlich war für die Abgabe seiner Willenserklärung (arglistige Täuschung).

4.6.2.4 Hauptpflicht des Käufers: Zahlung des Kaufpreises

Bei dieser Hauptpflicht gibt es kaum Probleme, denn dass der Käufer zahlen muss, leuchtet jedem ein. Fraglich kann der Zeitpunkt sein.

Beispiel 49: Sabine kauft am 02.07.2020 bei einem Möbelhaus einen Schreibtisch, der ihr am 06.07.2020 mangelfrei geliefert wird. Allerdings zahlt Sabine nicht. Nach einer Zahlungsaufforderung des Möbelhauses vom 20.07.2020 mailt Sabine zurück: „Da bisher keine Zahlungsvereinbarung zwischen uns getroffen wurde, sehe ich mich noch nicht zur Zahlung verpflichtet."
Einer Vereinbarung über den Zahlungszeitpunkt bedurfte es hier nicht, da im Zweifel sofort gezahlt werden muss. Sabine verletzt ihre Hauptleistungspflicht aus dem Kaufvertrag.

Anders wäre es, wenn das Möbelhaus den Schreibtisch noch nicht geliefert hätte. Dann könnte auch Sabine so lange die Zahlung verweigern, bis das Möbelhaus seine Hauptpflichten erfüllt. Dies bezeichnet man als „Einrede des nicht erfüllten Vertrages" (§ 320 BGB).

4.6.2.5 Hauptpflicht des Käufers: Abnahme der Kaufsache

Die Abnahme der Kaufsache ist Pflicht des Käufers. Da im BGB (§ 269) der Grundsatz der Holschuld gilt, muss der Käufer die Kaufsache beim Verkäufer abholen, wenn nicht Versendung oder Anlieferung durch den Verkäufer vereinbart wird.

Beispiel 50: Möbelhändler Mehrens verkauft dem Gastronomen Willers 300 Klappstühle, die dieser für die Bestuhlung seines Saals anschafft. Es wird vereinbart, dass Willers die Stühle am Lager des Mehrens abholt – und zwar unmittelbar nachdem ihm Mehrens mitgeteilt hat, dass die Stühle zur Abholung bereit sind. Tatsächlich stellt Mehrens die 300 Stühle ordnungsgemäß und mangelfrei bereit. Willers, der bereits bezahlt hat, holt die Stühle allerdings nicht ab, da er „momentan Wichtigeres zu tun" habe. Mehrens benötigt die Lagerkapazitäten dringend für andere Ware.

Hier verletzt Willers seine im Kaufvertrag präzisierte Abnahmepflicht. Dies kann für ihn durchaus unangenehme Folgen haben, wenn Mehrens finanzielle Einbußen erleidet, weil er den benötigten Lagerraum nicht nutzen kann.

Aufgaben 

1. **Sie bekommen den Auftrag, möglichst verständlich und mit einfachen Worten zu erklären, was man unter einem „Kaufvertrag" versteht. Probieren Sie es mit einem Mitschüler aus.**
2. **Die folgenden kurzen Aussagen sind entweder richtig oder falsch. Entscheiden Sie sich jeweils und geben Sie eine knappe Begründung für Ihre Entscheidung.**
   a) Die Begriffe Eigentum und Besitz können synonym verwendet werden.
   b) Der Kaufvertrag (§ 433 BGB) hat die Wirkung, dass das Eigentum an der Kaufsache vom Verkäufer auf den Käufer übergeht.
   c) An Diebesgut kann man kein Eigentum erwerben.
   d) Ein Minderjähriger kann ohne elterliche Zustimmung Bier von seinem Taschengeld erwerben, um sich „zuzudröhnen".
   e) Hat ein Kaufgegenstand nicht die vereinbarte Beschaffenheit, dann liegt ein Rechtsmangel vor.
   f) Ein Sachmangel liegt nur dann vor, wenn eine falsche Sache oder eine zu geringe Menge der richtigen Sache geliefert wird.
   g) Frau Strehm verkauft ihr Grundstück per notariell beurkundetem Kaufvertrag an Herrn Groß. Sie übergibt ihm feierlich die Schlüssel und erklärt: „Nun gehört es Ihnen." Herr Groß ist jetzt Eigentümer des Grundstückes.

Synonym
sinnverwandtes oder sinngleiches Wort

4.6.3 Pflichtverletzungen beim Kaufvertrag – und ihre Rechtsfolgen

4.6.3.1 Gewährleistungsrecht des Käufers bei mangelhafter Ware (Schlechtleistung)

Probleme entstehen, wenn der Verkäufer entgegen seiner Pflicht zur Übergabe der Kaufsache frei von Sach- und Rechtsmängeln mangelhafte Ware liefert: Für den Käufer ergeben sich dann Gewährleistungsrechte aus § 437 BGB (siehe Schaubild).

Gewährleistung
Der Begriff „Gewährleistung" gehört in den juristischen Sprachgebrauch, umgangssprachlich wird eher der Begriff der „Reklamation" verwandt. Sinngemäß umfassen beide Bezeichnungen aber die gleichen Rechte.

Die Gewährleistungsrechte im Einzelnen

Nacherfüllung:
Nacherfüllung bedeutet Nachbesserung oder Neulieferung der Sache. Dem Käufer steht zunächst nur der Nacherfüllungsanspruch zu, welcher den anderen Rechten vorgeht.

Bei der Nacherfüllung hat der Käufer die Wahl, ob er Mangelbeseitigung (Reparatur) oder Lieferung einer mangelfreien Sache möchte. Bevor er aber sein Geld zurückverlangen (Rücktritt) oder andere Gewährleistungsrechte geltend machen kann, muss er in der Regel zwei Nachbesserungsversuche hinnehmen. Die Kosten hierfür hat der Verkäufer zu tragen.

Beispiel 51: Marc kauft bei einem Elektronik-Fachmarkt ein neues Smartphone. Zu Hause stellt er fest, dass einige wichtige Funktionen nicht gehen. Er möchte sein Geld zurück.
Hier liegt ein Sachmangel vor, sodass Marc die Gewährleistungsrechte aus § 437 BGB zustehen. Sein Geld zurückbekommen kann er allerdings noch nicht. Zunächst muss er den vorrangigen Nacherfüllungsanspruch geltend machen, wobei er wählen kann zwischen einem neuen Smartphone derselben Marke oder der Reparatur des funktionsuntüchtigen Gerätes.

Scheidet eine Nacherfüllung aus, z. B. weil der Mangel irreparabel ist und die Kaufsache einzigartig, dann kann der Käufer sofort zu den anderen Gewährleistungsrechten übergehen.

Beispiel 52: Handyliebhaber Steve kauft ein „antikes" Handy eines nicht mehr hergestellten Fabrikates als Liebhaberstück für seine kleine Sammlung. Als ihm das Handy – das allerletzte seiner Art – zugesandt wird, ist das Gehäuse irreparabel verbeult.

Hier scheidet eine Reparatur des Sachmangels aus, weil ihre Durchführung nicht möglich ist. Auch eine Neulieferung ist nicht denkbar, da ein Stückkauf vorlag, Steve also gerade dieses Handy haben wollte und er an einem anderen Handy kein Interesse hat. Er kann sofort zu den weiteren Gewährleistungsrechten übergehen, also z. B. vom Kaufvertrag zurücktreten (= das verbeulte Handy gegen Rückzahlung des Kaufpreises zurückgeben).

Stückkauf
Hier bezieht sich die Übergabepflicht auf eine ganz bestimmte, meistens einzigartige Sache. Der Käufer will gerade diese Sache haben.
Beispiel: K kauft ein Gemälde eines bekannten Künstlers.

Rücktritt vom Vertrag:
Bei einem Rücktritt vom Vertrag erhält man seinen gezahlten Kaufpreis zurück, muss aber auch die mangelhafte Kaufsache zurückgeben. Voraussetzung für einen wirksamen Rücktritt ist, dass der Käufer dem Verkäufer eine Frist zur Nachbesserung gesetzt hat.

Beispiel 53: Wenn Marc im Beispiel 51 vom Kaufvertrag zurücktreten will, dann muss er dem Fachmarkt eine angemessene Frist setzen, den Mangel zu beheben. Er kann also das mangelhafte Smartphone zunächst an den Fachmarkt mit der Erklärung zurückgeben: „Wenn der Mangel nicht innerhalb einer Woche behoben wird, möchte ich mein Geld zurück." Da das Smartphone hier „Massenware" ist, dürfte dem Fachmarkt eine Neulieferung nicht schwerfallen.

Eine Frist muss nicht gesetzt werden, wenn wie in Beispiel 52 eine Nacherfüllung unmöglich ist, denn diese Frist wäre ja sinnlos. Ebenso kann sofort der Rücktritt erklärt werden, wenn der Verkäufer die Nacherfüllung verweigert oder diese dem Käufer nicht zumutbar ist.

Gattungskauf
Hier kann der Verkäufer aus der Masse an Ware frei auswählen; er muss allerdings zumindest durchschnittliche Qualität wählen. Ein Gattungskauf liegt immer vor, wenn es sich um Massenware handelt.
Beispiel: K kauft zu Ostern zwei Schokoladenhasen für seine Enkel.

Beispiel 54: Marc (Beispiel 51) fordert vom Fachmarkt Lieferung eines mangelfreien Smartphones oder Reparatur innerhalb von einer Woche. Der Geschäftsführer erklärt, er denke gar nicht daran. Wegen solcher kleiner Mängel solle Marc sich „nicht ins Hemd machen".
Hier wird die Nacherfüllung verweigert, eine Frist wäre nutzlos. Marc kann sofort Rücktritt verlangen. Dabei muss er den Fachbegriff „Rücktritt" nicht erwähnen. Es genügt, wenn er sagt: „Ich möchte mein Geld zurück gegen Rückgabe des Smartphones."

Minderung des Kaufpreises:
Bei der Minderung bleibt der Kaufvertrag bestehen und man behält die Kaufsache, jedoch wird der Kaufpreis um einen dem Mangel angemessenen Betrag herabgesetzt. Ansonsten gelten bei der Minderung dieselben Voraussetzungen wie beim Rücktritt.

Beispiel 55: Nehmen wir an, dass im Beispiel 51 die mangelhafte Funktionstüchtigkeit den Wert des Smartphones um 30 Prozent verringert. Marc hat den Kaufpreis von 150,– Euro bereits gezahlt. Da er feststellt, dass die Funktionseinbuße für seinen täglichen Gebrauch des Smartphones nicht ganz so schlimm ist, möchte er das Smartphone behalten, aber den Preis drücken.

Hier kann Marc (wiederum erst nach einer erfolglos abgelaufenen Nacherfüllungsfrist) die Minderung statt des Rücktritts wählen. Das Wort „Minderung" braucht er dabei nicht zu benutzen. Er kann sagen: „Ich möchte das Smartphone behalten, aber einen Teil des Geldes zurück." Die Höhe der Minderung beträgt hier 45,– Euro (= 30 Prozent von 150,– Euro).

Schadensersatz:
Zusätzlich kann der Käufer auch Schadensersatz verlangen. Dieser erfasst die Kosten für die Ersatzbeschaffung, Eigenreparaturkosten, den verbleibenden Minderwert und den Ersatz vergeblicher Anschaffungen.

Verkäufer ≠ Hersteller
Bei Haftungsfragen ist zwischen Verkäufer und Hersteller zu unterscheiden. Der Kaufvertrag wird mit dem Verkäufer geschlossen, deshalb haftet nur er aus Gewährleistungsrecht.
Bei alltäglichen Kaufverträgen ist aber selten der Verkäufer auch Hersteller. Der Hersteller haftet aus einer Garantie, falls er eine solche anbietet. Zudem kann er aus Produkthaftung (s. u. Abschnitt 4.6.5.6) in Anspruch genommen werden.

Beispiel 56: Frau Sommer bestellt für ihre Geburtstagsparty bei der Bäckerei Süß für 18,50 Euro eine Linzer Torte. Die Bäckerei liefert aber eine Eierlikörtorte, die Frau Sommer nicht mag. Da der Bäckerei Süß eine Nacherfüllung unmöglich ist, muss Frau Sommer schnell eine Linzer Torte bei der Bäckerei Krapf kaufen. Diese kostet allerdings 20,50 Euro.

Die Bäckerei Süß hat eine andere Sache geliefert, was einem Sachmangel gleichkommt. Damit stehen Frau Sommer die Gewährleistungsrechte zu. Da der Bäckerei Süß die Nacherfüllung unmöglich ist, kann Frau Sommer ohne Fristsetzung sofort vom Kaufvertrag zurücktreten, also die Eierlikörtorte gegen Rückzahlung der 18,50 Euro an die Bäckerei Süß zurückgeben. Darüber hinaus kann sie Schadensersatz fordern. Ihr Schaden beläuft sich auf die zwei Euro, die sie für die Beschaffung der „Ersatztorte" zusätzlich aufwenden musste.

Gut zu wissen | **Garantie und Umtausch**

Häufig erhält ein Käufer eine sogenannte Garantie (§ 443 BGB). Diese löst wie die Gewährleistung im Falle der Mangelhaftigkeit der Kaufsache Ansprüche des Käufers aus. Dennoch ist zwischen Garantie und Gewährleistung zu unterscheiden. Die Unterschiede im Einzelnen:

- Gewährleistung gilt per Gesetz, Garantie ist freiwillige Zusicherung.
- Gewährleistung verpflichtet immer den Verkäufer, die Garantie häufig den Hersteller.
- Gewährleistung greift nur ein, wenn der Mangel der Sache bereits bei Übergabe anhaftet. Die Garantie auch, wenn ein Mangel erst später bei Benutzung entsteht.
- BEISPIEL: Dennis kauft einen Staubsauger beim Fachmarkt M. Nach einem Jahr gibt der Staubsauger plötzlich „den Geist auf". M lehnt Gewährleistung ab, da „bei Übergabe alles okay war." Dennis erinnert sich an die drei Jahre Garantie des Herstellers X.

Ebenso häufig tritt beim alltäglichen Kauf der Umtausch auf. Seine Besonderheiten im Vergleich zur Gewährleistung sind:

- Gewährleistung gilt per Gesetz, Umtausch ist freiwilliges Angebot des Verkäufers.
- Mangelhaftigkeit der Kaufsache ist beim Umtausch nicht erforderlich.
- Beim Umtausch wird nicht der Kaufpreis erstattet, sondern die Kaufsache gegen eine andere Sache desselben Preises ausgetauscht.
- BEISPIEL: Dennis gefällt der einwandfrei funktionierende Staubsauger schon am Tag nach dem Kauf nicht mehr. Er macht vom Umtausch Gebrauch, indem er beim Fachmarkt den Staubsauger zurückgibt und sich dafür ein anderes Modell in derselben Preiskategorie aussucht.

4.6.3.2 Unmöglichkeit: Die Leistung kann nicht erbracht werden

Unmöglichkeit
Voraussetzungen:
Verkäufer (V) kann nicht leisten, weil Kaufsache
- zerstört oder
- verloren ist oder
- jemand anders gehört.

Rechtsfolgen:
- Käufer (K) kann Geld zurückverlangen (Rücktritt).
- K kann Schadensersatz statt der Leistung verlangen, wenn V Unmöglichkeit verschuldet hat.

Fälle der Unmöglichkeit sind von der Schlechtleistung einfach zu unterscheiden. Denn bei der Unmöglichkeit wird die Kaufleistung nicht erbracht, weil ihre Erbringung eben gar nicht möglich ist. Rechtsfolge der Unmöglichkeit: Sie führt zum Erlöschen der Leistungspflicht des Verkäufers und der Käufer kann vom Verkäufer Schadensersatz verlangen, wenn der Verkäufer die Unmöglichkeit zu verschulden hat, sowie vom Vertrag zurücktreten.

Beispiel 57: Lars kauft beim Verkäufer Neu einen gängigen MP3-Player. Bei der Übergabe fällt dem Neu das Gerät herunter. Im dichten Gedränge tritt ein Kunde darauf, sodass der MP3-Player zerstört wird. Neu beruft sich auf „Unmöglichkeit".
Hier liegt keine Unmöglichkeit vor. Zwar ist die Übergabe und Übereignung dieses Exemplars nicht mehr möglich. Lars kommt es aber nicht auf den Erwerb gerade dieses Exemplars an. Er will nur irgendein Exemplar dieses Fabrikats kaufen (Gattungskauf). Neu muss ihm ein anderes Exemplar des gängigen Fabrikates verschaffen.

Beispiel 58: Tom kauft beim Verkäufer G. Rissen ein „antikes" Handy eines nicht mehr hergestellten Fabrikates für 75,– Euro und zahlt sogleich. G. Rissen will Tom das Handy am nächsten Tag vorbeibringen. Tom hält dies für ein gutes Geschäft, denn er kennt mehrere Freunde, denen er das Handy für 120,– Euro verkaufen kann. Minuten vor der verabredeten Übergabe an Tom bietet Patrizia, ebenfalls Handy-Liebhaberin, Herrn Rissen für das antike Handy 90,– Euro, wenn G. Rissen es doch nur an sie verkaufen würde. G. Rissen stellt das gute Geld über seine Gewissensbisse, verkauft, übergibt und übereignet das Handy auf der Stelle an Patrizia.

Hier wird G. Rissens Verpflichtung gegenüber Tom unmöglich. Denn da G. Rissen das Handy mittlerweile an Patrizia übereignet hat, kann er es nicht mehr an Tom übereignen. Tom kann vom Vertrag zurücktreten, also den Kaufpreis zurückverlangen. Darüber hinaus kann er Schadensersatz statt der Leistung verlangen, da ja G. Rissen die Unmöglichkeit durch den Zweitverkauf an Patrizia selbst verschuldet hat. Toms Schaden besteht in dem entgangenen Gewinn von 45,– Euro, den er bei einem Weiterverkauf gemacht hätte.

Beispiel 59: Tom kauft das Handy wie in Beispiel 58, doch steigt ein Dieb in der Nacht vor der geplanten Übergabe in die gut gesicherten Geschäftsräume des G. Rissen ein und entwendet das Handy.
Hier liegt wiederum hinsichtlich der Übereignung an Tom Unmöglichkeit vor. Tom kann vom Kaufvertrag zurücktreten und die 75,– Euro zurückverlangen. Da hier aber nicht G. Rissen, sondern der Dieb die Unmöglichkeit verschuldet hat, scheidet ein Schadensersatzanspruch aus.

Beachte:
Bei Geldschulden gibt es keine Unmöglichkeit, es gilt: „Geld hat man zu haben!"

4.6.3.3 Schuldnerverzug: Der Schuldner verspätet sich

Erbringt der Verkäufer seine Leistung nicht, obwohl die Leistung fällig ist, dann gerät er auf eine Mahnung des Käufers hin in Schuldnerverzug. Ebenso gerät der Käufer in Schuldnerverzug, wenn er den Kaufpreis nicht zahlt. Einer Mahnung bedarf es z. B. dann nicht, wenn die Leistung nach dem Kalender bestimmt ist. Rechtsfolge des Schuldnerverzuges: Der im Verzug befindliche Vertragspartner muss den sogenannten Verzögerungsschaden ersetzen.

Beispiel 60: Lara kauft bei V am 01.10.2020 ein neues Auto, das sie unbedingt für ihren täglichen Arbeitsweg benötigt. Lara zahlt, doch V übergibt ihr das Auto erst am 21.10.2020. Ein Übergabedatum war nicht vereinbart. Lara „leiht" sich vom 06.10. bis zum 21.10.2020 den Zweitwagen einer Freundin und zahlt ihr dafür 100,– Euro. Kann Lara Schadensersatz verlangen?
Hier ist ein Schadensersatzanspruch ausgeschlossen, da V nicht in Verzug geraten ist. Zwar war seine Leistung (Übergabe des Autos an Lara) fällig, da die Fälligkeit im Zweifel sofort eintritt (§ 271 BGB). Doch fehlt es hier an der erforderlichen Mahnung.

Beispiel 61: Wie Beispiel 60, doch nun ruft Lara den V am Abend des 05.10.2020 verärgert an und erklärt: „Ich fordere Sie auf, das Auto sofort herauszurücken."
Hier liegt nun die erforderliche Mahnung vor. Sie muss das Wort „Mahnung" nicht enthalten. Es genügt eine unmissverständliche Aufforderung zur Leistung. Lara kann den Verzögerungsschaden ersetzt verlangen, der während des Verzuges eingetreten ist. Dies sind hier die 100,– Euro, die sie für die Beschaffung des Ersatzwagens aufbringen musste.

Beispiel 62: Wie Beispiel 60, doch Lara und V vereinbaren am 01.10.2020: „Das Auto wird am 05.10.2020 um 19.30 Uhr bei Lara übergeben."
Hier bedurfte es keiner Mahnung, da die Leistung des V nach dem Kalender bestimmt war. V gerät am 06.10.2020 in Verzug. Lara kann auch hier 100,– Euro Schadensersatz verlangen.

Schuldnerverzug
Schuldner S (kann Verkäufer V oder Käufer K sein) leistet nicht an Gläubiger G (kann ebenfalls K oder V sein).

Voraussetzungen:
- S leistet nicht
- Leistung ist noch möglich
- Leistung ist fällig
- Mahnung des G
- Verschulden des S

Rechtsfolgen:
- G kann Verspätungsschaden verlangen.
- Geldschulden sind während des Verzuges zu verzinsen.
- G kann eine Nacherfüllungsfrist setzen und nach deren Ablauf
  - den Rücktritt vom Vertrag erklären
  - und Schadensersatz statt der Leistung verlangen.

Beim Kaufvertrag ist die Rolle von Schuldner und Gläubiger wechselhaft verteilt. Hinsichtlich Übergabe und Übereignung der Kaufsache ist der Verkäufer Schuldner und der Käufer Gläubiger. Beim Kaufpreis ist es umgekehrt.

Ist Schuldnerverzug eingetreten, dann kann der Gläubiger dem Schuldner eine Frist setzen, nach deren Ablauf er die Leistung ablehnt. Leistet der Schuldner bis Fristablauf nicht, kann der Gläubiger vom Vertrag zurücktreten und Schadensersatz verlangen. Gemeint ist hier aber nicht der Verzögerungsschaden, sondern der Schadensersatz „statt der Leistung".

Beispiel 63: Fabian ist Auszubildender zum Kfz-Mechatroniker. Am 8. Januar kauft er bei V, der einzigen Buchhandlung seiner Stadt, ein Buch, das er für die Vorbereitung auf die Abschlussprüfung am 15. Februar dringend benötigt. Als Liefertermin kündigt V den 12. Januar an. Als V am 14. Januar noch nicht geliefert hat, ruft Fabian wütend bei ihr an: „Wenn ich das Buch nicht bis zum 17. Januar habe, will ich es nicht mehr!" Tatsächlich passiert bis zum Abend des 17. nichts. Am 18. Januar kauft Fabian das Buch bei einem Internetanbieter. Zwar ist der Preis des Buches gleich, doch die zusätzlichen Versandkosten macht er bei V geltend.

Hier geriet V, da sie am 12. Januar nicht lieferte, in Schuldnerverzug. Fabian setzte ihr am 14. Januar eine (angemessene) Frist mit Ablehnungsandrohung. Nach erfolglosem Ablauf der Frist konnte er Schadensersatz „statt der Leistung" verlangen. Hiervon sind die zusätzlichen Kosten umfasst, die Fabian daraus entstanden, dass er statt der geschuldeten Leistung eine andere Leistung in Anspruch nehmen musste. Diese zusätzlichen Kosten (hier die Versandkosten) kann er von V ersetzt verlangen.

Eine Fristsetzung ist nicht immer zwingend, wie der folgende (etwas überzeichnete) Fall zeigt.

Beispiel 64: Herr H. Unger hat in der Gaststätte des V um 13 Uhr ein Mittagessen bestellt. Der V bietet warme Küche zwischen 11.30 und 14 Uhr an. Nachdem er um 13.45 Uhr nachgefragt hat, wird es ihm einige Biere (und Stunden) später dann zu bunt: Er ruft dem bereits schlafenden V den Rücktritt zu.

V ist in Schuldnerverzug geraten, da er auf Ungers Nachfrage (= Mahnung) das Essen nicht brachte. Zum Rücktritt bedurfte es keiner Fristsetzung mit Ablehnungsandrohung. Diese war entbehrlich, da V ohnehin nur bis 14 Uhr Mittagessen anbietet. Auch kann einem Restaurantgast eine derart lange Wartezeit nicht zugemutet werden. Unger muss also nur den Preis für das getrunkene Bier zahlen. V muss das Essen nicht mehr bringen.

4.6.3.4 Verletzung von Nebenpflichten

Schließlich ist die Verletzung einer ganzen Reihe von Nebenpflichten denkbar – und zwar auch bereits bei Anbahnung des Kaufvertrages. Rechtsfolge: Schadensersatz.

Abwandlung zu Beispiel 65
Statt Svenja rutscht der Postbote aus: Zwischen ihm und V besteht kein (vorvertragliches) Schuldverhältnis, da der Postbote nicht zu Kaufzwecken kommt. Hier kommt nur eine Haftung des V wegen Verletzung seiner allgemeinen Verkehrssicherungspflicht (§ 823 BGB) in Betracht.

Beispiel 65: Svenja verhandelt im Januar mit Autohändler V über den Kauf eines Neuwagens. Auf dem Weg zu einer Probefahrt rutscht Svenja auf dem eisglatten Betriebsgelände des V aus und stürzt. Dabei wird ihre neue Designer-Jeans stark beschädigt. Kann sie Ersatz verlangen?

Bereits durch die Aufnahme von Kaufvertragsverhandlungen entsteht ein „vorvertragliches Schuldverhältnis". Zu den Nebenpflichten von Schuldverhältnissen gehört, den möglichen Vertragspartner keinen vermeidbaren Gefahren auszusetzen. Diese Pflicht hat V verletzt, indem er sein Betriebsgelände nicht von Eis befreite und so Svenjas Sturz und die zerstörte Hose verursachte. V muss den Schaden ersetzen.

4.6.4 Die Verjährung beim Kaufvertrag

Die Verjährung gibt dem Schuldner das Recht, eine vom Gläubiger geforderte Leistung zu verweigern. Motiv der Verjährungsvorschriften im BGB: Rechtsgeschäfte sollen irgendwann endgültig beendet sein und die Gerichte nicht mehr beschäftigen (Rechtsfrieden). Das BGB enthält verschiedene Verjährungsfristen. Jede Forderung unterliegt der Verjährung. Es folgt ein Überblick über die Verjährung von Ansprüchen, die aus einem Kaufvertrag entstehen.

Primäransprüche
Primäransprüche sind diejenigen Ansprüche, die mit Vertragsabschluss entstehen. Beim Kaufvertrag sind dies in erster Linie mangelfreie Übergabe, Übereignung und Kaufpreiszahlung.

Sekundäransprüche
Sekundäransprüche sind Ansprüche, die sich bei Leistungsstörungen ergeben, also wenn die Primäransprüche nicht erfüllt werden: Beim Kaufvertrag sind dies vor allem Nacherfüllung, Rücktritt und Schadensersatz.

4.6.4.1 Verjährung kaufvertraglicher Primäransprüche

Für die Primärpflichten beim Kaufvertrag gilt die allgemeine Verjährungsfrist des § 195 BGB. Der Anspruch des Käufers auf Übergabe und Übereignung der Kaufsache sowie der des Verkäufers auf Zahlung des Kaufpreises verjähren in drei Jahren. Beginn der Frist ist das Ende des Jahres, in dem der Anspruch entsteht.

Beispiel 66: Svenja kauft am 02.01.2020 einen Gebrauchtwagen zum Preis von 2.000,– Euro beim Autohändler V und nimmt ihn in Gebrauch. Durch ein Versehen der Buchhaltung merkt V lange Zeit nicht, dass Svenja gar nicht bezahlt hat. Das fällt ihm erst durch einen Zufall am 27.12.2023 doch noch auf. Kann V noch Zahlung verlangen?
Die dreijährige Verjährungsfrist des Kaufpreisanspruchs beginnt hier am 01.01.2021 und endet am 31.12.2023 Am 27.12.2023 kann V die Zahlung der 2.000,– Euro also noch fordern. Nun muss er sich aber wirklich beeilen.

Eine Ausnahme gilt für den Anspruch auf Übereignung eines Grundstückes: Hier beträgt die Verjährungsfrist zehn Jahre.

4.6.4.2 Verjährung kaufvertraglicher Sekundäransprüche (Gewährleistungsansprüche)

Die Gewährleistungsansprüche bei Sachmängeln verjähren regelmäßig nach zwei Jahren ab der Übergabe des Kaufgegenstandes. Ist die Nacherfüllung ebenfalls mangelhaft, beginnt die Verjährungsfrist für die übrigen Gewährleistungsrechte erneut zu laufen. Diese Frist verlängert sich auf drei Jahre, wenn der Verkäufer den Mangel arglistig verschwiegen hat.

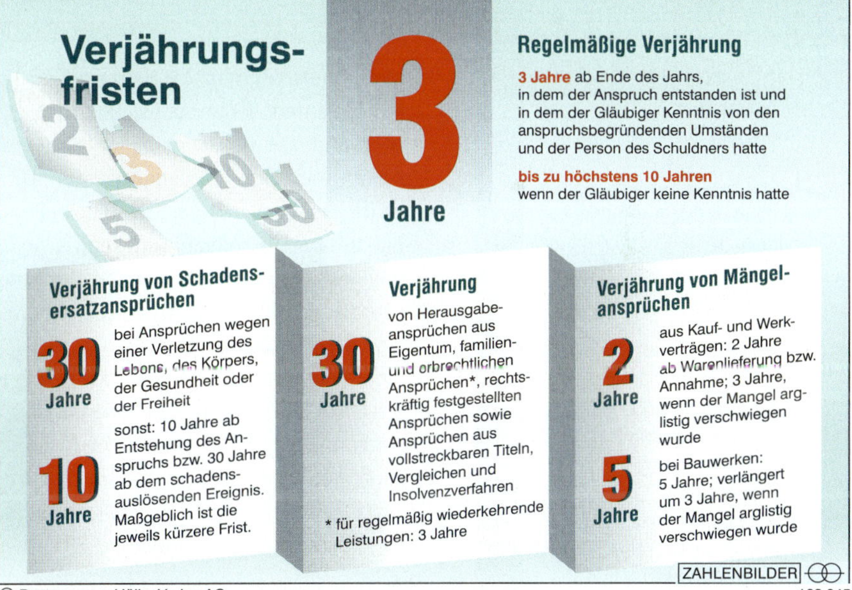

 128 045

Beispiel 67: A hat am 01.08.2019 von B eine mangelhafte Hose gekauft. Der Nacherfüllungsanspruch verjährt am 01.08.2021 (24 Uhr). Fordert A am 20.09.2019 Nacherfüllung und scheitert diese am 11.10.2019, kann A bis zum 11.10.2021 Rücktritt bzw. Minderung und Schadensersatz fordern.
Wusste B bei der Übergabe am 01.08.2019 von dem Mangel, dann verjährt der Nacherfüllungsanspruch erst in drei Jahren.

Aufgaben

Der Stempel „besiegelt" den Kaufvertrag – Probleme gibt es häufig erst bei Erfüllung.

Beachten Sie:
Wenn sich die Frage stellt, welche Rechte bei einem Kaufvertrag geltend gemacht werden können, sollten zur Vereinfachung der Lösung drei unterschiedliche Stadien bei der Abwicklung des Kaufvertrages unterschieden werden:

- **1. Stadium** Primäransprüche bestehen fort (Zahlung, Übergabe, Übereignung)
- **2. Stadium** Sekundäransprüche bei Leistungsstörungen, wenn Übergabe der Kaufsache noch nicht erfolgt ist (Verzug, Unmöglichkeit)
- **3. Stadium** Sekundäransprüche nach Übergabe der Kaufsache (Sachmängelgewährleistung)

1. Ordnen Sie den folgenden Fällen die entsprechende Pflichtverletzung (Schlechtleistung, Unmöglichkeit, Schuldnerverzug, Nebenpflichtverletzung) zu. Begründen Sie Ihr Ergebnis stichwortartig.

a) Anna kauft Lars an einem Freitag dessen Fahrrad für 80,– Euro ab. Sie sagt Lars die Zahlung der 80,– Euro „bis spätestens kommenden Dienstag" zu. Am Mittwoch hat Lars immer noch kein Geld gesehen.

b) Lars verschweigt Anna bei der Besichtigung des Rades, dass die Gangschaltung nicht mehr funktioniert.

c) Als Anna noch mit Lars um den Kaufpreis feilscht, wird sie in Lars' Vorgarten von dessen Schäferhundrüden Rex angesprungen, wobei ihre Jacke einreißt.

d) Bevor Lars das Fahrrad übergeben kann, wird es aus seinem Keller gestohlen.

2. Welches Recht (Nacherfüllung, Rücktritt, Minderung und/oder Schadensersatz) kann Laura in den folgenden Fällen geltend machen? Oder steht ihr im Einzelfall keines dieser Rechte zu? Begründen Sie stichwortartig.

a) Laura kauft einen MP3-Player beim Fachmarkt F. Nach einer Woche stellt der Player ohne Vorwarnung den Dienst ein.

Lauras Hörgenuss ist leider nicht von Dauer.

b) Laura kauft ein Gemälde des Künstlers K für 5.000,– Euro. Sie hat bereits drei Interessenten, denen sie das Bild für 6.000,– Euro weiterverkaufen kann. Am Tag vor der geplanten Übergabe an Laura verbrennt das Gemälde, weil K mit einer brennenden Zigarette eingeschlafen ist.

c) Laura kauft ein weiteres Gemälde beim Künstler V. Der ungeschickte V lässt das Bild bei der Übergabe fallen, sodass ein irreparabler Riss mitten durch das Gemälde entsteht. Laura erklärt, sie habe nun kein Interesse mehr an dem Bild.

d) Laura kauft sich am 02.01.2020 im Baumarkt des B für Renovierungstätigkeiten eine Bohrmaschine, die B ihr nach Hause liefern will. Als B am 04.01.2020 noch nicht geliefert hat, „leiht" sich Laura bei einem Bekannten eine Bohrmaschine für 5,– Euro „Nutzungsgebühr" pro Tag. Am 10.01.2020 liefert B. Laura fordert von B die Erstattung der entstandenen Nutzungsgebühr von 30,– Euro.

e) Laura kauft sich ein Smartphone. Nach der Übergabe stellt sie fest, dass sich gewisse Funktionen, die für sie allerdings weniger wichtig sind, nicht bedienen lassen. Sie möchte das Smartphone behalten.

3. Ist in den folgenden Fällen Verjährung eingetreten? Begründen Sie stichwortartig.

a) Marc kauft am 31.08.2020 einen PC beim Fachmarkt F. Immer wieder verschiebt F die angekündigte Lieferung. Am 01.09.2022 will Laura vor Gericht klagen.

b) Marie kauft sich am 17.10.2020, an ihrem 18. Geburtstag, einen Gebrauchtwagen. Händler V hat ihr versprochen, dass der Wagen „unfallfrei" ist. Als sie erfährt, dass V sie belogen hat, will sie am 20.12.2022 ihre „Rechte geltend machen."

4.6.5 Kaufvertrag und Verbraucherschutz

Wie beim Minderjährigen übernimmt das Gesetz beim Verbraucher eine Beschützerrolle. Man geht davon aus, dass dem Verbraucher im Gegensatz zum Unternehmer fundiertes Wissen sowie Erfahrungswerte und Produktinformationen fehlen. Das bringt den Verbraucher in eine schwächere Position, die es auszugleichen gilt: Der Verbraucherschutz umfasst alle Maßnahmen zum Schutz des Verbrauchers vor Irreführung, Benachteiligung und anderen „Fallstricken".

Verbraucher
Verbraucher ist, wer ein Rechtsgeschäft ausschließlich zu privaten Zwecken abschließt.

Unternehmer
Unternehmer ist, wer als natürliche oder juristische Person ein Rechtsgeschäft zu gewerblichen oder selbstständigen beruflichen Zwecken abschließt.

Beispiel 68: Kevin ist Auszubildender zum Mediengestalter. Kauft er sich für Privatzwecke einen Drucker beim Fachmarkt F, so ist er Verbraucher und kann für sich (da F Unternehmer ist) den Verbraucherschutz in Anspruch nehmen.

Beispiel 69: Wird Kevin von seinem Chef gebeten, im Auftrag seines Ausbildungsbetriebes M einen Drucker bei F zu kaufen, so liegt ein Kauf zwischen zwei Unternehmern vor. Denn nicht Kevin wird Vertragspartner, sondern M, der den Kaufvertrag für gewerbliche Zwecke abschließt.

Es gibt kein eigenständiges Verbraucherschutzgesetz, welches die Fragen des Verbraucherschutzes zusammenfasst. Verbraucherschutzvorschriften finden sich vor allem an unterschiedlichen Stellen im BGB. Das vorliegende Buch kann nicht den gesamten Verbraucherschutz darstellen. Es gilt vielmehr, die im Alltag wichtigsten Verbraucherschutzregelungen herauszuarbeiten.

Verbraucherschutz gibt es zudem auch noch im Verbraucherinformationsgesetz (VIG), im Gesetz gegen den unlauteren Wettbewerb (UWG) sowie im Produkthaftungsgesetz (ProdHaftG).

4.6.5.1 Der Verbrauchsgüterkauf

Der Verbrauchsgüterkauf ist ein Kaufvertrag zwischen einem Verbraucher als Käufer und einem Unternehmer als Verkäufer. Liegt ein Verbrauchsgüterkauf vor, gelten für den Käufer besondere Schutzbestimmungen, die sich aus §§ 474 ff. BGB ergeben. Dazu zählen:

- kein Ausschluss der Gewährleistungsrechte bei neuen und gebrauchten Sachen mit Ausnahme der Schadensersatzansprüche möglich
- Verkürzung der Verjährung von Gewährleistungsrechten zum Nachteil des Käufers
  - bei *neuen* Sachen nicht auf unter zwei Jahre und
  - bei *gebrauchten* Sachen nicht auf unter ein Jahr
- das Bestehen eines Mangels bei Übergabe wird in den ersten 6 Monaten „vermutet", der Käufer muss in dieser Zeit nicht nachweisen, dass der Mangel bereits bei Übergabe vorlag

Beispiel 70: Auszubildender Kevin (aus Beispiel 68 und 69) kauft für sich privat und im Auftrag seines Ausbildungsbetriebes M für diesen jeweils einen Drucker desselben Fabrikates bei F. Vor dem Kauf unterschreibt er in beiden Fällen eine Information, in der F für dieses Fabrikat die Mängelgewährleistung ausschließt. Beide Drucker funktionieren nach fünf Monaten plötzlich nur noch äußerst unregelmäßig. Sowohl gegenüber M als auch gegenüber Kevin lehnt F jegliche Gewährleistungsansprüche ab. Außerdem sei davon auszugehen, dass der Mangel erst nach Übergabe entstanden sei.

Gegenüber M konnte F die Mängelgewährleistung wirksam ausschließen, denn da sowohl F als auch M Unternehmer sind, liegt hier kein Verbrauchsgüterkauf vor.

Kevin kann dagegen Nacherfüllung geltend machen. Er hat als Verbraucher mit dem Unternehmer F einen Kaufvertrag über eine bewegliche Sache (Verbrauchsgüterkauf) geschlossen. Der Ausschluss der Mängelgewährleistung ist bezogen auf die Nacherfüllung unwirksam, obwohl Kevin dies unterschrieben hat. Da der Mangel auch innerhalb von sechs Monaten nach Übergabe auftritt, wird „vermutet", dass er bereits bei Übergabe vorlag.

Gut zu wissen | **Originalverpackung für Rückgabe nicht erforderlich!**

Bei vielen Familien stapeln sich im Keller die Verpackungen vom Computern, Kaffeemaschinen, Fernsehern etc. Das ist Platzverschwendung, da die Gewährleistungsrechte nicht davon abhängen, dass man die Sache im Originalkarton zurückgibt. Es genügt der Nachweis, dass die Sache in *diesem* Geschäft gekauft wurde. Wer den Irrglauben „streute", ist unbekannt, vielleicht ein Verkäufer, der sich vor der Gewährleistung drücken wollte.

4.6.5.2 Der Fernabsatzvertrag

Online-Handel boomt

Umsatz mit Endverbrauchern in Deutschland in Milliarden Euro

2009	10	11	12	13	14	15	16	17	18	2019*
15,6 Mrd. €	20,2	24,4	28,0	32,0	35,6	39,9	44,2	48,9	53,3	57,8

*Prognose

Quelle: Handelsverband Deutschland

© Globus 13293

Ladenöffnungszeiten werden immer unwichtiger. Kleidung, Elektroartikel, Bücher, selbst Lebensmittel kann man per Katalog oder Internet rund um die Uhr direkt zu sich nach Hause bestellen. Von Jahr zu Jahr bedeutsamer (siehe nebenstehendes Schaubild) wird daher der Fernabsatzvertrag (§ 312c BGB), denn er umfasst den Online-Handel (E-Commerce), also den Internetkauf.

Beim Fernabsatzvertrag handelt es sich um einen Vertrag zwischen einem Unternehmer und einem Verbraucher, der unter ausschließlicher Verwendung sogenannter Fernkommunikationsmittel abgeschlossen wird. Neben dem Internet fallen einem hier gleich die E-Mail und die SMS ein. Unter „Fernkommunikationsmitteln" sind aber auch alle anderen Medien zu verstehen, die eine persönliche Anwesenheit der Vertragspartner nicht erforderlich machen, z. B. Fax und Brief.

Beispiel 71: Taya, Auszubildende zur Bäckerin, will sich preisgünstig ein Buch für die Abschlussprüfung kaufen. Im Internet wird sie sich mit Ann-Christin, die die Prüfung bereits hinter sich hat, über den Erwerb von deren Buch einig. Weitere Verkaufsaktionen im Internet plant Ann-Christin nicht.
Hier liegt zwar ein Vertragsschluss unter ausschließlicher Verwendung eines Fernkommunikationsmittels (Internet) vor. Da aber sowohl Taya als auch Ann-Christin zu rein privaten Zwecken handelten und damit kein Unternehmer beteiligt ist, liegt kein Fernabsatzvertrag vor.

© Bergmoser + Höller Verlag AG

Beispiel 72: Taya bestellt das Buch telefonisch beim Buchhändler B, der einen hierauf ausgerichteten Versandhandel betreibt.
Hier liegt ein Fernabsatzvertrag vor: Das Telefon ist ein Fernkommunikationsmittel. B handelt gewerbsmäßig und ist Unternehmer.

Beispiel 73: Taya informiert sich eingehend auf B's Homepage über die Preise vergleichbarer Prüfungsbücher. Zum Kauf geht sie in die örtliche Filale des B.
Es liegt kein Fernabsatzvertrag vor, da Taya den Kaufabschluss selbst nicht per Internet, sondern persönlich vor Ort tätigte.

Der Widerruf – ein zusätzliches Verbraucherrecht beim Fernabsatzvertrag

Da der Verbraucher die Ware beim Fernabsatzvertrag nicht direkt, sondern erst bei Lieferung in Augenschein nehmen kann, befindet er sich in einem „Wettbewerbsnachteil". Neben den kaufrechtlichen Ansprüchen bei Pflichtverletzungen (insbesondere Mängelgewährleistung) wird ihm deshalb ein Widerrufsrecht zuerkannt. Das Widerrufsrecht steht in § 312g BGB, seine Ausübung wird in §§ 355, 356, 357 BGB geregelt.

Das Widerrufsrecht ist nicht an eine Pflichtverletzung gekoppelt. Er muss keine Begründung enthalten, jedoch gegenüber dem Verkäufer deutlich zum Ausdruck gebracht werden. Daher reicht es nicht aus, die Ware einfach zurückzusenden. Das Wort „Widerruf" muss zwar nicht verwendet werden, aber aus der Erklärung muss sich eindeutig ergeben, dass der Verbraucher den Vertrag widerrufen will.

Der Widerruf bedarf auch keiner Form. Für seine Erklärung kann ein Widerrufsformular verwendet werden, zu dessen Zurverfügungstellung der Verkäufer gesetzlich verpflichtet ist. Auch ein telefonischer Widerruf ist zulässig. Um die Ausübung des Widerrufsrechts beweisen zu können, ist jedoch ein schriftlicher Widerruf am besten geeignet.

Die Widerrufsfrist beträgt 14 Tage und beginnt erst, wenn dem Verbraucher neben der Ware auch eine Widerrufsbelehrung in Textform (per Mail, nicht etwa nur auf der Homepage des Verkäufers) oder in Schriftform (unterschriebenes Schriftstück) zugeht. Die Belehrung ist also anders als die Erklärung formgebunden. Unterbleibt die Belehrung oder ist sie fehlerhaft, erlischt das Widerrufsrecht erst nach Ablauf von zwölf Monaten und 14 Tagen. Damit ist das früher bei fehlerhafter oder fehlender Widerrufsbelehrung geltende „ewige Widerrufsrecht" Vergangenheit.

Beispiel 74: Julia – Auszubildende zur Industriemechanikerin – kauft im Namen ihres Chefs beim Internetanbieter ET verschiedene Ersatzteile. Zehn Tage nach der Lieferung stellt der Chef fest, dass er die bestellten Ersatzteile doch nicht benötigt. Er möchte vom Widerrufsrecht Gebrauch machen.

Hier liegt kein Fernabsatzvertrag vor, da Julia den Vertrag nicht für sich als Verbraucherin abschloss, sondern für ihren Ausbildungsbetrieb, der als Unternehmer Vertragspartner des Unternehmers ET wurde. Der Chef hat kein Widerrufsrecht und kann die Ersatzteile nur bei Kulanz des ET zurückgeben.

Beispiel 75: Julia kauft sich am 04.05.2020 ein neues Fahrrad beim Internetanbieter R@ce. Bevor der Kauf per Mausklick besiegelt wird, nimmt Julia die auf der Homepage abrufbare, inhaltlich korrekte Widerrufsbelehrung zur Kenntnis. Am 11.05.2020 wird ihr das Fahrrad geliefert; am 14.05. erhält sie eine Widerrufsbelehrung per Mail. Am 27.05.2020 zieht Julia sich beim Basketball einen Bänderriss im Knöchel zu und kann das Fahrrad vorerst nicht nutzen. Sie möchte den Kauf widerrufen, doch R@ce meint, die Widerrufsfrist sei abgelaufen.

Hier liegt ein Fernabsatzvertrag zwischen dem Unternehmer R@ce und der Verbraucherin Julia vor. Zwar beträgt die Widerrufsfrist grundsätzlich 14 Tage. Die Frist begann jedoch erst zu laufen, als ihr die Widerrufsbelehrung nicht nur inhaltlich, sondern auch formell korrekt zuging. Dies war bis zur Lieferung nicht der Fall, da Julia bis dahin nur auf der Homepage „belehrt" wurde. Eine formell einwandfreie Belehrung in Textform (per Mail) erhielt sie erst am 14.05.2020. Damit begann die Widerrufsfrist erst am 14.05.2020 (und nicht schon bei Lieferung am 11.05.2020) zu laufen. Ein Widerruf ist somit auch am 27.05.2020 – 23 Tage nach Vertragsschluss – noch möglich.

Fernabsatzvertrag

Voraussetzungen:

- Kaufvertrag zwischen
- Verbraucher (V) und Unternehmer (U)
- ausschließlich per Fernkommunikation (Internet, E-Mail, Telefon, Fax, Brief)
- Unternehmer verfügt über entsprechendes Vertriebssystem
- Vertrag betrifft nicht Ausnahmen (Lebensmittel, Grundstücke)

Rechtsfolgen:

- V hat allgemeine Gewährleistungsansprüche des Käufers
- Widerrufsrecht des V
  - Frist: 14 Tage ab Zugang korrekter Belehrung
  - bei unkorrekter/ fehlender Belehrung 1 Jahr und 14 Tage
- Nach Widerruf: Rückgabe von Kaufsache und Geld

Auch für den Kauf von Daten gilt das Widerrufsrecht. Wie aber kann verhindert werden, dass der Verbraucher die Daten vor dem Widerruf abspeichert und so zum Schaden des Unternehmers kostenlos erhält?
Muss mit der Datenlieferung gewartet werden, bis die Widerrufsfrist abgelaufen ist?
Nein, der Unternehmer kann die Daten ohne Gefahr eines missbräuchlichen Widerrufs sofort zur Verfügung stellen, wenn der Verbraucher

1. der sofortigen „Lieferung" ausdrücklich zustimmt und
2. bestätigt, dass er sein Widerrufsrecht mit Beginn der Vertragsausführung verliert.

Achtung:
Die Vorschriften über Fernabsatzverträge finden nicht nur bei Kaufverträgen Anwendung. Sie gelten jedoch nicht für Versicherungsverträge sowie die Buchung von Hotelzimmern und Pauschalreisen.

Beispiel 76: Julia kauft wie im Beispiel 75 ein Fahrrad bei R@ce. Sie erhält am Tag der Lieferung, sechs Tage nach Vertragsschluss, eine E-Mail, in der sie darüber belehrt wird, dass die Widerrufsfrist 14 Tage betrage und bei Vertragsschluss begonnen habe. Als sie sich zwei Monate später den Bänderriss zuzieht, meint sie, das Fahrrad nicht mehr zurückgeben zu können.

Hier ist die Belehrung zwar formell einwandfrei. Allerdings ist sie inhaltlich falsch, da die Widerrufsfrist nicht schon seit Vertragsschluss, sondern erst ab Zugang der korrekten Belehrung läuft. Da keine korrekte Belehrung erfolgt ist, endet die Frist ein Jahr und 14 Tage nach Zugang der Belehrung: Das Widerrufsrecht besteht hier also auch zwei Monate nach Lieferung noch fort.

eBay und der Fernabsatzvertrag

„Ersteigert" man eine Sache bei eBay, so gibt es einige Punkte zu berücksichtigen:

- Der Kaufvertrag über die ersteigerte Ware kommt zwischen dem Anbieter und dem Ersteigerer zustande. Das Internet-Auktionshaus eBay wird nicht Vertragspartner.
- Nur wenn der Verkäufer Unternehmer und der Ersteigerer Verbraucher ist, handelt es sich um einen Fernabsatzvertrag. Eine Unternehmereigenschaft ist bei planmäßigem und auf Dauer angelegtem Handeln zu bejahen. Anzeichen dafür können eine hohe Zahl von Bewertungen, aber auch die Tatsache sein, dass der Verkäufer freiwillig die Bezeichnung „Powerseller" führt.
- Zwar bestand laut § 312d BGB bis 2014 kein Widerrufsrecht bei Fernabsatzverträgen, die in der Form von Versteigerungen geschlossen werden. Gemeint waren aber nur Fälle, in denen der Vertrag erst durch den Zuschlag zustande kommt. Bei eBay kommt der Vertrag aber ohne weitere Erklärung des Versteigernden durch das „Gebot" (und Zeitablauf) zustande.

Beispiel 77: Julia ersteigert am 23.09.2020 um 7.20 Uhr bei eBay ein von dem Powerseller „ProfiBiker" angebotenes Fahrrad für 580,– Euro und erhält wenige Minuten später eine E-Mail mit einer inhaltlich korrekten Widerrufsbelehrung. Das Fahrrad wird Julia am 30.09.2020 geliefert. Am 12.10.2020 erhält Julia von ihrer Freundin Kristin das Angebot, deren gleichwertiges Fahrrad für 350,– Euro zu kaufen, da Kristin für zwei Jahre ins Ausland geht und das Rad nicht mitnehmen will. Julia findet dieses Angebot verlockend, doch weiß sie nicht, ob sie das ersteigerte Rad wieder loswerden kann.

Julia könnte den Kaufvertrag mit „ProfiBiker" widerrufen, indem sie diesem schnellstmöglich eine entsprechende E-Mail oder einen Brief schreibt. Einen grundsätzlichen Ausschluss des Widerrufsrechts für „Ersteigerungen" bei eBay kennt das Gesetz nicht. Da „ProfiBiker" als gewerblicher Anbieter Unternehmer ist (hierfür spricht auch die Bezeichnung „Powerseller"), besteht ein Fernabsatzvertrag. Lediglich die Widerrufsfrist könnte abgelaufen sein. Jedoch beginnt diese hier nicht vor der Lieferung des Fahrrades am 30.09.2020 zu laufen, da für den Beginn der Widerrufsfrist der Zugang der Belehrung und der Ware erforderlich sind. Julia kann den Kaufvertrag am 12.10.2020 also noch widerrufen.

Ausnahmen vom Widerrufsrecht

Bei Fernabsatzverträgen über bestimmte Leistungen ist das Widerrufsrecht gesetzlich ausgeschlossen (§ 312g Abs. 2 BGB). Hierzu gehören verderbliche Sachen, Hygieneartikel und Computersoftware, wenn die Ware nach Lieferung entsiegelt wird, sowie Zeitungen und Zeitschriften.

Beispiel 78: Frau Flauer bestellt per Internet beim Großhändler Plant AG Schnittblumen. Am Tag darauf bereut sie den Kauf und möchte ihr Widerrufsrecht ausüben.
Die Schnittblumen sind „Waren, die schnell verderben können". Nach § 312g Abs. 2 Nr. 2 ist hier das Widerrufsrecht gesetzlich ausgeschlossen.

Aufgaben

1. Liegt in den folgenden Fällen ein Fernabsatzvertrag vor? Geben Sie eine kurze Begründung.

a) In ihrer Freizeit kauft Lisa, Auszubildende zur Hotelfachfrau, per Internet von einer nur vereinzelt im Internet aktiven Anbieterin eine gebrauchte Handtasche.

b) Lisa kauft im Auftrag ihres Ausbilders, einer großen Hotelkette, im Onlineshop der „BARfit GmbH" Ausrüstungsgegenstände für die Hausbar ein.

c) Herr Rüstig verfügt nicht über modere Kommunikationsmittel. Da er seinen defekten Schreibtisch am liebsten 1:1 ersetzen möchte, schreibt er einen Brief an das Möbelhaus M, in dem er fragt, ob und zu welchem Preis das Modell noch angeboten wird. Das Möbelhaus schreibt ihm zurück, dass das Modell zum Preis von 300,– Euro zu haben sei. Herr Rüstig schreibt einen weiteren Brief mit einer entsprechenden Bestellung, die M – wiederum brieflich – bestätigt.

d) Frau Edel unterschreibt in den Geschäftsräumen des Möbelhauses M einen Kaufvertrag über ein Sofa. Zu Hause bestätigt sie den Kauf per E-Mail.

Wer bei Fernabsatzverträgen Bescheid weiß, hat gute Chancen, sich in der Weite des Onlinehandels nicht zu verirren.

2. Besteht in den folgenden Fällen ein Widerrufsrecht? Begründen Sie knapp.

a) Die Auszubildende Laura kauft Bildbearbeitungs-Software im Online-Shop des Anbieters „PremierWareSolutions", da sie sich in ihrer Freizeit der Digital-Fotografie widmen will. Der Anbieter stellt die Software zum Download bereit.

b) Laura kauft im selben Online-Shop eine Software-CD. Sie entsiegelt die CD nicht, da sie Zweifel hat, ob sie die Software tatsächlich benötigt.

3. Wann endet in den folgenden Fällen die Widerrufsfrist?

a) Finja schließt am 05.06.2020 einen Fernabsatzvertrag über ein Smartphone mit dem Online-Anbieter „NMS" ab. „NMS" mailt ihr am 09.06.2020 eine inhaltlich korrekte Widerrufsbelehrung. Das Smartphone wird am 10.06.2020 geliefert.

b) Wie a), allerdings erfolgt die Lieferung bereits am 08.06.2020.

c) Wie a), jedoch steht in der E-Mail, dass die Widerrufsfrist „zehn Tage ab Erhalt der Ware" betrage.

d) Wie a), allerdings mailt „NMS" an Finja keine Widerrufsbelehrung, sondern verweist lediglich auf das Widerrufsrecht, „dessen nähere Einzelheiten Sie in unserem Online-Shop einsehen können."

4. Was ist Ihrer Ansicht nach der Grund dafür, dass es

a) beim Kauf schnell verderblicher Waren und

b) beim Zeitungskauf kein Widerrufsrecht gibt?

5. Formulieren Sie für Finja im Fall 3a) eine wirksame Widerrufserklärung.

6. Beantworten Sie die Fragen möglichst in wenigen Sätzen.

a) Worin unterscheiden sich „Textform" und „Schriftform"?

b) Warum sind Verbraucher besonders schutzwürdig?

Widerrufsfrist verpasst? Geben Sie die Hoffnung nicht auf! Um die Frist in Gang zu setzen, muss der Unternehmer nämlich auch noch eine Reihe von Informationspflichten beachten (vgl. Schaubild auf S. 40). Diese Pflichten beruhen auf einer Richtlinie der Europäischen Union. Vielleicht hat Ihr Vertragspartner ja seine Informationspflichten nicht eingehalten? Tipp zur Recherche: § 356 Abs. 3 BGB.

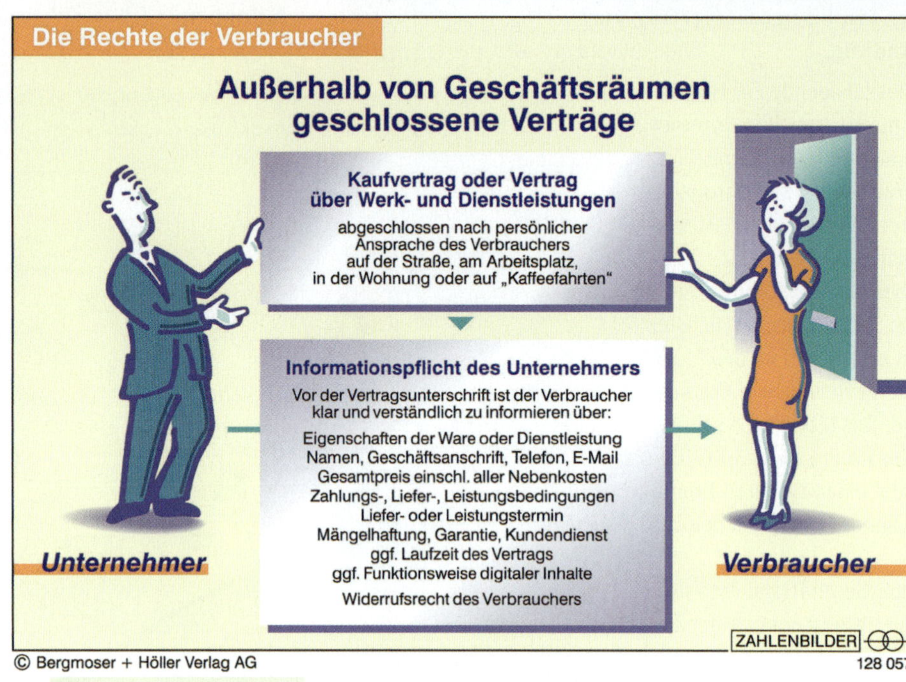

4.6.5.3 Außerhalb von Geschäftsräumen geschlossene Verträge

Ein Widerrufsrecht besteht auch bei „außerhalb von Geschäftsräumen geschlossenen Verträgen" – früher: „Haustürgeschäfte". Geschützt werden soll der Verbraucher als Käufer vor dem Überraschungseffekt, der beim plötzlichen Auftreten von Verkäufern eintritt. Die Begriffsänderung war notwendig, um nicht nur Vertragsabschlüsse in der Privatwohnung, am Arbeitsplatz oder bei Ausflugsfahrten, sondern an allen Örtlichkeiten „außerhalb von Geschäftsräumen" des Unternehmers zu erfassen.

Beispiel 79: Bei Elena (18) klingelt es an der Tür: Herr May will ihr ein Zeitungs-Abonnement verkaufen. „Das ist bequemer und billiger, als wenn Sie die Zeitung jeden Tag kaufen müssen", sagt er. „Eine Tageszeitung muss doch jeder lesen, oder?" Weil sie schnell los muss und Herr May nicht gehen will, unterschreibt Elena den Abo-Vertrag mit der Zeitungsgesellschaft. Am Abend bereut sie dies und überlegt, was sie tun kann.

Es liegt ein „außerhalb von Geschäftsräumen geschlossener Vertag" vor. Herr May trat als Vertreter der Zeitungsgesellschaft (Unternehmerin) auf. Bei Elena trat der Effekt ein, gegen den das Widerrufsrecht schützen soll: Sie war einerseits überrascht und unter Zeitdruck, hatte andererseits aber auch Hemmungen, den Vertreter freundlich aber bestimmt vor die Tür zu setzen. Sie hat ein Recht zum Widerruf des Abos, dessen Frist hier wohl noch gar nicht begonnen hat, da das Beispiel über die Frage schweigt, ob Elena über ihr Widerrufsrecht belehrt wurde.

Achtung:
Entgegen der früheren Regelung beim Haustürgeschäft kann der Vertragsabschluss beim „außerhalb von Geschäftsräumen geschlossenen Vertrag" selbst dann widerrufen werden, wenn der Verbraucher den Vertreter bestellt hatte.

4.6.5.4 Teilzahlungsgeschäft und Ratenlieferungsvertrag

Von praktischer Bedeutung sind ferner **Teilzahlungsgeschäft** und Ratenlieferungsvertrag. Beim Teilzahlungsgeschäft wird dem Verbraucher (Käufer) Ratenzahlung gewährt, was sich der Unternehmer (Verkäufer) vergüten lässt. Auch hier steht dem Verbraucher ein Widerrufsrecht zu.

Beispiel 80: Azubi Dominik kauft sich kurz nach seinem 18. Geburtstag beim Gebrauchtwagenhändler Schrott einen gebrauchten Sportwagen für 5.000,– Euro. Schrott gewährt ihm Ratenzahlung. Es wird schriftlich vereinbart, dass Dominik 24 Monatsraten zu je 220,– Euro zahlt. Am nächsten Tag findet Dominik, dass ihn der Kauf doch finanziell zu stark belastet.

Es liegt ein Teilzahlungsgeschäft vor, denn Unternehmer Schrott gewährt dem Verbraucher Dominik Ratenzahlung. Die Ratenzahlung ließ sich Herr Schrott auch vergüten, denn die Summe der vereinbarten Raten beträgt statt 5.000,– Euro nunmehr 5.280,– Euro. Dominik steht ein Widerrufsrecht zu, hinsichtlich dessen Dauer es wieder auf Korrektheit und Zeitpunkt der Widerrufsbelehrung ankommt. Am Tag nach dem Kauf kann Dominik das Teilzahlungsgeschäft also auf jeden Fall widerrufen.

Beim **Ratenlieferungsvertrag** leistet der Unternehmer in Teillieferungen. Das macht den Verbraucher besonders schutzwürdig, sodass ihm auch hier ein Widerrufsrecht zusteht. Zwar zahlt der Verbraucher im Regelfall in Raten, doch ist es nicht erforderlich, dass diese Ratenzahlung entgeltlich erfolgt. Ein typischer Fall der Ratenlieferung ist wiederum das Zeitungsabo.

Beispiel 81: Kim ist Mitglied im Angelverein. Auf der Straße vor dem Clubheim spricht Vertreter V sie an, um ihr die Fachzeitschrift „Am Haken" im Jahresabo anzubieten. Im Geschäft kostet die Zeitschrift 5,50 Euro. Inklusive Versand soll Kim für die 50 Ausgaben des nächsten Jahres 270,– Euro zahlen. Sie sagt, sie wolle es sich überlegen. V ringt Kim ihre Adresse ab und schickt ihr per Post einen unterschriftsreifen Abo-Vertrag. Kim unterschreibt und schickt den Vertrag an V zurück – was sie umgehend bereut.

Ein Ratenlieferungskauf liegt vor. Zwar ist das Widerrufsrecht ausgeschlossen, wenn der zu zahlende Betrag bis zur nächsten Kündigungsmöglichkeit 200,– Euro nicht übersteigt. Da der Vertrag hier aber auf ein Jahr befristet ist, besteht keine vorherige Kündigungsmöglichkeit. Der Vertrag fällt, da der Gesamtpreis 270,– Euro beträgt, nicht unter die 200-Euro-Grenze. Kim kann widerrufen. Die 14-Tage-Frist beginnt nicht vor Lieferung der ersten Ausgabe.

Ratenlieferung, Fernabsatzvertrag und „Haustürgeschäft"
In Beispiel 81 könnte man auch an Fernabsatzvertrag und „Haustürgeschäft" denken.
Aber:
- Kein „Haustürgeschäft", denn der Vertrag wurde zwar auf offener Straße angebahnt, jedoch nicht dort abgeschlossen.
- Ein Fernabsatzvertrag (Abschluss per Brief) liegt dagegen tatsächlich vor. Das Widerrufsrecht entfällt auch nicht etwa nach § 312g Abs. 2 Nr. 7 BGB, weil es sich um einen Zeitschriftenvertrag handelt. Denn *Abo*-Verträge über Zeitschriften und Zeitungen sind ausdrücklich vom Ausschluss des Widerrufsrechts ausgenommen. Kim könnte den Widerruf also auch mit dem abgeschlossenen Fernabsatzvertrag begründen.

Übersicht: Verbraucherkaufverträge

Verbraucherkaufvertrag	Verbrauchsgüterkauf	Fernabsatzvertrag	„Haustürgeschäft"	Teilzahlung	Ratenlieferung
typischer Fall	alltäglicher Einkauf	Kauf im Internet	Vertreterbesuch	„Abstottern" eines Autos	Zeitungsabo
besonderes Recht des Verbrauchers	Beweiserleichterung bei Mängeln	Widerruf (14 Tage bei korrekter Belehrung)	Widerruf (14 Tage bei korrekter Belehrung)	Widerruf (14 Tage bei korrekter Belehrung)	Widerruf (14 Tage bei korrekter Belehrung)

4.6.5.5 Allgemeine Geschäftsbedingungen (AGB)

Bei den AGB handelt es sich um eine Vielzahl von vorformulierten Vertragsbedingungen, die eine Vertragspartei (Verwender = zumeist Unternehmer) der anderen Vertragspartei (zumeist Verbraucher) bei Abschluss des Vertrages stellt, § 305 BGB.

Beispiel 82: Anja (18) ist in eine „Azubi-WG" gezogen und bringt stolz eine neue Waschmaschine mit. Schnell weicht die Euphorie dem Frust: Die Maschine ist defekt, Wasser tritt aus. Anja erinnert sich, einmal etwas von „Gewährleistungsrechten" gelesen zu haben. Sie nimmt den schriftlichen Kaufvertrag zur Hand. Als sie den letzen Absatz vor ihrer eigenen Unterschrift liest, verfinstert sich ihre Miene wieder. Dort steht: „Der Käufer ist damit einverstanden, dass die umseitigen Verkaufsbedingungen Vertragsinhalt werden."

Die „umseitigen Verkaufsbedingungen" wurden nicht mit Anja verhandelt, sondern sind für alle derartigen Kaufverträge bestimmt und vorformuliert. Es handelt sich um AGB.

AGB bewirken im vertraglichen Massenverkehr des 21. Jahrhunderts einerseits, dass der Vertragsschluss durch ein vorformuliertes Klauselwerk vereinfacht, beschleunigt und standardisiert wird. Andererseits verändern sie aber die Risikoverteilung und Haftung zugunsten des Verwenders und erleichtern diesem die Vertragsabwicklung.

Aufgepasst!
Anders als bei der Widerrufsbelehrung reicht es aus, wenn die AGB bei Vertragsschluss im Internet über einen gut sichtbaren Link aufgerufen und ausgedruckt werden können.

Die AGB-Regeln (§§ 305 – 310 BGB) finden keine Anwendung auf Verträge des Familien-, Erb- und Gesellschaftsrechts.

Daher besteht das Bedürfnis, die AGB einer Kontrolle zu unterwerfen und bestimmten Klauseln die Wirksamkeit abzusprechen. Der Verbraucher hat hier allerdings *kein Widerrufsrecht*. Ist eine AGB-Klausel unwirksam, wird sie nur nicht Bestandteil des Vertrages. An ihre Stelle tritt die gesetzliche Regelung. Der Vertrag bleibt im Übrigen wirksam. Will man prüfen, ob eine AGB-Klausel wirksam ist, sollte man nach folgendem Schema vorgehen:

a) Einbeziehung in den Vertrag

Voraussetzungen für die Einbeziehung von AGB:

- Ausdrücklicher Hinweis auf die AGB, falls dies nicht möglich: sichtbarer Aushang
- Möglichkeit des Vertragspartners, *vor* Vertragsschluss Kenntnis von den AGB nehmen zu können
- Einverständnis des Vertragspartners mit den AGB (ausdrückliche Erklärung nicht erforderlich)

Beispiel 83: Gast Blindt bestellt am Tresen des Gastwirtes Weiner ein Bier. Zu Blindts Verwunderung bringt Weiner ihm zusätzlich einen Aperitif. Als Blindt die Annahme verweigert, beruft sich Weiner auf § 7 seiner AGB, die den Ausschank von Bier an den gleichzeitigen Ausschank eines Aperitifs knüpfen. Versteckt in einem Winkel der Gaststätte befindet sich tatsächlich ein Aushang der AGB. Blindt meint, auf die inhaltliche Wirksamkeit der AGB komme es nicht an, da sie nicht Vertragsbestandteil wurden.

Blindt hat recht: Die AGB wären nur dann Vertragsbestandteil geworden, wenn Weiner ihn ausdrücklich auf die AGB hingewiesen hätte oder wenn zumindest ein sichtbarer Aushang anzutreffen gewesen wäre. Es war zwar ein Aushang vorhanden. Da dieser aber praktisch „unsichtbar" war, braucht Blindt den Aperitif nicht anzunehmen und auch nicht bezahlen.

b) Einzelvereinbarung geht vor AGB

Egal, was in den AGB steht: Haben Verkäufer und Käufer individuell, also schriftlich oder auch mündlich, etwas anderes vereinbart, dann ist eine entgegenstehende AGB-Klausel unwirksam.

Beispiel 84: Jonas kauft beim Händler Fähr einen Gebrauchtwagen für 1.500,– Euro, nachdem Fähr ihm seine AGB ausgehändigt hat. Schon bei der Probefahrt hatte Fähr erklärt, er könne nicht garantieren, dass bei dem Auto alles einwandfrei läuft. Wenn ein Mangel auftrete, solle Jonas vorbeikommen. Man werde diesen dann in der Werkstatt kostenlos reparieren oder den Preis heruntersetzen. Nach sechs Wochen tauchen Probleme mit der Lenkung auf. Als Jonas Fähr zur kostenlosen Reparatur auffordert, entgegnet dieser: „Schau doch in die AGB." Da steht in § 3: „Die Mängelgewährleistung für bei uns gekaufte Gebrauchtwagen ist ausgeschlossen."

Die AGB-Klausel mit dem Gewährleistungsausschluss ist unwirksam. Denn individuell, also im persönlichen Gespräch, haben Jonas und Fähr vereinbart, dass das Recht auf Nacherfüllung (Reparatur) und Minderung (Herabsetzung des Kaufpreises) bestehen bleiben soll. Eine andere Frage ist, ob Jonas dies – z. B. vor Gericht – auch beweisen kann. In solchen Fällen ist es also wichtig, eine schriftliche Bestätigung zu haben.

So offensichtlich braucht es nicht zu sein – aber der Verbraucher muss von den AGB problemlos Kenntnis nehmen können.

c) Überraschende und undurchsichtige AGB-Klauseln sind unwirksam

AGB sind unwirksam, wenn sie entweder so umständlich formuliert sind, dass ein rechtlich ungeübter Mensch sie nicht verstehen kann oder wenn sie für den Verbraucher so überraschend sind, dass sie nicht zu erwarten waren.

Beispiel 85: Als Jonas die AGB genauer „studiert", findet er dort folgende Klausel: „§ 6: Der Käufer verpflichtet sich, das Fahrzeug alle drei Monate zur Reparatur in die Werksatt des Verkäufers zu bringen. Pro Reparatur werden pauschal 100,– Euro berechnet."

Diese Klausel ist überraschend und damit unwirksam, denn kein Käufer kann damit rechnen, hier gleichzeitig mit dem Kaufvertrag auch noch einen Reparaturvertrag (= Werkvertrag) zu schließen. Jonas kann also den Wagen bei Föhr zur Reparatur vorbeibringen, muss dies aber nicht. Genauso könnte er zu jeder anderen Werkstatt gehen. Was er bei Föhr für eine Reparatur zahlen müsste, wäre neu zu verhandeln und hätte mit dem Kaufvertrag nichts zu tun.

Werden dem Vertragspartner zu sehr die Hände gebunden, sind AGB unwirksam.

d) Inhaltskontrolle

Wenn eine AGB-Klausel die Hürden a) bis c) übersprungen hat, heißt dies noch nicht, dass sie auch zu beachten ist. Denn nun folgt noch eine Inhaltskontrolle. Hier gilt der Grundsatz, dass Klauseln dann unwirksam sind, wenn sie den Vertragspartner unangemessen benachteiligen (§ 307 BGB).

Gut zu wissen | **Kein Getränkeverbot im Fitnessstudio**

In AGB von Fitnessstudios findet sich die Klausel: „Der Verzehr von mitgebrachten Getränken ist nicht gestattet." Laut Rechtsprechung benachteiligt die Klausel den Vertragspartner unangemessen und ist unwirksam. Wenn auf der Trainingsfläche studioeigene Getränke zugelassen sind, muss dies auch für mitgebrachte Getränke gelten.

In §§ 308, 309 BGB finden sich weitere Fälle unangemessener Benachteiligungen:

<u>Preisanpassungsklauseln</u>

Unwirksam sind Klauseln zur Erhöhung des Entgelts für Waren oder Leistungen, die innerhalb von vier Monaten nach Vertragsschluss geliefert oder erbracht werden sollen.

Beispiel 86: Ben bucht bei der Flug GmbH am 03.12.2019 einen Linienflug München – Paris für den 17.03.2020 zum Preis von 95,– Euro. In den Online-AGB der Flug GmbH (§ 12) steht, dass sich der Flugpreis bei Reiseantritt noch um 15 Prozent erhöhen kann.
Die Klausel ist unwirksam. Ben muss nur den vereinbarten Preis zahlen.

<u>Lieferfristen</u>

Unangemessene Lieferfristen sind unwirksam. Wann eine Frist unangemessen ist, hängt vom Einzelfall ab. So gilt eine Lieferzeit von sechs Wochen beim Kauf eines Neuwagens noch als angemessen, beim Kauf eines Möbels dagegen als unangemessen.

Wirksam kann der Vorbehalt sein, die Ware vor dem vereinbarten, verbindlichen Liefertermin zu liefern. Zulässig ist etwa die vorzeitige Lieferung eines Autos, unzulässig die vorzeitige Lieferung einer Einbauküche. Ebenfalls unwirksam sind Klauseln, wonach Angaben über Lieferfristen *unverbindlich* sind, da dies den Verbraucher in unangemessener Weise benachteiligt.

Beispiel 87: Alex kauft am 27.09.2020 beim Internetanbieter VISUWELT mehrere DVDs. In den von VISUWELT verwendeten und auf deren Homepage abrufbaren AGB heißt es:
„§ 7: Die Lieferung erfolgt in der Regel ein bis zwei Tage nach Zahlungserhalt."
Alex zahlt sofort. Als er die DVDs am 10.10.2020 noch nicht erhalten hat, beschwert er sich. Der VISUWELT-Mitarbeiter verweist ihn auf die AGB. Dort stehe, dass die Lieferung *in der Regel* ein bis zwei Tage nach Zahlungserhalt erfolge. Die Zahlung sei auch eingegangen. *In der Regel* heiße aber nicht „in jedem Fall". In diesem speziellen Fall werde eben später geliefert.

Die Lieferfrist ist zu unbestimmt, denn der Verwender könnte sich immer darauf berufen, dass kein Regelfall vorläge. Die Klausel ist unangemessen benachteiligend und unwirksam. An ihre Stelle tritt § 271 BGB, wonach Alex sofort Lieferung verlangen kann. Er könnte mahnen und damit die VISUWELT in Verzug (vgl. Abschnitt 4.6.3.3) setzen.

Folge der Unwirksamkeit von AGB

Ist eine AGB-Klausel unwirksam, so wird sie nicht angewendet und an ihre Stelle tritt die gesetzliche Regelung. Im Übrigen aber bleibt der Vertrag bestehen.

Gewährleistung

Bei Sachmängeln ist zu unterscheiden: Geht es um „gebrauchte Sachen", wie z. B. den Gebrauchtwagen, dann kann die Gewährleistung in den AGB komplett ausgeschlossen werden. In Beispiel 84 ist also die AGB-Klausel an sich inhaltlich nicht zu beanstanden. Bei neu hergestellten Sachen ist dagegen der völlige Ausschluss der Gewährleistung in AGB unwirksam. In Beispiel 84 wäre also die AGB-Klausel nichtig, wenn der Gewährleistungsausschluss auch Neuwagen betreffen würde. Schadensersatzansprüche können ausgeschlossen werden, wenn ausdrücklich auf das Minderungs- bzw. Rücktrittsrecht hingewiesen wird.

Beispiel 88: In den AGB eines großen Möbelkaufhauses heißt es in § 11: „Die Pflicht des Verwenders auf Gewährleistung bei Sachmängeln beschränkt sich auf die Nacherfüllung."
Da hier jeglicher Hinweis auf Rücktritt und Minderung fehlt, ist die Klausel unwirksam. Der Käufer kann alle Gewährleistungsrechte so ausschöpfen, wie sie ihm laut BGB zustehen.

Sie sind bei einer „Rechts-Hotline" für Jugendliche und bekommen den Anruf von Nina. Helfen Sie ihr mit der Beantwortung folgender Fragen:

1. Hat Ninas Mutter recht mir ihrer Aussage? Begründen Sie Ihre Antwort.
2. Liegt die Oma richtig mit ihrer Ansicht? Begründen Sie Ihre Antwort.
3. Kann der Verkäufer auf seinen AGB beharren und die Rücknahme verweigern? Begründen Sie Ihre Antwort.
4. Erläutern Sie Nina, wie überhaupt ein Kaufvertrag zustande kommt.
5. Nennen Sie ihr Rechte und Pflichten, die sich aus dem Kaufvertrag ergeben.
6. Welche Rechte stehen einem Käufer nach § 437 BGB bei einem Sachmangel zu?
7. Erklären Sie Nina, welche besondere Art des Kaufvertrages sie im Internet abschließt und welche Rechte ihr deswegen zustehen.

„Hallo! Ich heiße Nina und bin 15 Jahre alt. Ich habe ein rechtliches Problem und hoffe, du kannst mir helfen. Wir haben zu Hause einen Internetanschluss. Wie man damit umgeht, hat mir meine Mutter gezeigt; auch ihr Passwort hat sie mir verraten. Das ist schon irre, was es alles im Netz gibt. Selbst ein Übersetzungsprogramm für meine Englischhausaufgaben habe ich gefunden. Allein darf ich eigentlich nur auf ganz bestimmte Seiten. Ich halte mich aber meistens nicht daran und klicke gerne bestimmte Modeseiten an – ist ja eigentlich auch kein Ding.

Letzte Woche allerdings wurde mein Ausflug ins Internet wirklich unangenehm. Unter der Adresse www.topjeans.de habe ich eine super Jeans meiner Lieblingsmarke für nur 25,– Euro zuzüglich Porto gefunden. Da ich von meinem Taschengeld – ich bekomme 40,– Euro im Monat – noch genug übrig hatte, griff ich direkt zu. Vor Abschluss der Bestellung musste ich mir noch eine Seite durchlesen, auf der einiges an rechtlichem Zeug stand. Dinge wie Haftung, Gewährleistung usw. sollten wohl ausgeschlossen sein, aber darunter konnte ich mir nichts vorstellen. Ich klickte den Button „gelesen" an, um die Bestellung endlich abschicken zu können.

Schon zwei Tage später kam die Lieferung, die ich auch gleich gegen Nachnahme bezahlte. Mein Entsetzen war groß, als ich das Paket aufmachte und feststellte, dass die rechte Seitennaht der Jeans komplett aufgerissen war.

Als Mama nach Hause kam, beichtete ich ihr alles. Sie ist der Meinung, ohne ihre Zustimmung hätte ich gar keinen wirksamen Vertrag abschließen können. Oma meinte dann noch, dass ein Händler eine Hose mit kaputter Naht immer zurücknehmen und das Geld umgehend zurückzahlen muss.

Der Händler meint aber, dass seine AGB gelten. Da steht in § 3, dass er die Haftung für Fehler an der Ware ausgeschlossen hat und deshalb zu nichts verpflichtet ist."

4.6.5.6 Produkthaftung: Auch der Hersteller haftet

Unter der Produkthaftung versteht man die Haftung des *Herstellers* für Folgeschäden an Sachen oder bei Personen im Zusammenhang mit der Benutzung eines mangelhaften Produktes, das von ihm in den Verkehr gebracht wurde. Es geht also nicht um die Verantwortung für Gebrauchsfähigkeit und Funktionstüchtigkeit der Ware, sondern allein um den Ausgleich von Folgeschäden.

Wichtig ist beim Kauf der Unterschied zwischen Produkthaftung und kaufrechtlicher Gewährleistung. Die Haftung nach dem Produkthaftungsgesetz (ProdHaftG) ist im Gegensatz zum Schadensersatz im Gewährleistungsrecht verschuldensunabhängig. Der Hersteller haftet auch dann, wenn er alles getan hat, um die Kunden vor Schäden zu schützen.

Achtung:
Als Hersteller gilt auch, wer ein Produkt zum Zweck des Verkaufs, der Vermietung, des Mietkaufs oder einer anderen Form des Vertriebs mit wirtschaftlichem Zweck im Rahmen seiner geschäftlichen Tätigkeit in den Geltungsbereich der EU einführt oder verbringt.
Wer also ein in China hergestelltes Produkt nach Deutschland importiert, um es hier zu verkaufen, ist ebenfalls Hersteller – obwohl er am eigentlichen Herstellungsprozess gar nicht beteiligt war.

Haftungsansprüche des Käufers bei fehlerhaftem Produkt

Haftungsart	Kaufrechtliche Gewährleistung	Produkthaftung
Ursache der Haftung	Sachmangel (fehlerhaftes Produkt)	Sachmangel (fehlerhaftes Produkt)
Haftungsgrundlage	Kaufvertrag und BGB	ProdHaftG
Wer haftet?	Verkäufer	Hersteller
Worauf wird gehaftet?	Nacherfüllung, Rücktritt, Minderung, Schadensersatz	nur Schadensersatz
Verschulden erforderlich?	bei Schadensersatz: ja	nein
Wie lange wird gehaftet? (Verjährung)	zwei Jahre ab Übergabe an Käufer (Regelfall)	drei Jahre ab Kenntnis des Käufers von dem Mangel
Haftungshöchstbetrag	Haftung unbegrenzt	Personenschäden: 85 Millionen Euro; bei Sachschäden unbegrenzt, aber 500,– Euro Beteiligung des Geschädigten
Haftungsausschluss	bei neu hergestellten Sachen durch Einzelvereinbarung möglich	nicht möglich

Beispiel 89: Mia hat sich am 15.07.2019 ein neues Mountainbike des Herstellers MONTANSPORT beim Fahrradhändler König gekauft, welches ihr am Folgetag geliefert worden ist. Sie kommt allerdings wegen einer Sportverletzung erst im Sommer 2021 dazu, das Bike richtig in Gebrauch zu nehmen. Als sie am 10.08.2021 einen steilen Abhang hinunterfährt, verbiegt sich plötzlich die vordere Radgabel. Das Vorderrad blockiert und Mia stürzt. Sie selbst bleibt zwar unverletzt, doch ihr Fahrradhelm ist total verbeult, Spezialkleidung und -schuhe sowie ihr Rucksack sind beschädigt. Insgesamt beläuft sich der daraus resultierende Schaden auf 550,– Euro. Nach dem ersten Schock möchte sie „rechtlich vorgehen". Welche Ansprüche hat Mia?

Zunächst ist an einen kaufvertraglichen Gewährleistungsanspruch gegen Verkäufer König zu denken, da ein Mangel der Kaufsache (Materialfehler des Mountainbikes) den Schaden verursachte. Da Nacherfüllung ausscheidet, Rücktritt und Minderung ebenfalls nicht zum gewünschten Ziel führen, bliebe der Schadensersatzanspruch (§ 437 BGB). Allerdings verjährt dieser zwei Jahre nach Übergabe (§ 438 BGB). Die Frist ist am 16.07.2021 abgelaufen.

Es besteht jedoch ein Anspruch aus Produkthaftung gegen den Hersteller MONTANSPORT, da er das fehlerhafte Mountainbike in den Verkehr gebracht hat. Verjährung liegt noch nicht vor, da sie erst drei Jahre nach Kenntnis vom Mangel eintritt. Allerdings erhält Mia nur 50,– Euro, da bei Sachschäden eine Selbstbeteiligung von 500,– Euro besteht.

Gut zu wissen | **Produzentenhaftung und „unerlaubte Handlung"**

Eine Haftung für Sachmängel ist auch aus „Produzentenhaftung" möglich. Hierbei kommt es wieder auf den Hersteller an, der im Gegensatz zur Produkthaftung nur bei Verschulden haftet. Dafür gibt es weder Haftungshöchstgrenze noch Selbstbeteiligung des Geschädigten.
Die Produzentenhaftung entspringt dem § 823 BGB (Schadensersatzanspruch wegen „unerlaubter Handlung"). Danach muss jeder, der schuldhaft Körper, Eigentum oder ein sonstiges Recht eines anderen verletzt, diesem den entstehenden Schaden ersetzen.
In Beispiel 89 kommt es darauf an, ob Hersteller MONTANSPORT ein Verschulden am Materialfehler trifft. Falls ja, kann Mia die gesamten 550,– Euro beanspruchen. Der Anspruch aus Produzentenhaftung wäre noch nicht verjährt, da die Dreijahresfrist (§ 195 BGB) gilt.

Die Kfz-Reparatur – typischer Fall eines Werkvertrages

4.7 | Besonderheiten anderer wichtiger Verträge

4.7.1 Werkvertrag (§§ 631 ff. BGB)

Werkverträge spielen in vielen Berufszweigen, z. B. bei Kfz-Mechatronikern, eine große Rolle. Die Reparatur ist ein typischer Fall für einen Werkvertrag: Es wird ein konkretes Ergebnis, nämlich die Beseitigung des Schadens geschuldet. Die Vergütung (Werklohn) kann verlangt werden, sobald der Auftraggeber („Werkbesteller") das Werk, also die Reparatur durch die Kfz-Werkstatt („Werkunternehmer"), als im Wesentlichen fehlerfrei abgenommen hat. Doch was geschieht bei Mängeln?

Beispiel 90: Jenny hat zum 18. Geburtstag vor sieben Monaten einen Gebrauchtwagen von ihrer Familie geschenkt bekommen. Nun zeigt sich ein Motorschaden. Leider wurde beim Kauf die Gewährleistung komplett ausgeschlossen, sodass Jenny die Reparatur auf eigene Kosten durchführen lassen muss. Sie bringt den Wagen zur Werkstatt des Kfz-Meisters Wailer, der die Reparatur übernimmt. Drei Tage später nimmt Jenny die Reparatur ab und zahlt die vereinbarten 500,– Euro, da bei einer Probefahrt alles funktioniert. Kurz darauf treten die Probleme wieder auf. Welche Rechte hat Jenny?

Nach § 634 BGB hat Jenny Gewährleistungsrechte, die mit denen beim Kauf fast identisch sind. Vorrangig ist die Nacherfüllung, nach deren Scheitern Jenny vom Werkvertrag zurücktreten oder den Werklohn mindern und Schadensersatz verlangen kann. Daneben tritt noch das Recht auf Selbstvornahme, also die Möglichkeit, den Mangel auf eigene Faust zu beheben und die Kosten hierfür vom Werkunternehmer zu verlangen.

Jenny muss den Wagen zu Wailer bringen und diesen (unter Fristsetzung) zur Beseitigung des fortbestehenden Mangels auffordern. Weigert sich Wailer oder schlägt die Reparatur erneut fehl, kann sie ihr Geld zurückverlangen (zurücktreten). Sie kann nach erfolglosem Fristablauf auch die Reparatur eigenhändig oder bei einer anderen Werkstatt vornehmen lassen (Selbstvornahme) und die Kosten hierfür von Wailer verlangen. Schließlich stehen ihr Schadensersatzansprüche zu – z. B. auf die Kosten eines Ersatzwagens, den sie für die Zeit nach erfolglosem Fristablauf mieten muss. Eine Minderung macht hier dagegen keinen Sinn.

Herstellung beweglicher Sachen
In manchen Fällen liegt eine Mischform aus Kauf- und Werkvertrag vor, z. B. wenn ein Bäcker auf Bestellung eines Kunden eine spezielle Torte anfertigt (= Werkvertrag) und ihm diese dann gegen Zahlung übergibt (= Kaufvertrag). Laut BGB ist auf einen derartigen Mischvertrag nur das Kaufrecht, nicht das Werkvertragsrecht anzuwenden. Es handelt sich um einen sogenannten Werklieferungsvertrag, § 650 BGB.

4.7.2 Dienstvertrag (§§ 611 ff. BGB)

Der Dienstvertrag unterscheidet sich vom Werkvertrag dadurch, dass nur ein Tätigwerden, nicht aber ein konkreter Erfolg geschuldet wird. Ein besonderer Fall des Dienstvertrages ist der Arbeitsvertrag (siehe Abschnitt 7.2.2). Der Dienstvertrag kennt kein besonderes Gewährleistungsrecht. Es muss bei Pflichtverletzungen auf die bereits beim Kaufvertrag vorgestellten allgemeinen Regelungen zurückgegriffen werden.

Kündigung vs. Rücktritt
Bei sogenannten Dauerschuldverhältnissen wie dem Dienst- oder Mietvertrag, bei denen Leistungen nicht wie beim Kauf nur einmal, sondern immer wieder ausgetauscht werden, gibt es zusätzlich das Recht auf Kündigung. Während der Rücktritt den Vertrag von Anfang an vernichtet, beseitigt die Kündigung den Vertrag nur von dem Moment an, in dem sie ausgesprochen wurde.

Beispiel 91: Marc hat die Empfehlung erhalten, sich wegen einer seltenen Erkrankung in Behandlung von Dr. R. Volk zu begeben. Er zahlt die Therapie, da die Krankenkasse diese nicht unterstützt. Was kann Marc tun, wenn a) Dr. Volk den für den 01.10.2020 verabredeten Therapiebeginn grundlos verstreichen lässt, b) Dr. Volk die Therapie mit falschen Medikamenten durchführt, sodass sich Marcs Zustand verschlimmert, c) die Therapie erfolglos ist?

Es liegt ein Dienstvertrag vor. Ärzte können und wollen den Erfolg einer Behandlung im Regelfall nicht garantieren, da dies aus medizinischer Sicht unvernünftig wäre.

Im Fall a) gerät Dr. Volk (da ja seine Leistung terminlich bestimmt war) mit dem Verstreichenlassen des Termins am 01.10.2020 in Verzug, sodass Marc ihm eine Frist setzen kann, nach deren Ablauf er von dem Vertrag zurücktreten, also die Therapiekosten zurückverlangen kann.
Im Fall b) liegt eine Pflichtverletzung von Dr. Volk vor, denn er musste die Therapie mit medizinisch angezeigten Medikamenten durchführen. Entstehen Marc wegen der fehlerhaften Therapie neue Behandlungskosten, kann er von Dr. Volk Ersatz verlangen (§ 280 BGB).
Im Fall c) hat Marc keine Ansprüche. Da Dr. Volk den Therapieerfolg nicht schuldet, begründet der Misserfolg keine Pflichtverletzung. Dr. Volk hat den vollen Vergütungsanspruch.

4.7.3 Mietvertrag (§§ 535 ff. BGB)

Mit dem Mietvertrag macht fast jeder Mensch spätestens dann Bekanntschaft, wenn er zu Hause auszieht. Neben Wohnungen können jedoch auch Autos, Tretboote, Maschinen, Hauswände als Werbeträger und sogar Bücher gemietet werden. Das Wohnraummietrecht ist recht kompliziert und umfangreich, konzentrieren wir uns also auf einige wichtige Grundlagen.

Beispiel 92: Ann Friedrich zieht kurz nach ihrem 18. Geburtstag Anfang Oktober 2020 in eine Einzimmerwohnung. Die Miete beträgt monatlich 300,– Euro inkl. Nebenkosten. Leider gibt es Probleme mit der Heizung, die im Oktober und November immer wieder ausfällt. Ann fragt sich, ob sie etwas unternehmen sollte. Im extrem kalten Dezember funktioniert die Heizung gar nicht mehr. Der Vermieter ist nicht bereit, Abhilfe zu schaffen. Ann übernachtet in den eisigen Nächten bei einer Bekannten, da sie es nicht mehr aushält. Was kann sie tun?

In den Monaten Oktober und November stellt die immer wieder ausfallende Heizung einen Mietmangel dar, den Ann umgehend an den Vermieter melden muss. Hat sie das getan und hat der Vermieter danach keine Abhilfe geschaffen, kann sie die Miete mindern – und zwar im Verhältnis zum Schweregrad des Mangels (hier ggf. um 50,– Euro).

Ab Dezember verschlimmert sich die Lage dramatisch, da die dringend benötigte Heizung komplett versagt. Da der Vermieter weiter untätig ist, steht Ann ein Recht zur außerordentlichen fristlosen Kündigung des Mietvertrages zu (§ 569 BGB). Grund ist hier eine erhebliche Gesundheitsgefährdung beim dauerhaften Aufenthalt in einer nicht beheizbaren Wohnung im Winter.

Wenn Ann von dem Kündigungsrecht Gebrauch macht, endet der Mietvertrag sofort. Sie muss die Miete nicht mehr zahlen und spart sich den Ärger mit der Heizung. Jedoch muss sie umgehend ausziehen und steht „auf der Straße". Es wäre zu überlegen, ob sich auf dem Verhandlungswege eine weniger belastende Lösung findet. Zum Beispiel könnte sie ein mobiles Heizgerät kaufen und die Kosten für Anschaffung und Betrieb von der Miete absetzen.

Achtung:
Das Beispiel zeigt, dass es von Vorteil ist, die eigenen Rechte zu kennen. Es zeigt aber auch, dass man diese nicht immer stur durchsetzen muss. Findet Ann nämlich auf die Schnelle keine andere Bleibe, wird sie durch ihre eigene Kündigung obdachlos.

Für die Miete von Wohnraum konkretisiert § 569 BGB einige Kündigungsgründe, die sich dem Grunde nach schon aus § 543 BGB ergeben. Bei der außerordentlichen Kündigung von Wohnraum ist also zur Grundnorm des § 543 BGB immer der § 569 BGB hinzuzuziehen.
Gründe, die allein von der Person des Kündigenden zu vertreten oder zu beeinflussen sind, geben kein Recht zur außerordentlichen Kündigung.

Ein einmal abgeschlossener Mietvertrag ist grundsätzlich wirksam. Ein Widerrufsrecht gibt es nicht. Dem Mieter bleibt oftmals nur die Möglichkeit, den unbefristeten Mietvertrag mit der gesetzlichen Kündigungsfrist von drei Monaten zu kündigen.

Beispiel 93: Ann sucht sich im Dezember 2020 eine neue Wohnung und muss nun monatlich 400,- Euro inkl. Nebenkosten zahlen. Die Heizung läuft einwandfrei und auch sonst ist sie von ihrer neuen Bleibe total begeistert. Schnell merkt sie allerdings, dass ihr die Monatsmiete über den Kopf wächst – viel zu wenig bleibt für den Alltag über.
Die Rettung sieht Ann in einem Angebot ihrer Freundin Melissa: „In meiner Azubi-WG wird Mitte Februar ein Zimmer frei. Mit 200 Euro im Monat bist Du dabei, und außerdem ist das doch viel lustiger, als allein in Deiner Wohnung herumzuhocken."
Ann ist begeistert. Die außerordentliche fristlose Kündigung aus Beispiel 92 ist ihr noch gut in Erinnerung. Und so schreibt sie an ihre Vermieterin am 03.02.2021 abends einen Brief: „Da ich die monatliche Miete nicht mehr zahlen kann und ich am 15.02.2021 ein günstigeres Zimmer beziehen kann, kündige ich hiermit den Mietvertrag mit sofortiger Wirkung. Ann Friedrich".
Ist Ann mit dieser Vorgehensweise gut beraten? Was wird passieren?

Die Vermieterin wird den Inhalt des Schreibens zurückweisen, denn es besteht kein Grund für eine außerordentliche fristlose Kündigung. Dass sie die Miete nicht zahlen kann, hat Ann selbst zu verantworten, und erst recht ist der Wunsch, in ein günstigeres Zimmer zu ziehen, kein Grund, um fristlos zu kündigen.
Da also kein Grund für eine außerordentliche fristlose Kündigung vorliegt, bleibt Ann nur die ordentliche Kündigung. Für diese braucht sie zwar keinen Grund, dafür muss aber die Kündigungsfrist des § 573c Abs. 1 BGB eingehalten werden: „Die Kündigung ist spätestens am dritten Werktag eines Kalendermonats zum Ablauf des übernächsten Monats zulässig."
Denkbar wäre zwar, die von Ann ausgesprochene außerordentliche fristlose Kündigung in eine ordentliche Kündigung umzudeuten, sie also wie eine ordentliche Kündigung zu behandeln. Jedoch wird die Kündigung nicht rechtzeitig für eine Beendigung des Mietvertrages zum 30.04.2021 erfolgen. Zwar ist der 03.02.2021 der dritte Werktag des Monats Februar 2021, sodass eine Kündigung zum Ende des übernächsten Monats (= 30. April 2021) noch denkbar wäre. Entscheidend ist aber der Zugang der Kündigung bei der Vermieterin – und dieser ist keinesfalls vor dem 04.02.2021 zu erwarten.
Ann sollte deshalb sicher gehen und zeitnah der außerordentlichen Kündigung („für den Fall, dass die außerordentliche Kündigung unwirksam ist") eine ordentliche Kündigung folgen lassen: „Hiermit kündige ich den mit Ihnen abgeschlossenen Mietvertrag zum 31.05.2021." Denn Ende Mai 2021 ist nun der nächstmögliche Termin für die Beendigung des Mietvertrages. Begründen braucht sie die Kündigung nicht. Leider muss sie aber die Miete noch bis Ende Mai weiterzahlen.

Vermieter haben bei Vertragsabschluss bestimmte Pflichten. So muss ein Vermieter dem Mieter vor Abschluss des Mietvertrages unaufgefordert Auskunft über die zuvor für die Wohnung vereinbarte Miete erteilen, wenn er eine Miete verlangen will, die über der nach der „Mietpreisbremse" an sich zulässigen Miete liegt (§ 556e Abs. 1, § 556g BGB). Kommt ein Vermieter der Auskunftspflicht nicht nach und rügt der Mieter dies, kann der Vermieter höchstens die nach der Mietpreisbremse zulässige Miete (maximal zehn Prozent über der ortsüblichen Vergleichsmiete) verlangen.

Der Vermieter darf die Miete innerhalb von drei Jahren auch nicht mehr als um 20 Prozent erhöhen (§ 558 Abs. 3 BGB). Hat ein Vermieter diese Kappungsgrenze mit seiner Erhöhung bereits ausgeschöpft, muss er drei Jahre warten, bis er die Miete das nächste Mal erhöht. In Gemeinden mit besonderem Mangel an Wohnraum (werden von der jeweiligen Landesregierung bestimmt) darf die Miete nur um 15 Prozent innerhalb von drei Jahren erhöht werden.

Beispiel 94: Die Rentnerin Eva Weide, die schon im Dezember 2017 eine berechtigte Erhöhung ihrer Kaltmiete um 20 % hinnehmen musste, erhält im Juni 2020 ein Schreiben ihres Vermieters. Dieser teilt ihr unter Verweis auf den gültigen Mietenspiegel mit, dass er die Kaltmiete per sofort erneut um 25 % anheben müsse. Frau Weide überlegt, ob sie der Mieterhöhung zustimmen müsse. Im § 10 ihres Mietvertrages steht: „Die gesetzlichen Bestimmungen über Mieterhöhungen sind für diesen Mietvertrag ausgeschlossen."

Die Kappungsgrenze des § 558 Abs. 3 BGB ist hier verletzt, da eine Mieterhöhung um mehr als 20 % innerhalb von drei Jahren rechtswidrig ist – und hier sind drei Jahre noch nicht um. Da gemäß § 558 Abs. 6 BGB auch eine zum Nachteil des Mieters von der Kappungsgrenze abweichende Vereinbarung unwirksam ist, muss Frau Weide den § 10 ihres Mietvertrages nicht berücksichtigen. Sie kann die Zustimmung zu der Mieterhöhung verweigern.

Gut zu wissen | **Kündigung einer Wohnung**

Beim unbefristeten Mietvertrag über Wohnraum besteht ein Recht zur „ordentlichen" Kündigung, die an bestimmte Fristen gebunden ist. Ob und wann eine solche Kündigung rechtens ist, fragt man sich spätestens, wenn man den Wohnort wechseln will oder der Vermieter andere Pläne mit seiner Wohnung hat. Zu unterscheiden sind demnach die ...

- ordentliche Kündigung des Vermieters
  Der Vermieter kann eine ordentliche Kündigung nur erklären, wenn er ein „berechtigtes Interesse" hat. Dies kann vorliegen, wenn der Mieter seine Vertragspflichten erheblich verletzt oder der Vermieter die Wohnung für sich selbst benötigt („Eigenbedarf"). Die Kündigung bedarf der Schriftform (§ 568 BGB) und muss die Tatsachen enthalten, die das berechtigte Interesse begründen. Zudem ist die Kündigung spätestens am dritten Werktag eines Monats zum Ende des übernächsten Monats zu erklären. Die Kündigungsfrist für den Vermieter verlängert sich nach fünf und acht Jahren seit der Überlassung des Wohnraums um je drei Monate. Der Vermieter könnte Ann im Beispiel 92 am 03.01.2021 zum 31.03.2021 kündigen. Wohnt Ann im Jahr 2029 noch dort, kann der Vermieter am 03.01.2029 frühestens zum 30.09.2029 kündigen (§§ 573, 573c BGB).
- ordentliche Kündigung des Mieters
  Die ordentliche Kündigung des Mieters ist vereinfacht: Zwar bedarf sie der Schriftform, jedoch keines Kündigungsgrundes (siehe Beispiel 92). Die Kündigungsfrist beträgt immer drei Monate.

Achtung: Bei befristeten Mietverträgen, bei denen also die Mietzeit festgelegt ist („fünf Jahre" oder „bis zum 31.12.2020"), besteht kein Recht zur ordentlichen Kündigung. Eine Kündigung kann hier von Mieter und Vermieter nur außerordentlich aus wichtigem Grund erfolgen.

Man sollte wegen einer Kündigung nicht in Panik geraten – oft genügt sie nicht den Anforderungen und ist unwirksam.

4.7.4 Gemischte und atypische Verträge

Bekanntlich gilt im Zivilrecht das Prinzip der Privatautonomie (siehe Abschnitt 4.1): Die Vertragspartner können den Vertragsgegenstand frei bestimmen – solange sie nicht gegen geltendes Recht, also z. B. gegen gesetzliche Verbote, verstoßen. Das hat zur Folge, dass es auch zu Vertragsgestaltungen kommen kann, die von den im BGB geregelten „klassischen Vertragstypen" abweichen. So gibt es im modernen Rechtsverkehr eine Menge **atypische und gemischte Verträge**, die keiner oder gleich mehreren klassischen Vertragsarten zugeordnet werden können.

Das Phänomen eines solchen gemischten Vertrages lässt sich gut am sogenannten **Beherbergungsvertrag** im Hotel verdeutlichen. Der Schwerpunkt liegt meistens auf der Vermietung eines Zimmers, also der Vertragsart „Mietvertrag". Zumeist sind jedoch noch Zimmerservice (Dienstver-

Absorption (lateinisch *absorptio* = „Aufsaugung") steht in der Physik für das Aufnehmen einer Welle. Hier bedeutet dies, dass die beherrschende Vertragsart alle anderen Vertragsarten „aufsaugt" – und damit allein angewendet wird.

trag), Verpflegung („Werklieferungsvertrag" = Kaufrecht, siehe Abschnitt 4.7.1) und Nutzung des Hotel-Geschirrs (Mietvertrag) Bestandteil des Vertrages. Welches Recht ist hier anwendbar? Nach einer (Absorptions-) Methode wird immer das Recht der beherrschenden Vertragsart (Mietvertrag) angewandt. Sinnvoller erscheint es jedoch, je nach Art der Vertragsstörung das Recht der jeweiligen Vertragsart anzuwenden (Kombinationsmethode).

Beispiel 95: Lilly Mölders hat für eine Woche im Hotel Berghof ein Zimmer bezogen. Während sie mit ihrem Einzelzimmer hochzufrieden ist, bemängelt sie, dass die zum Frühstück verabreichten Speisen teils ungenießbar und auch nicht reichhaltig genug seien.

Sinnvoll erscheint es hier, in Bezug auf das bemängelte Frühstück nicht Mietvertragsrecht, sondern das kaufvertragliche Gewährleistungsrecht (Werklieferungsvertrag, s. o.) anzuwenden. Lilly müsst also zunächst Nacherfüllung verlangen, bevor sie ggf. weitere Gewährleistungsrechte geltend machen kann.

Der **Konzertbesuchsvertrag** (oder: **Veranstaltungsbesuchsvertrag)** ist ein weiterer typengemischter Vertrag mit werkvertraglichen und mietvertraglichen Elementen. Der Veranstalter verpflichtet sich, das versprochene Konzert zu veranstalten (Werkvertrag), sowie zur Überlassung eines bestimmten Sitz- oder Stehplatzes (Mietvertrag).

Beispiel 96: Lilly Mölders hat sich eine Eintrittskarte für das Konzert ihres Lieblingssängers Lyndon Ohh am 20.07.2020 in der nagelneuen Konzerthalle in Novostadt gekauft. Veranstalter ist die Konzertagentur V. Als Lilly ihren Sitz (Loge 3, Reihe 4, Platz 21) im ausverkauften „NOVOTOWN SUPERDOME" aufsucht, stellt sie entsetzt fest, dass man ihr aufgrund eines Versehens einen „Notsitz" verkauft hat, der keinen Blick auf die Bühne, sondern lediglich auf eine Betonwand ermöglicht. Gerade als Lilly sich beim Ordnungsdienst beschweren will, kommt eine Durchsage des Hallensprechers: „Wir müssen Euch leider mitteilen, dass sich Lyndon heute Nachmittag eine Lebensmittelvergiftung zugezogen hat und nicht auftreten kann." Lilly ist zuerst nur geschockt, macht sich dann aber Gedanken über ihre Rechte.

Hier liegt hinsichtlich des Sitzplatzes ein Mietmangel (§ 536 BGB) vor, da die Mietsache (der zugewiesene Sitzplatz) „einen Mangel aufwies, der ihre Tauglichkeit zum vertragsgemäßen Gebrauch aufhebt". Denn natürlich gehört zum vertragsgemäßen Gebrauch nicht nur, dass man den Sänger hören, sondern auch sehen kann. Lilly sollte sich aber über mietrechtliche Gewährleistungsansprüche keine großen Gedanken machen.

Entscheidend ist hier nämlich, dass der Veranstalter V den Werkvertrag nicht erfüllen kann, da die Hauptleistung, nämlich die Veranstaltung selbst, ausfällt. Da der Sänger krank ist, ist dem V die Erfüllung seiner Hauptpflicht – nämlich der Auftritt von Lyndon Ohh am 20.07.2020 – unmöglich geworden, wobei ihn allerdings kein Verschulden trifft. Lilly kann vom Vertrag zurücktreten und den Eintrittspreis zurückverlangen.

Zu weiteren rechtlichen Fragestellungen rund um „Social Media": siehe Anhang Kapitel 10

Auch die Benutzung von **Instagram, Facebook und anderen Social Networks** beruht auf einem gemischten Vertrag. Der „User" erhält eine Plattform zur Übertragung und zum Empfang von Daten. Als Gegenleistung zahlt er nicht in Geld, sondern in der Hingabe von Daten bzw. der Einwilligung in deren Nutzung durch Akzeptieren der AGB des Anbieters. Die Daten können nämlich verarbeitet werden, um im Rahmen von Werbung profitable Anzeigenverkäufe zu ermöglichen. Der Vertrag besteht also in der Hauptsache aus mietvertraglichen Elementen, nämlich Bereitstellung der Plattform gegen Entgelt in Form der Zurverfügungstellung korrekter persönlicher Daten. Auf den „Social-Media-Vertrag" wird deshalb das Recht des Mietvertrages angewendet.

Beispiel 97: Facebook kündigt einen Nutzervertrag (und sperrt ein Nutzerkonto), weil sich Nutzer N mit falschem Namen und falschen Daten registriert hat und dies auf Erinnerung Facebooks auch nicht ändert. Erfolgt die Sperrung zu Recht?

Die Lösung ergibt sich in solchen Fällen zwar zumeist direkt aus den AGB der mächtigen Social-Media-Unternehmen. Sie ist aber auch aus dem Mietrecht nachvollziehbar. Da N die „Miete" (in Form korrekter Daten) schuldig bleibt, kann der „Vermieter" Facebook den „Mietvertrag" kündigen, wenn N sein Verhalten auch auf weitere Aufforderung nicht ändert.

Ebenfalls mietrechtlich behandelt wird der **Fitnessstudiovertrag**. Es handelt sich zwar i . d. R. um einen gemischten Vertrag, wenn nämlich Dienstleistungen wie Trainingskurse oder Anleitungen von Trainern enthalten sind. Doch als Hauptpflichten stehen sich (wie beim Mietvertrag typisch) die Bereitstellung der Fitnessgeräte zur Nutzung und die Zahlung der Nutzungsgebühr gegenüber.

Beispiel 98: Lilly Mölders schließt einen Vertrag über eine einjährige Mitgliedschaft mit der „Fit_For_Fun-Studio GmbH" gegen eine monatliche Nutzungsgebühr von 29,95 Euro ab. Nachdem sie zwei Monate trainiert und gezahlt hat, zieht sie sich beim Handball unglücklich einen Kreuzbandriss zu. Der hinzugezogene Arzt teilt ihr mit, dass für die nächsten zehn Monate an Sport „nicht zu denken" sei. Sie teilt dem Studio mit, dass sie den Vertrag per sofort kündige und nicht mehr zahlen werde. Ein entsprechendes ärztliches Attest fügt sie bei. Das Studio besteht auf Zahlung von 299,50 Euro für die restliche Vertragslaufzeit.

Lilly hat bei dem befristeten Vertrag kein Recht, ordentlich zu kündigen. Jedoch hat im Mietrecht derjenige ein außerordentliches, fristloses Kündigungsrecht, dem die Fortsetzung des Mietverhältnisses aus wichtigem Grund nicht zuzumuten ist (§ 543 Abs. 1 BGB). Ein wichtiger Grund liegt hier in der Verletzung, die Lilly die Nutzung des Fitnessstudios unmöglich macht. Da dieser Grund von ihr nicht verschuldet oder beeinflussbar war, sondern durch einen Unfall eintrat, ist von einem außerordentlichen Kündigungsrecht auszugehen. Das Studio hat deshalb keinen Anspruch mehr auf Zahlung von 299,50 Euro Nutzungsgebühr für die restlichen zehn Monate Vertragslaufzeit.

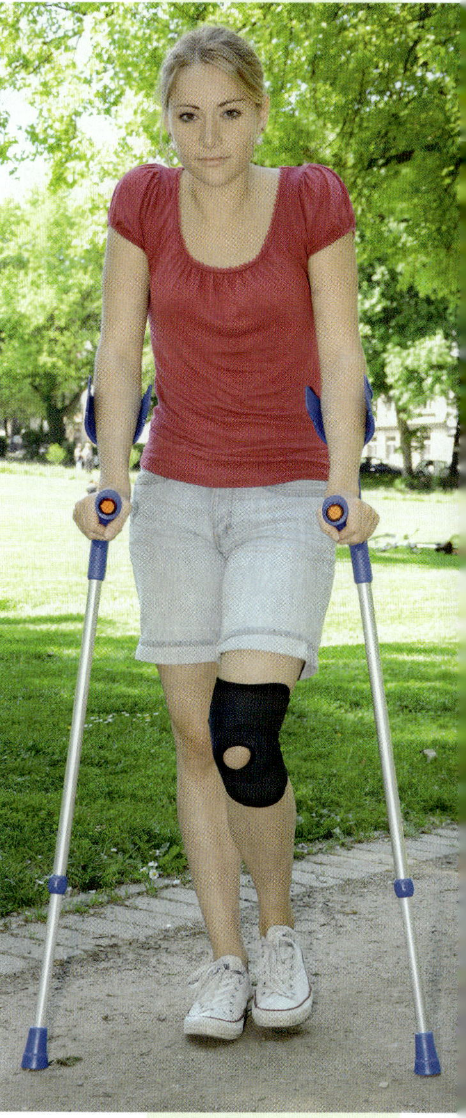

Was tun, wenn eine (Knie-) Verletzung den Besuch im „Gym" unmöglich macht?

Ein außerordentliches Kündigungsrecht liegt nicht vor, wenn der Kündigungsgrund „im Einflussbereich" des Kündigenden liegt, also von dessen Verhalten abhängt .

Beispiel 99: Wie Beispiel 98, allerdings zieht Lilly Mölders aus beruflichen Gründen in eine 300 km entfernte Stadt, weil sie dort Aussicht auf ein höheres Gehalt und eine bessere Wohnung hat. Deshalb möchte sie den Fitnessstudiovertrag kündigen.

Der Grund, weshalb Lilly kündigen möchte, nämlich der beruflich bedingte Wegzug, liegt hier in Lillys Einflussbereich, denn er beruht auf ihrer freien Entscheidung. Das genügt, um einen Grund zur außerordentlichen Kündigung auszuschließen. Die „Fit_For_Fun-Studio GmbH" hat einen Anspruch auf Zahlung von 299,50 Euro Nutzungsgebühr für die restlichen zehn Monate Vertragslaufzeit, da der Vertrag mangels wirksamer Kündigung fortbesteht.

543 Abs. 1 BGB
Jede Vertragspartei kann das Mietverhältnis aus wichtigem Grund außerordentlich fristlos kündigen. Ein wichtiger Grund liegt vor, wenn dem Kündigenden [...] die Fortsetzung des Mietverhältnisses bis zum Ablauf der Kündigungsfrist [...] nicht zugemutet werden kann.

Oftmals ist sich die Rechtsprechung auch gar nicht einig. So ist zum Beispiel die Zuordnung des **Mobilfunkvertrages** zu den einzelnen Vertragstypen des BGB umstritten. Der Bundesgerichtshof (BGH) sieht den Mobilfunkvertrag im Wesentlichen als Dienstleistungsvertrag nach §§ 611 ff.

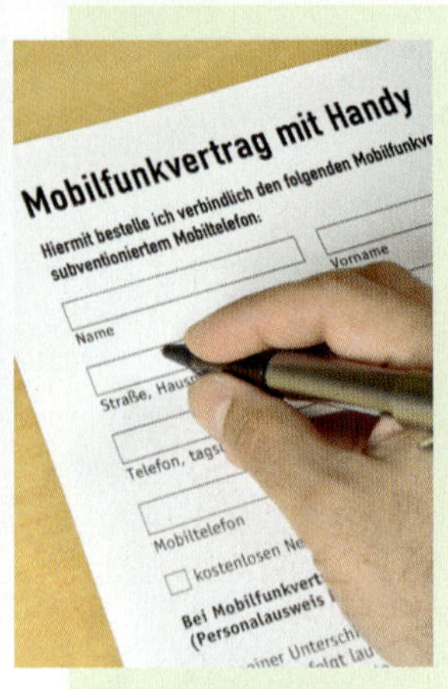

Der Mobilfunkvertrag: ein weiterer „atypischer" Vertrag

Achtung:
Aufgaben zu Abschnitt 4.7 finden Sie auf unserer Homepage – siehe Hinweis auf der vorderen Umschlagsinnenseite!

BGB an. Da der Anbieter aber nicht nur zur Leistung von Diensten, sondern auch zu konkreten Erfolgen wie der Herstellung von Verbindungen und dem korrekten Transport von Informationen verpflichtet ist (und insoweit ein Ergebnis geschuldet wird), sind auch Elemente des Werkvertrags, §§ 631 ff. BGB, enthalten. Wird dem Kunden vom Anbieter auch noch ein Smartphone zur Verfügung gestellt, ist für dieses Kaufrecht bzw. Mietrecht anwendbar. Bei konkreten Streitigkeiten ist daher immer zu prüfen, auf welchen Rechtsbereich sich die Streitigkeit bezieht.

Beispiel 100: Lilly Mölders hat einen Vertrag mit dem Mobilfunkunternehmen „FutureKomm AG" abgeschlossen. Sie zahlt für eine Gesprächs-Flatrate und 2 GB High-Speed-Internet monatlich 10,99 Euro. Anfangs überwies sie vertragsgemäß einmalig 89,90 Euro an die „FutureKomm AG" und erhielt dafür ein marktübliches Mittelklasse-Smartphone übereignet. Schnell zeigt sich, dass das Smartphone an allen Ecken und Enden „hakt" – mit dem Vertrag ist Lilly aber ansonsten zufrieden. Was sollte sie tun, um das Beste für sich herauszuholen?

Da Lilly den Vertrag im Übrigen unangetastet lassen will, sollte sie nur das Smartphone rügen. Dies ist möglich, weil es sich hier eindeutig um einen kaufrechtlichen Bestandteil des Mobilfunkvertrages handelt. Sie ist ja Eigentümerin des Smartphones geworden, was bei einer „Miete" nicht der Fall wäre. Sie kann also zunächst Nacherfüllung (§§ 437, 439 BGB) verlangen. Diese wird der „FutureKomm AG" auch jedenfalls in Form der Lieferung eines neuen Smartphones derselben Serie gelingen, da es sich ja um „Massenware" handelt. Damit wären Lillys Interessen vollumfänglich gewahrt.

4.8 | Grundbegriffe des Handelsrechts

4.8.1 Einleitung

Das Handelsrecht bezeichnet man auch als „Sonderprivatrecht" (= Sonderzivilrecht) der Kaufleute. Es befasst sich im Schwerpunkt mit allen Rechtsgeschäften, bei denen mindestens einer der Vertragspartner Kaufmann ist. Seine gesetzlichen Vorschriften sind vor allem im Handelsgesetzbuch, kurz HGB, enthalten. Dieses besteht aber nicht separat neben dem Zivilrecht, sondern ergänzt und ändert dessen Vorschriften ab, insbesondere die des BGB. Da die Normen des HGB spezielle Vorschriften für das Handelsgewerbe sind, werden sie vorrangig vor denen des BGB angewandt.

4.8.2 Was ist ein Kaufmann?

Die Anwendbarkeit des HGB ist davon abhängig, dass wenigstens einer der Vertragspartner Kaufmann ist. Jemand wird aber nicht etwa schon dadurch zum Kaufmann, dass er sich selbst oder ein anderer ihn als Kaufmann bezeichnet. Die Voraussetzungen der Kaufmannseigenschaft sind vielmehr in den §§ 1 ff. HGB festgelegt. Es gibt mehrere Kaufmannsbegriffe:

Sonderfall: Scheinkaufmann
Wer durch sein Auftreten im Geschäftsverkehr den Eindruck erweckt, Kaufmann zu sein, muss sich hinsichtlich aller nachteiligen Folgen der Kaufmannseigenschaft so behandeln lassen, als sei er wirklich Kaufmann.

4.8.2.1 Der „Ist-Kaufmann"

Nach § 1 HGB ist Kaufmann, wer ein Handelsgewerbe betreibt. Ein Handelsgewerbe wiederum ist jeder Gewerbebetrieb, es sei denn, dass das Unternehmen nach Art oder Umfang einen in kaufmännischer Weise eingerichteten Geschäftsbetrieb nicht erfordert.

- Gewerbe: jede erlaubte, selbstständige Tätigkeit, die planmäßig, für eine gewisse Dauer sowie zum Zwecke der Gewinnerzielung ausgeübt wird und kein „freier Beruf" ist.
- Betrieb: erfordert einen in kaufmännischer Weise eingerichteten Geschäftsbetrieb, d.h., es besteht das Erfordernis einer kaufmännischen Bilanzierung und Buchführung.

Beispiel 101: Der selbstständige Arzt Dr. Heck kauft bei Händler Moll einen Neuwagen. Moll ist überzeugt, dass Dr. Heck Kaufmann ist und ein beiderseitiger Handelskauf vorliegt.
Hier liegt Moll falsch, denn als selbstständiger Arzt ist Dr. Heck Freiberufler. Er betreibt kein Gewerbe, also auch kein Handelsgewerbe, und ist somit nicht Kaufmann.

Beispiel 102: Herr Muck ist kaufmännischer Angestellter. Er bezeichnet sich als „Kaufmann".
Herr Muck ist kein Kaufmann im Sinne des HGB, da er ja nicht selbstständig tätig ist.

Handelsregister
Das **Handelsregister** ist ein von den Amtsgerichten geführtes Verzeichnis aller Kaufleute und gibt Auskunft z.B. über Firmenname und -inhaber, Stammkapital und Prokuristen. Es hat Beweis- und Schutzfunktion. Im Rechtsverkehr kann man sich auf die Richtigkeit des Handelsregisters berufen, es sei denn, dass man die Unrichtigkeit kannte.

Fall zum Handelsregister:
Frau Maisch kauft Waren im Wert von 1.000,– Euro bei Herrn Siems, der sich als Vertreter der Mair OHG vorstellt. Im Handelsregister ist Siems als vertretungsberechtigter Gesellschafter der OHG eingetragen, obwohl er schon vor Jahren aus der OHG ausgeschieden ist.
Die Mair OHG wird Vertragspartnerin von Frau Maisch, da sie durch Herrn Siems wirksam vertreten wird. Zwar ist er nicht mehr Gesellschafter, aber die OHG muss sich aufgrund der Schutzfunktion des Handelsregisters so behandeln lassen, als wäre er es noch.

4.8.2.2 Der „Kann-Kaufmann"

Bedarf ein Unternehmen keines kaufmännischen Geschäftsbetriebes („Kleingewerbe"), kann die Kaufmannseigenschaft mit Eintragung ins Handelsregister erlangt werden, §§ 2, 3 HGB.

4.8.2.3 Der „Form-Kaufmann"

Kapitalgesellschaften (vgl. Abschnitt 4.8.5.2) und Genossenschaften sind immer ins Handelsregister einzutragen. Deshalb gelten sie formell auch als Kaufmann, auch wenn sie kein Handelsgewerbe betreiben (§ 6 HGB).

Beispiel 103: Die Lau GmbH ist Kaufmann – auch wenn sie kein Handelsgewerbe betreibt.

4.8.2.4 Der „Fiktiv-Kaufmann"

Der Fiktiv-Kaufmann ist mit einer Firma im Handelsregister eingetragen, obwohl kein Handelsgewerbe (mehr) betrieben wird. Im Interesse der Rechtssicherheit bestimmt § 5 HGB, dass der Fiktiv-Kaufmann bis zu seiner Löschung aus dem Handelsregister als Kaufmann gilt.

4.8.3 Die Handelsfirma

Die Firma ist der Name des Kaufmanns, unter dem er im Handelsverkehr seine Geschäfte betreibt, die Unterschrift abgibt und auch vor Gericht klagen und verklagt werden kann. Jede Firma ist verpflichtet, einen Rechtsformzusatz zu führen (*Firmenklarheit*). Beim Einzelkaufmann ist dies z.B. der Zusatz „e. Kfr." bzw. „e. K.": eingetragene(r) Kauffrau bzw. Kaufmann. Bei Handelsgesellschaften die Bezeichnung „OHG", „KG" usw. Man unterscheidet nach Personenfirmen, Sachfirmen und Fantasiefirmen.

Bei Wahl und Darstellung des Firmennamens sind Kaufleute frei. Wichtig ist jedoch die Unterscheidbarkeit von anderen (Konkurrenz-) Firmen.

Beispiel 104: Max Schneider gründet ein Einzelunternehmen und lässt es unter der Firma „Max Schneider e. K" ins Handelsregister eintragen.
Es handelt sich um eine Personenfirma.

Beispiel 105: Max Schneider und Elmar Schur gründen eine GmbH und lassen die Firma als „Holzhandel GmbH" ins Handelsregister eintragen.
Es handelt sich um eine Sachfirma.

Beispiel 106: Max Schneider und Elmar Schur gründen eine OHG und lassen die Firma als „Elmax OHG" ins Handelsregister eintragen.
Es handelt sich um eine Fantasiefirma.

Drei Grundsätze sind bei der Firma besonders zu beachten:

- Der Unternehmer ist bei der Findung eines geeigneten Firmennamens frei. Voraussetzung ist nur, dass die Firma zur Kennzeichnung des Kaufmanns geeignet ist und gegenüber anderen Firmen eine Unterscheidungskraft besitzt (Firmenausschließlichkeit).
- Jeder Kaufmann ist verpflichtet, seine Firma zur Eintragung in das Handelsregister anzumelden (Firmenöffentlichkeit).
- Beim Wechsel des Firmeninhabers kann mit Einwilligung des bisherigen Inhabers oder dessen Erben der Firmenname erhalten bleiben (Firmenbeständigkeit).

Aufgabe

Susanne möchte einen Schönheitssalon mit drei Mitarbeitern eröffnen. Die notwendigen Räume und finanziellen Mittel sind vorhanden. Sie möchte den Salon „Susis Schönheitsparadies" nennen. In der Nähe existiert allerdings bereits ein weiterer Salon mit dem Namen „Paradies der Schönheit", welcher aber nicht im Handelsregister eingetragen ist.
Was muss Susanne bei der Firmengründung handelsrechtlich beachten?

4.8.4 Besonderheiten des Handelskaufes

Achtung:
Der Unternehmer, wie wir ihn beim Verbraucherschutz kennengelernt haben, ist zwar häufig Kaufmann, *muss* dies aber nicht sein. Denn die Unternehmerschaft im Sinne des § 14 BGB setzt nur die Ausübung einer gewerblichen oder selbstständigen Tätigkeit, nicht die Ausübung eines Handelsgewerbes voraus.

Der Kaufmann ist im Kaufrecht gewissermaßen das „Gegenstück" zum Verbraucher. Wo der Verbraucher aufgrund seiner Unerfahrenheit und Ungeübtheit in geschäftlichen Dingen besonders schutzwürdig ist, muss sich der Kaufmann wegen seiner besonderen Routine und Kenntnis in geschäftlichen Belangen besonders strengen Regeln unterwerfen, deren Zweck die Beschleunigung des Geschäftsverkehrs ist. Der Handelskauf ist die wichtigste Art des Handelsgeschäftes. Ein Handelskauf liegt vor, wenn mindestens einer der Vertragspartner Kaufmann ist.

4.8.4.1 Stellvertretung beim Handelskauf

Die im Handelsverkehr auftretenden Gesellschaften können nicht „eigenhändig" handeln. Daher ist die Stellvertretung besonders wichtig. Auch bedarf es im Handelsverkehr erhöhter Rechtssicherheit. Im HGB gibt es zwei Sonderformen der Stellvertretung:

- die **Prokura** (§ 48 HGB) und
- die **Handlungsvollmacht** (§ 54 HGB).

Prokuristen können fast alle Arten von Rechtsgeschäften tätigen, die der Betrieb eines Handelsgewerbes mit sich bringt – und zwar ohne Begrenzung im Wert und ohne im Einzelfall hierzu konkret ermächtigt worden zu sein. Die Verleihung von Prokura ist somit ein großer Vertrauensbeweis des kaufmännischen Unternehmens gegenüber dem Prokuristen.

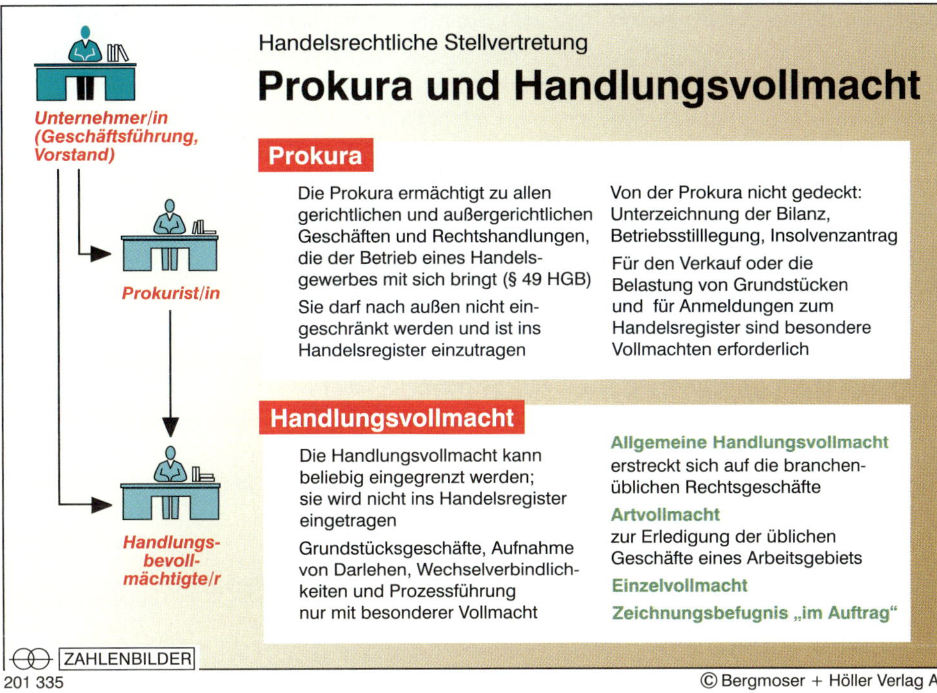

Die Handlungsvollmacht ist dagegen beschränkt auf branchenübliche Rechtsgeschäfte und kann nach außen weiter begrenzt werden – z. B. auf eine bestimmte wertmäßige Größenordnung. Allerdings muss dies dem Geschäftspartner bekannt gemacht werden, um Wirksamkeit zu entfalten.

Beispiel 107: Frau Müllner ist Geschäftsführerin der Röber GmbH, deren Kerngeschäft der Handel mit Schreibwaren ist. An einem Nachmittag kommt es zu einem fürchterlichen Streit zwischen ihr und dem Prokuristen Herrn Hiller. Hiller fährt mit seiner repräsentativen Firmen-Luxuslimousine wutentbrannt nach Hause und hat sich auch abends in seiner Stammkneipe noch nicht beruhigt. Da Herr Ohling, ein Herrn Hiller entfernt bekannter Zechkumpan, darüber klagt, er habe momentan kein Geld, um sich sein Wunschauto zu leisten, verkauft Herr Hiller diesem noch an der Bar die Firmenlimousine für schlappe 2.000,– Euro. Hiller meint, er könne Frau Müllner auf diese Weise einen kleinen Denkzettel verpassen. Ohling kann sein Glück kaum fassen, doch Frau Müllner ist außer sich und erklärt, sie fechte den Verkauf des Wagens an.

Hier kann Frau Müllner nichts machen, denn der Kauf ist wirksam: Die Röber GmbH ist durch ihren Prokuristen Hiller wirksam vertreten und damit Vertragspartnerin geworden. Als Prokurist ist Herr Hiller zur Vornahme aller Rechtsgeschäfte befähigt, die der Betrieb irgendeines Handelsgewerbes mit sich bringt. Dazu gehört auch der Verkauf von Fahrzeugen. Ein Anfechtungsgrund ist nicht gegeben, denn weder lag hier ein Irrtum noch eine arglistige Täuschung im Verhältnis zwischen der Röber GmbH und ihrem Vertragspartner, Herrn Ohling, vor.

Beispiel 108: Wie Beispiel 107, nur ist Herr Hiller nicht Prokurist, sondern Handlungsbevollmächtigter.
Hier wird die Röber GmbH nicht Vertragspartnerin, da sie nicht wirksam durch Herrn Hiller vertreten wird. Hiller ist hier nur zum Abschluss solcher Rechtsgeschäfte im Namen der Röber GmbH befähigt, die gerade dieses Handelsgewerbe mit sich bringt. Der Verkauf eines Fahrzeuges ist aber in der Schreibwarenbranche nicht üblich, sondern branchenfremd. Herr Ohling freut sich vergebens, denn der Kauf kommt nicht zustande.

Auch bei der Prokura kann sich die Schutzfunktion des Handelsregisters auswirken. Denn solange die Prokura dort eingetragen ist, gilt sie als fortbestehend. Nehmen wir also an, dass Frau Müllner in Abwandlung zum Beispiel 98 bei dem Streit Herrn Hiller die Prokura entzogen hat, so ist dies bedeutungslos, bis die Prokura auch im Handelsregister gelöscht ist. Vor der Löschung könnte Hiller den Firmenwagen also auch in diesem Fall verkaufen.

Beispiel 109: Herr Gruber, Geschäftsführer der mit Autoreifen handelnden Reinders GmbH, hat sich bereits mehrfach über das freigiebige Geschäftsgebaren der Prokuristin Frau Böhnke aufgeregt. Er verfasst deshalb eine E-Mail, die er an alle Kunden der Reinders GmbH sendet. Inhalt: „Unsere Prokuristin Frau Böhnke ist ab sofort nur noch für den Verkauf von Autoreifen zuständig. Dabei dürfen von ihr abzuschließende Geschäfte ein Volumen von 2.000,– Euro nicht übersteigen." Auch der Kunde Herr Siegmann, Inhaber einer Automobilwerkstatt, liest diese Mail. Dennoch schließt er am Tag darauf einen Kaufvertrag über einen Posten Reifen im Wert von 3.500,– Euro mit der Prokuristin Frau Böhnke ab, der ihn sonst 4.300,– Euro gekostet hätte. Herr Gruber verweigert im Namen der Reinders Gmbh die Lieferung.

Der Kaufvertrag kommt zwischen der Reinders GmbH und Herrn Siegmann zustande. Die Prokura kann nach außen – im Verhältnis zum Vertragspartner – nicht wirksam eingeschränkt werden. Eine Beschränkung nach innen ist zwar möglich, sodass Frau Böhnke der Reinders GmbH zum Ersatz des Schadens verpflichtet wäre, der durch das Überschreiten ihrer Befugnis entsteht. Herrn Siegmann kann dies aber egal sein: Er kann aufgrund des wirksamen Kaufvertrages von der Reinders GmbH Lieferung der Reifen verlangen.

Da die Handlungsvollmacht nicht in das Handelsregister eingetragen wird, entfaltet dieses hier auch keine Schutzfunktion.
Das Erlöschen der Handlungsvollmacht muss aber denjenigen Kunden mitgeteilt werden, denen zuvor auch ihr Bestehen mitgeteilt worden ist. Wird dies unterlassen, dürfen die Kunden davon ausgehen, dass die Handlungsvollmacht fortbesteht. Der (ehemalige) Handlungsbevollmächtigte kann dann den Kaufmann oder die Gesellschaft, die ihm die Handlungsvollmacht entzogen hat, weiterhin verpflichten.

Beispiel 110: Wie Beispiel 100, nur hat Frau Böhnke statt Prokura Handlungsvollmacht.

In diesem Fall kommt kein Kaufvertrag zustande. Zwar ist der Verkauf der Reifen ein branchenübliches Geschäft, das Frau Böhnke als Handlungsbevollmächtigte an sich unproblematisch abschließen darf. Doch kann die Handlungsvollmacht auch wirksam nach außen beschränkt werden. Die Voraussetzung für eine wirksame Beschränkung, nämlich dass der Kunde hiervon erfährt, ist hier auch gegeben, da Herr Siegmann per Mail informiert wurde. Somit übersteigt der Kaufvertrag über 3.500,– Euro die Vertretungsmacht der Handlungsbevollmächtigten Böhnke, und die Reinders GmbH wird nicht verpflichtet.

Ladenangestellte haben weder Handlungsvollmacht noch Prokura. Doch gelten sie als vertretungsbefugt, da per Gesetz (§ 56 HGB) angenommen (vermutet) wird, dass ihnen eine Vollmacht mit bestimmtem Inhalt erteilt wurde. Die Vollmacht beschränkt sich auf im Laden oder Lager gewöhnlich vorkommende Verkäufe und Empfangnahmen.

Beispiel 111: Herr Bracht ist im Ladengeschäft der eingetragenen Kauffrau Martina Riedle angestellt. Der Kunde Herr Linz kauft bei Bracht zwei Tafeln Schokolade und ein Toastbrot. Gefallen findet Linz aber auch noch an einer Halskette, die Frau Riedle versehentlich auf einem Verkaufstresen hat liegen lassen. Bracht verkauft ihm diese „zum Sonderpreis von 50,– Euro".

Schokolade und Toast gehören hier zu den gewöhnlich vorkommenden Verkäufen, sodass Bracht sie unproblematisch für Frau Riedle verkaufen durfte. Die Kette aber offensichtlich nicht und deshalb ist der „Kaufvertrag" wegen fehlender Vertretungsmacht unwirksam.

Unter Kaufleuten kann Schweigen unangenehme Folgen haben.

4.8.4.2 Schweigen als Zustimmung zum Handelskauf

Im Handelsrecht kann Schweigen als Zustimmung gelten. In Betracht kommen:
- Schweigen auf ein **kaufmännisches Bestätigungsschreiben (KBS)** und
- Schweigen auf einen Antrag.

Mit dem kaufmännischen Bestätigungsschreiben (KBS) bestätigen Kaufleute getroffene Absprachen. Schweigen des Geschäftspartners hierauf gilt als Zustimmung und lässt einen Vertrag zu den im KBS genannten Bedingungen entstehen. Voraussetzungen des KBS sind:

- Beide Vertragspartner sind Kaufleute.
- Dem Schreiben sind Vertragsverhandlungen vorausgegangen, aber noch kein Vertragsschluss.
- Das KBS bestätigt den Vertragsschluss unter Wiedergabe des vermeintlichen Vertragsinhalts. Der KBS-Absender geht also davon aus, dass ein Vertrag geschlossen wurde.
- Das KBS enthält keine gravierende Abweichung vom verhandelten Inhalt.
- Das KBS wird unmittelbar nach den vorangegangenen Verhandlungen abgesendet.
- Der Empfänger widerspricht nicht unverzüglich.

Vertragsverhandlungen sind Voraussetzung für ein kaufmännisches Bestätigungsschreiben (KBS).

Beispiel 112: Frau Frey, im Handelsregister als „e. Kfr." eingetragen, hat mit Frau Jensen, Prokuristin der Weist AG, am Abend des 08.08.2020 über den Kauf von 100 Wintermänteln der Marke „Siberia" verhandelt, die Frau Frey in ihrem Geschäft weiterverkaufen will. Beide sind sich über den Preis (15.000,– Euro) einig. Frau Frey erklärt danach müde: „Das Restliche können wir morgen besprechen." Ihr kommt es darauf an, dass sie in mindestens zehn Raten zahlen kann und ihr die Mäntel auf Kosten der Weist AG geliefert werden. Da Frau Frey die beiden Punkte bisher nicht erwähnt hat, geht Frau Jensen davon aus, der Kaufvertrag sei bereits perfekt. Wegen einer Erkältung von Frau Frey fällt das Treffen am Folgetag aus.
Am 11.08.2020 erhält Frau Frey ein als „Vertragsbestätigung" betiteltes Schreiben von Frau Jensen, in der diese den „Kaufvertrag über 100 Wintermäntel der Marke Siberia zum Preis von 15.000,– Euro" bestätigt. Frau Frey reagiert auf das Schreiben nicht.

Hier kommt ein Vertrag mit dem Inhalt des KBS zustande, denn:

1) *Beide Vertragsparteien sind Kaufleute.*
2) *Dem KBS sind Vertragsverhandlungen, aber noch kein Vertragsschluss vorausgegangen, da noch keine Einigung über die für Frau Frey wichtigen Punkte der Zahlungsweise und des Leistungsortes erfolgt sind. Zwar kommt der Kaufvertrag im Regelfall auch ohne eine Einigung über diese Punkte zustande. In diesem speziellen Fall kam es Frau Frey aber entscheidend auf diese Punkte an.*
3) *Das KBS bestätigt den Vertragsschluss unter Wiedergabe des Inhaltes, den Frau Jensen als abschließend beurteilt.*
4) *Das KBS enthält keine gravierende Abweichung zum Ergebnis der Verhandlungen, denn in den grundlegenden Punkten, Kaufsache und Kaufpreis, ist Übereinstimmung gegeben.*
5) *Frau Jensen hat das KBS unmittelbar nach den Vertragsverhandlungen abgesendet.*
6) *Frau Frey widerspricht nicht.*

Im Ergebnis muss damit Frau Frey die Ware bei der Weist AG abholen (lassen), da es sich – weil hier nicht anderes vereinbart ist – um eine Holschuld handelt. Da Ratenzahlung nicht vereinbart ist, muss Frau Frey umgehend den vollen Betrag zahlen.

Holschuld
Der Grundsatz der Holschuld ergibt sich aus § 269 BGB, wonach der Ort der Leistung der Wohn- oder Geschäftssitz des Schuldners ist, wenn nichts anderes vereinbart wird.

Leistungszeit
Aus § 271 BGB ergibt sich, dass der Schuldner, wenn nichts anderes vereinbart ist, sofort und vollständig leisten muss, nicht also zur Ratenzahlung berechtigt ist.

Beide BGB-Vorschriften finden auch im Handelsrecht Anwendung.

Beispiel 113: Kaufmann Schlindwein betreibt einen Getränkegroßhandel und beliefert seit Jahren die Gundelach-Kneipen-GmbH mit größeren Mengen von Getränken aller Art. Am 22.06.2020 faxt ihm Frau Funk, Prokuristin der GmbH, einen Auftrag über 100 Kästen Bier der von ihr regelmäßig bei Schlindwein bestellten Marke zu. Schlindwein reagiert nicht.

Hier kommt ein Vertrag mit dem Inhalt der Bestellung zustande, sodass Schlindwein liefern muss, um keine Pflichtverletzung zu begehen. Da er mit der Gundelach-Kneipen-GmbH in regelmäßiger Geschäftsverbindung steht, hätte er, wenn er den Auftrag hätte ausschlagen wollen, dies der GmbH umgehend mitteilen müssen. Sein Schweigen gilt als Zustimmung.

4.8.4.3 Gewährleistung beim beiderseitigen Handelskauf

Sind bei einem Kauf beide Vertragspartner Kaufleute, dann gelten für den Käufer strengere Regeln. Er muss die Kaufsache nach der Übergabe unverzüglich untersuchen und erkennbare Mängel sofort rügen. Tut er dies nicht, verfallen seine Gewährleistungsansprüche. Ebenso muss er sofort rügen, wenn ein Mangel, der anfangs noch nicht erkennbar war, später erstmalig auftritt.

Beispiel 114: Prokurist Böhm kauft für die Rosenberg GmbH am 01.07.2020 einen Neuwagen bei der Bode AG. Der Wagen wird am 03.07.2020 auf dem Betriebshof der Rosenberg GmbH angeliefert, steht dort jedoch zunächst einmal vier Wochen ungenutzt auf einem Parkplatz herum. Als Werksfahrer Haskamp das Auto am 01.08.2020 in Betrieb nimmt, stellt er anhand von eindeutigen Geräuschen sofort fest, dass ein schwerer Motorschaden vorliegt. Auf Anfrage von Prokurist Böhm lehnt die Bode AG die Lieferung eines fehlerfreien Neuwagens ab.

Die Bode AG kann die Nacherfüllung ablehnen. Da ein beiderseitiger Handelskauf vorliegt (Vertragspartner GmbH und AG sind Kaufleute), hätte die Rosenberg GmbH erkennbare Mängel sofort nach der Übergabe rügen müssen. Der Motorschaden wäre auch erkennbar gewesen, wenn die Rosenberg GmbH überhaupt eine Untersuchung auf Mängel (Probefahrt) unternommen hätte. Da sie dies unterließ, sind ihre Gewährleistungsrechte verfallen.

4.8.5 Die Rechtsformen der Handelsunternehmen

Eine Gesellschaft des bürgerlichen Rechts (= **GbR** oder BGB-Gesellschaft) entsteht, wenn sich mindestens zwei Personen zur Erreichung eines gemeinsamen Zwecks mit Rechtswirkung zusammenschließen. Dieser Zweck darf kein Handelsgewerbe sein, da die GbR nicht in das Handelsregister eingetragen werden kann. Beginnt eine GbR dennoch ein Handelsgewerbe, muss sie sich als OHG in das Handelsregister eintragen lassen.

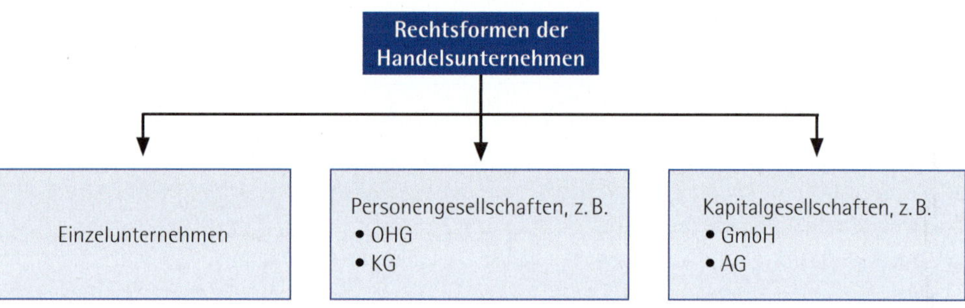

Neben Einzelunternehmen gibt es im Handelsrecht Personengesellschaften und Kapitalgesellschaften. Die Wahl der Rechtsform ist für den Kaufmann von großer Bedeutung:

Wahl zwischen Einzelunternehmen und Gesellschaft	
Vorteile des Einzelunternehmens	**Nachteile des Einzelunternehmens**
✓ keine Absprache bei Geschäftsführung nötig ✓ Unternehmer verfügt allein über Gewinn ✓ kurze Entscheidungswege können Wettbewerbsvorteil sein	✓ Unternehmer trägt Risiko allein ✓ haftet unbeschränkt für Geschäftsschulden ✓ muss notwendiges Kapital allein aufbringen

4.8.5.1 Personengesellschaften: OHG und KG

Bei der offenen Handelsgesellschaft (OHG, §§ 105 – 160 HGB) führen gleichberechtigte Partner ein Unternehmen gemeinsam und haften – einer für den anderen – mit ihrem ganzen Vermögen. Der Gewinn unterliegt der Einkommensteuer. Die Zusammenarbeit setzt ein hohes Maß an gegenseitigem Vertrauen voraus und findet sich häufig bei Familienbetrieben.

Bei der Kommanditgesellschaft (KG, §§ 161 – 177a HGB) sind nicht alle Gesellschafter gleichberechtigt: Mindestens einer (Komplementär) haftet unbeschränkt, während mindestens ein anderer (Kommanditist) nur mit seiner Kapitaleinlage haftet. Der Kommanditist ist auch von der Geschäftsführung ausgeschlossen. Diese Unternehmensform findet sich häufig bei kleinen Industriebetrieben mit mittlerem Kapitalbedarf.

„Mini-GmbH"
Eine „Mini-GmbH" kann mit einem Stammkapital von einem Euro gegründet werden (§ 5a GmbHG). Ihr Firmenname muss den Zusatz „UG" (Unternehmergesellschaft) tragen.

4.8.5.2 Kapitalgesellschaften: GmbH und AG

Bei der Gesellschaft mit beschränkter Haftung (GmbH, §§ 1 ff. GmbH-Gesetz/GmbHG) ist die Haftung auf das Stammkapital (mindestens 25.000,– Euro) beschränkt, das aus der Summe der Stammeinlagen der Gesellschafter besteht. Eine Haftung mit dem Privatvermögen ist ausgeschlossen, was die GmbH besonders für mittelständische Betriebe attraktiv macht.

Eigentümer einer Aktiengesellschaft (AG, §§ 1 ff. Aktiengesetz) sind die Aktionäre im Verhältnis ihrer Anteilsscheine (Aktien) am Grundkapital, das mindestens 50.000,– € betragen muss. Kaufen die Aktionäre neu ausgegebene („junge") Aktien, fließt der Gesellschaft Kapital zu. Die Aktionäre haften nur mit dem Betrag, den sie für den Kauf aufwenden, nicht mit ihrem Privatvermögen.
Die Aktien der meisten AGs werden an der Börse gehandelt. Durch die kleine Stückelung haben auch private Haushalte die Möglichkeit einer Beteiligung. Die Rechtsform eignet sich besonders für große Unternehmen mit einem hohen Kapitalbedarf.

Die wichtigsten Rechtsformen von Handelsunternehmen im Überblick:

	Einzelunternehmen	Offene Handelsgesellschaft (OHG)	Kommanditgesellschaft (KG)	Gesellschaft mit beschränkter Haftung (GmbH)	Aktiengesellschaft (AG)
Firma	beliebiger Name mit Zusatz e. K, e. Kfr. oder e. Kfm.	beliebiger Name mit Zusatz „OHG"	beliebiger Name mit Zusatz „KG"	beliebiger Name mit Zusatz „GmbH"	beliebiger Name mit Zusatz „AG"
Kapitalausstattung	kein Mindestkapital	kein Mindestkapital	kein Mindestkapital; Anteil der Kommanditisten ist im Handelsregister einzutragen	Stammkapital 25.000,– €	Aktien: Grundkapital 50.000,– €; Mindestnennwert je Aktie 1,– €
Haftung	Inhaber haftet unbeschränkt mit Geschäfts- und Privatvermögen	alle Gesellschafter haften unbeschränkt mit Geschäfts- und Privatvermögen	Komplementäre haften unbeschränkt mit Geschäfts- und Privatvermögen; Kommanditisten nur mit ihrer Einlage	alle Gesellschafter haften nur mit ihrem Anteil	alle Gesellschafter (Aktionäre) haften nur mit ihrem Aktien-Anteil
Geschäftsführung und Vertretung	Inhaber	alle Gesellschafter haben Recht und Pflicht zu Geschäftsführung und Vertretung	nur Komplementäre haben Recht und Pflicht zu Geschäftsführung und Vertretung	die von den Gesellschaftern eingesetzten Geschäftsführer führen und vertreten die GmbH gemeinsam	der vom Aufsichtsrat bestellte Vorstand führt und vertritt die AG
Kontrollrecht	Inhaber	alle Gesellschafter	Komplementäre; Kommanditisten können Jahresabschluss überprüfen	Gesellschafterversammlung; Aufsichtsrat, falls solcher besteht – Pflicht erst bei mehr als 500 Arbeitnehmern	von der Hauptversammlung der Gesellschafter (Aktionäre) gewählter Aufsichtsrat
Gewinnbeteiligung	Inhaber	jeder Gesellschafter: 4 % der Kapitaleinlage; Rest nach Köpfen	jeder Gesellschafter: 4 % der Kapitaleinlage; Rest im angemessenen Verhältnis	Verteilung an Gesellschafter nach der Höhe der Geschäftsanteile	Dividende = vom Gewinn abhängige Ausschüttung pro Aktiennennwert

1. Herr Heuer, Geschäftsführer der Waldmann-Bau GmbH, verbringt den Sommer in den USA. Da er seinem Prokuristen Windig misstraut, teilt er ihm mit, dass er während seiner Abwesenheit keine Geschäfte abschließen dürfe. Dennoch verkauft Windig einen größeren Posten Baumaterialien an Heuers alten Geschäftspartner Trick. Ist der Kaufvertrag wirksam?
2. Herr Teusch, Handlungsbevollmächtigter der Waldmann-Bau GmbH, kauft für die GmbH einen Gebrauchtwagen zum „Schnäppchen-Preis" von 900,- Euro von der Motor KG. Weder Heuer noch Windig hat er vorher gefragt, ob ein neuer Wagen gebraucht wird. Kommt der Kauf zustande?
3. Frau Teuerkorn, Prokuristin der Windeck KG, möchte von der Waldmann-Bau GmbH Dämmstoffe erwerben und verhandelt mit Herrn Heuer über die Lieferung. Heuer faxt ihr ein Angebot zu, mit dem Frau Teuerkorn einverstanden ist. Sie kündigt Heuer telefonisch an, das Angebot per Fax zu bestätigen. Das Fax kommt wegen eines Übertragungsfehlers jedoch nicht bei Heuer an. Nachdem dieser den ganzen Tag vergeblich auf das Fax gewartet hat, verkauft er die Ware am nächsten Morgen ins Ausland. Kurz danach kommt doch noch ein Fax, in dem Frau Teuerkorn den Kauf bestätigt – für Heuer zu spät. Kann Frau Teuerkorn Lieferung verlangen?
4. Sarah will nach der Ausbildung einen eigenen Friseursalon aufbauen und hält die AG für die richtige Unternehmensform. Was meinen Sie?

4.9 | Zivilprozess und Zwangsvollstreckung

4.9.1 Zivilprozess

Bleibt kein anderer Weg zur Durchsetzung eines zivilrechtlichen Anspruchs, dann muss ein Zivilprozess geführt werden.

Güteverhandlung
In der Güteverhandlung soll der Versuch unternommen werden, den Rechtsstreit noch vor Beginn der eigentlichen Hauptverhandlung möglichst schnell und friedlich zu erledigen. Sinn und Zweck der Vorschrift ist es, Kosten, Zeit und Aufwand an den ohnehin schon überlasteten Gerichten einzusparen.

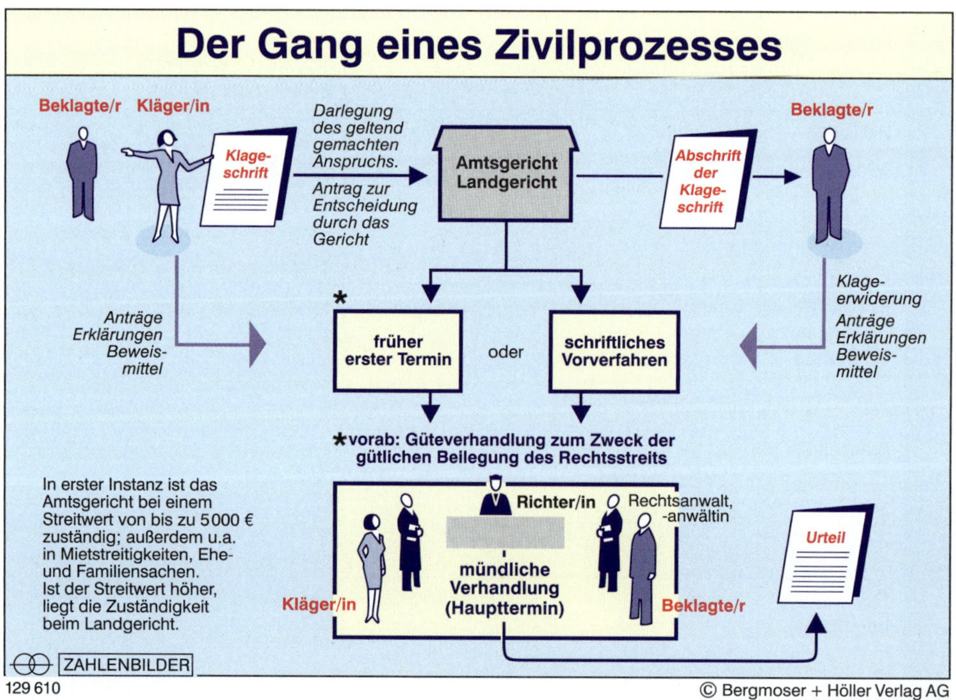

4.9.1.1 Zulässigkeit einer zivilrechtlichen Klage

Der Zivilprozess beginnt mit der Einreichung einer Klageschrift durch den Kläger. Damit es überhaupt zu einer Verhandlung vor Gericht kommt, muss die **Klageschrift** bestimmte Zulässigkeitsvoraussetzungen erfüllen, von denen Sie einige wichtige, für alle Rechtswege gültige bereits im Abschnitt 3.2.3.1 kennengelernt haben. Im Zivilprozess von Bedeutung sind:

Die Zulässigkeitsvoraussetzungen einer zivilrechtlichen Klage ergeben sich aus der Zivilprozessordnung (ZPO) sowie dem Gerichtsverfassungsgesetz (GVG).

Ordnungsgemäße Klageerhebung

Das Gericht muss durch die Klage erfahren, über was genau es entscheiden soll. Neben der Bezeichnung der Parteien und des Gerichts muss deshalb ein konkreter Antrag an das Gericht gestellt werden, der den Gegenstand der Klage (was und wie viel?) umfasst. Zudem sind die Gründe des geltend gemachten Anspruchs (Sachverhalt, aus dem sich der Anspruch ergibt) darzulegen. Antrag und Begründung ergeben den sogenannten **Streitgegenstand**, über den das Gericht entscheidet.

Wer sich das Verfassen einer Klageschrift nicht zutraut, kann beim Amtsgericht die Klage auch mündlich zu Protokoll der Geschäftsstelle geben.

Beispiel 115: Lea und Jana (beide 18 und wohnhaft in Köln) haben am 15.07.2019 schriftlich vereinbart, dass Jana ihr Mountainbike für 650,– Euro an Lea verkauft. Jana hat Lea das Mountainbike sogleich übergeben. Trotz Zahlungsaufforderungen vom 25.07.2019 und 30.08.2019 hat Lea noch keinen Cent gezahlt. Am 25.09.2019 will Jana klagen. Sie fragt sich, welche Anforderungen die Klage erfüllen muss.

Eine ordnungsgemäße Klage könnte so aussehen:
An das Amtsgericht Köln

Köln, 25.09.2019

Klage

In Sachen
Jana Müller, Streitgasse 1, 50101 Köln (Klägerin)
gegen
Lea Schäfer, Bernsteinweg 21, 50112 Köln (Beklagte)
wegen Kaufpreiszahlung stelle ich folgenden

Antrag:

Die Beklagte wird verurteilt, an die Klägerin 650,– Euro nebst Zinsen in Höhe von fünf Prozentpunkten über dem Basiszinssatz seit Eintritt des Zahlungsverzuges am 26.07.2019 zu zahlen.

Begründung:

Die Klägerin verlangt von der Beklagten Zahlung des Kaufpreises für ein Mountainbike. Mit schriftlichem Kaufvertrag verkaufte die Klägerin der Beklagten ihr Mountainbike am 15.07.2019 zum Preis von 650,– Euro (Beweis: Kaufvertrag vom 15.07.2019, Anlage 1). Das Mountainbike wurde sofort nach Vertragsschluss an die Beklagte übergeben. Die Zahlung blieb trotz Zahlungsaufforderungen vom 25.07.2019 und 30.08.2019 bis zum gegenwärtigen Zeitpunkt aus.

Achtung:
Es sollte nicht vergessen werden, die ab Eintritt des Schuldnerverzuges anfallenden Verzugszinsen in Höhe von 5 Prozentpunkten über dem Basiszinssatz der EZB zu beanspruchen.

Zuständigkeit des Gerichtes

Örtlich zuständig ist in den meisten Fällen das Gericht am Wohnsitz des Beklagten. Hinsichtlich der sachlichen Zuständigkeit gilt die „Faustformel", dass bei einem **Streitwert** von bis zu 5.000,– Euro das Amtsgericht, bei einem Streitwert von über 5.000,– Euro das Landgericht in der ersten Instanz zuständig ist. Von dieser Faustformel gibt es Ausnahmen. So sind z.B. Streitigkeiten aus Wohnraummietverträgen und Familiensachen stets vor dem Amtsgericht auszutragen.

Das Amtsgericht ist zuständig in Vermögensstreitigkeiten bis zu einem Streitwert von 5.000,– Euro.

Der Streitwert ist der Wert des geltend gemachten Anspruchs. Im Beispiel 115 beträgt der Streitwert 650,– Euro, sodass das Amtsgericht Köln zuständig ist.

Prozessfähigkeit

Prozessfähig sind alle voll Geschäftsfähigen. Wer unter 18 Jahre alt ist, ist nicht prozessfähig, sondern muss sich durch seine gesetzlichen Vertreter (im Regelfall: Eltern) vertreten lassen. Wären Jana und Lea im Beispiel 115 noch 17 Jahre alt, so wäre die Klage unzulässig, da sie *von* einer prozessunfähigen *gegen* eine prozessunfähige Person geführt würde. Um die Klage zulässig zu machen, müssten die Eltern jeweils als gesetzliche Vertreter angegeben werden.

Ab dem Landgericht aufwärts besteht „Anwaltszwang".

Postulationsfähigkeit

Hierunter versteht man die Fähigkeit, vor Gericht wirksam Anträge stellen zu können. Vor dem Amtsgericht ist jeder postulationsfähig, doch ab dem Landgericht sind dies nur Rechtsanwälte. Wer also vor dem Landgericht klagen will, darf die Klage nicht eigenhändig einreichen, sondern muss sich durch einen Anwalt vertreten lassen – sonst ist die Klage unzulässig.

Keine entgegenstehende Rechtskraft

Ist über einen Streitgegenstand bereits rechtskräftig (vgl. Abschnitt 3.2.3.2) entschieden worden, so ist jede weitere Klage über denselben Streitgegenstand als unzulässig abzuweisen.

Beispiel 116: Im Beispiel 115 verurteilt das Amtsgericht Köln Lea am 20.12.2019 zur Zahlung gemäß Klageantrag. Lea lässt die Berufungsfrist verstreichen, doch im Frühling 2020 kehrt ihre Streitlust zurück. Wiederum beim Amtsgericht Köln klagt sie auf Rückzahlung der 650,– Euro nebst Zinsen, da das Urteil vom 20.12.2019 ihrer Ansicht nach falsch sei.
Die Klage ist unzulässig, denn das Gericht hat über den Streitgegenstand bereits rechtskräftig entschieden. Die Rechtskraft trat mit dem Ablauf der Berufungsfrist ein.

Vollstreckbarkeit
Vollstreckbarkeit bedeutet, dass das Urteil im Rahmen der Zwangsvollstreckung durchgesetzt werden kann, also z. B. von einem Gerichtsvollzieher. Dies ist bei Leistungsurteilen (Tenor: „... wird zur Zahlung verurteilt."), nicht aber bei Feststellungsurteilen (Tenor: „... es wird festgestellt, dass ein Kaufvertrag besteht.") der Fall.

Rechtsschutzbedürfnis

Das Rechtsschutzbedürfnis fehlt bei der Leistungsklage (wie in Beispiel 115 und 116) nur ganz ausnahmsweise, wenn die Position des Klägers keines gerichtlichen Schutzes bedarf (z. B.: Klage auf Zahlung von 20 Cent, weil hier der Aufwand der Inanspruchnahme des Gerichtes in keinem Verhältnis zum Streitwert steht). Das Rechtsschutzbedürfnis fehlt aber auch, wenn für den Kläger ein schnellerer gerichtlicher Weg zum Ziel offensteht.

Beispiel 117: Wie Beispiel 115, allerdings beantragt Jana „festzustellen, dass der Klägerin eine Kaufpreisforderung in Höhe von 650,– Euro nebst Zinsen in Höhe von 5 Prozentpunkten über dem Basiszinssatz seit 26.07.2019 zusteht". Ist die Klage zulässig?

In der Tat gibt es im Zivilprozess neben der Leistungs- auch die Feststellungsklage. Sie richtet sich auf die Feststellung des Bestehens oder Nichtbestehens bestimmter Rechtsverhältnisse (z. B. Bestehen oder Nichtbestehen einer Kaufpreisforderung). Allerdings würde aus einem Feststellungsurteil noch keine vollstreckbare Zahlungspflicht folgen. Daher kann und muss Jana hier eine Leistungsklage einreichen, um ihr Ziel (Zahlung) schnellstmöglich zu erreichen. Die Feststellungsklage ist wegen mangelnden Feststellungsinteresses unzulässig.

Nur wenn alle Zulässigkeitsvoraussetzungen vorliegen, entscheidet das Gericht in der Sache selbst (Sachurteil). Andernfalls wird die Klage durch Prozessurteil als unzulässig abgewiesen.

Feststellungsinteresse
Sonderfall des Rechtsschutzbedürfnisses bei der Feststellungsklage

4.9.1.2 Das Verfahren vor Gericht

Früher erster Termin oder schriftliches Vorverfahren

Auf die zulässige Klage hin bestimmt das Gericht einen „frühen ersten Termin" zur mündlichen Verhandlung oder ein schriftliches Vorverfahren, um die mündliche Hauptverhandlung vorzubereiten. Das Vorverfahren gibt dem Beklagten die Chance, sich schriftlich zu äußern. Bei eindeutiger Sach- und Rechtslage kann es im frühen ersten Termin zur Entscheidung kommen.

Um den Zivilprozess in Gang zu setzen, wird vom Kläger erwartet, dass er einen Vorschuss auf die Prozesskosten leistet. Wer hierzu aus wirtschaftlichen Gründen nicht in der Lage ist, kann **Prozesskostenhilfe** beantragen.

Hauptverhandlung

In der Hauptverhandlung wird die Klage eingehend vom Richter und den Parteien erörtert. Ein Urteil zugunsten des Klägers ergeht nur, wenn das Gericht von dessen Sachvortrag überzeugt ist und sich der geltend gemachte Anspruch aus dem anzuwendenden Recht ergibt.

Ein wichtiges Merkmal des Zivilprozesses ist der **Verhandlungsgrundsatz**: Die Parteien bestimmen selbst, welche Tatsachen sie dem Gericht unterbreiten. Das Gericht wertet die Tatsachen lediglich aus und entscheidet dann gemäß seiner Überzeugung.

Auch die **Beweislast** spielt eine wichtige Rolle. Jede Partei ist selbst dafür zuständig, das Gericht von den für sie günstigen Tatsachen zu überzeugen. Gelingt ihr dies nicht durch Sachvortrag, muss sie eine Beweisaufnahme beantragen. In Beispiel 115 könnten sich aus Sachvortrag und Beweislast folgende Konsequenzen ergeben, wenn wir annehmen, dass entweder nur das Bestehen eines Kaufvertrages oder nur die erfolgte Zahlung streitig ist:

Streitige Tatsache	Vortrag der Klägerin	Vortrag der Beklagten	Beweislast	Beweis	Entscheidung
Besteht ein Kaufvertrag?	schriftlicher Kaufvertrag	kein Kaufvertrag	Klägerin	kein Beweis	Klageabweisung
Besteht ein Kaufvertrag?	schriftlicher Kaufvertrag	bestreitet nicht	–	–	Verurteilung der Beklagten
Besteht ein Kaufvertrag?	schriftlicher Kaufvertrag	kein Kaufvertrag	Klägerin	Vorlage des Vertrages	Verurteilung der Beklagten
Zahlung erfolgt?	Zahlung nicht erfolgt	Zahlung ist erfolgt	Beklagte	kein Beweis	Verurteilung der Beklagten
Zahlung erfolgt?	Zahlung nicht erfolgt	bestreitet nicht	–	–	Verurteilung der Beklagten
Zahlung erfolgt?	Zahlung nicht erfolgt	Zahlung ist erfolgt	Beklagte	Kontoauszug	Klageabweisung

Das Auffinden und die Vorlage von Beweismaterial sind vor Gericht häufig prozessentscheidend.

Beweismittel sind Zeugen, Sachverständige (z. B. Verkehrsgutachter), Urkunden (z. B. schriftlicher Kaufvertrag) und Augenscheinsobjekte (Kontoauszug, Zustand eines Autos usw.).

Kennzeichnend für den Zivilprozess ist auch der **Verfügungsgrundsatz** (= Dispositionsmaxime). Er besagt, dass die Parteien selbst über den Streitgegenstand verfügen können. So kann der Kläger im Prozess die Klage zurücknehmen, der Beklagte den Anspruch des Klägers anerkennen. Bei eindeutiger Rechtslage können so Kosten gespart werden.

Dispositionsmaxime
Aufgrund des Verfügungsgrundsatzes sind im Zivilprozess weiter möglich:
- Versäumnisurteil – das Gericht entscheidet ohne Verhandlung zum Nachteil einer nicht zum Termin erschienenen Partei.
- Prozessvergleich – die Parteien einigen sich durch gegenseitiges Nachgeben. Ein Urteil wird überflüssig.

Beispiel 118: Im Beispiel 115 sieht Lea ein, dass sie den Prozess verlieren wird. Sie erkennt vor Gericht deshalb bei der ersten Chance Janas Zahlungsanspruch an. Dies spart ihr Kosten, da das Anerkenntnisurteil weniger Aufwand erfordert als ein „streitiges" Urteil.

Ist das Gericht in der Hauptverhandlung zu einer Überzeugung von der Sach- und Rechtslage gekommen und haben die Parteien den Prozess nicht anderweitig beendet, spricht es das **Urteil**: Verurteilung des Beklagten oder Klageabweisung. Rechtskraft erlangt das Urteil, wenn die Frist zur Einlegung von Rechtsmitteln (insbesondere Berufung und Revision, vgl. Abschnitt 3.2.3.2) abläuft.

Gut zu wissen | **Was kostet ein Prozess?**

Im Regelfall zahlt der Verlierer alle Prozesskosten: die Gerichtskosten und die (möglichen) Anwaltskosten beider Parteien. Die Kosten orientieren sich am **Streitwert**, dem in Euro ausgedrückten, materiellen Wert des Rechtsstreits (z. B. die Schadenshöhe). Zu den außergerichtlichen Kosten eines eingeschalteten Anwalts kommen bei einem Gerichtsprozess eine Termins- und Verfahrensgebühr hinzu. Die außergerichtlichen Kosten werden teilweise angerechnet.
Bei einem Streitwert von 1.200 Euro ergeben sich allein für den Gerichtsprozess Anwaltskosten i. H. v. 365,93 Euro. Diese verdoppeln sich, wenn man verliert und auch noch die Kosten der Gegenseite tragen muss. Hinzu kommen Gerichtskosten, bei diesem Streitwert: 213,00 Euro.
Bei einem Streitwert von 6.000,00 Euro betragen die Kosten für einen Rechtsanwalt bereits 1.076,95 Euro und die Gerichtskosten belaufen sich auf 495,00 Euro.

Geregelt ist die Zwangsvollstreckung in den §§ 704–945 ZPO.

Vollstreckungsbescheid
Ein weiterer Vollstreckungstitel ist der Vollstreckungsbescheid im gerichtlichen Mahnverfahren. Das Mahnverfahren bietet sich an, wenn die Leistungspflicht des Schuldners klar auf der Hand liegt. Denn wenn damit zu rechnen ist, dass der Schuldner sich im Mahnverfahren nicht wehrt, kann so ganz ohne Prozess ein vollstreckbarer Titel erreicht werden.

Vollstreckungsarten
Es gibt einige weitere Vollstreckungsarten. So können wegen Geldforderungen auch Grundstücke (z. B. durch Zwangsversteigerung) gepfändet werden.

4.9.2 Zwangsvollstreckung

Ist das Urteil oder ein anderer „Titel" vollstreckbar, kann der Kläger (= Vollstreckungsgläubiger) die Zwangsvollstreckung betreiben, falls der unterlegene Beklagte (= Vollstreckungsschuldner) immer noch nicht zahlt. Der häufigste Fall der Zwangsvollstreckung im Zivilrecht ist die Vollstreckung wegen Geldforderungen in das bewegliche Vermögen. Voraussetzungen hierfür sind:

Antrag des Vollstreckungsgläubigers an das Gericht	**Vollstreckbarer Titel** ist vorhanden (z. B. Urteil)	Titel ist mit **Vollstreckungsklausel** versehen	Titel ist Vollstreckungsschuldner **zugestellt** worden

Zuständig für diese Art der Zwangsvollstreckung ist der **Gerichtsvollzieher**. Er entnimmt aus der Wohnung des Vollstreckungsschuldners dem Wert der Forderung entsprechend transportable Gegenstände (Schmuck, DVDs, Bargeld usw.). Andere Gegenstände (Schränke, Tische usw.) werden mit einem Pfandsiegel („Kuckuck") versehen und später abgeholt. Die Gegenstände werden (Ausnahme: Bargeld) versteigert und der Erlös dem Vollstreckungsgläubiger zugeführt.

Beispiel 119: Im Beispiel 115 wird Lea zur Zahlung von 650,– Euro verurteilt. Da sie immer noch nicht zahlt, beauftragt Jana über das Gericht Gerichtsvollzieher Greif mit der Zwangsvollstreckung. Das mit der Vollstreckungsklausel versehene Urteil ist Lea am 03.01.2020 zugestellt worden. Am 06.01.2020 wird Greif bei Lea vorstellig und nimmt dort folgende Gegenstände mit: Leas DVD-Sammlung (Wert: ca. 500,– Euro) und einen MP3-Player, den sich Lea von ihrem Freund Florian geliehen hat. Hat Greif korrekt gehandelt?
Die Voraussetzungen der Zwangsvollstreckung liegen vor. Greif durfte die DVDs mitnehmen, da sie den Wert der Forderung (650,– Euro) nicht übersteigen. Der MP3-Player war zwar ebenfalls in Leas Besitz. Da Eigentümer aber nicht Lea, sondern Florian ist, kann dieser gegen die Pfändung vorgehen, indem er eine sogenannte Drittwiderspruchsklage (§ 771 ZPO) einlegt.

Aufgaben

1. **Ist in den folgenden Fällen die Klage zulässig? Argumentieren Sie.**
   a) Der 17-jährige Marc klagt im eigenen Namen gegen die 19-jährige Lena.
   b) Frau Sturm verklagt Herrn Marx auf Kaufpreiszahlung „in mir unbekannter Höhe".
   c) V klagt gegen M Mietrückstände i. H. v. 5.500,– Euro vor dem Landgericht ein.
2. **Im Beispiel 119 pfändet Greif statt DVDs und MP3-Player zwei von Leas 13 Hosen, ihr Bett (Wert: 300,– Euro) sowie zwei ihrer Schulbücher. Handelt Greif korrekt? Argumentieren Sie mit § 811 ZPO.**

5.1 | Einführung

Das Strafrecht ist ein Teilgebiet des öffentlichen Rechts, welches die Beziehung zwischen Bürger und Staat regelt. Wann ein bestimmtes Verhalten als strafbar erachtet wird und welche Folgen sich daran knüpfen (z. B. Freiheitsstrafe), kann nicht „Privatsache" sein.

Beispiel 1: Anton möchte, dass sein Freund Bernd ihm sein neues Smartphone verkauft. Als seine Überredungskünste scheitern, wirft Anton das Smartphone verärgert auf den Fußboden, sodass das Display zerstört wird.

Das Zivilrecht gewährt dem Eigentümer Bernd hier gegen Anton einen Anspruch auf Ersatz des angerichteten Schadens (sogenannte „unerlaubte Handlung", § 823 Abs. 1 BGB). Beim Schadensersatz handelt es sich zumeist um eine Geldzahlung an denjenigen, der den Schaden hat (hier Bernd).

Ein Schadensersatzanspruch ist jedoch nicht immer ausreichend, um den Rechtsfrieden zu wahren. Erscheint ein Verhalten wie hier (Absicht, das Eigentum eines anderen zu beschädigen) als besonders schwerwiegend (Gegenbeispiel wäre etwa, wenn Anton das Smartphone nur versehentlich hätte fallen lassen), dann wird dies im Strafgesetzbuch (StGB) als strafbar festgelegt. Bernd kann Anton zusätzlich wegen Sachbeschädigung gemäß § 303 StGB anzeigen.

Das StGB wurde 1871 (also noch „zu Kaisers Zeiten") eingeführt. Zwar ist es seitdem vielfach geändert worden, die altmodische Sprache ist aber großteils geblieben.

Die beiden wichtigsten Gesetze im Strafrecht sind:
- das **StGB**: Hier finden sich die wichtigsten strafbaren Verhaltensweisen (Straftatbestände), z. B. Diebstahl (§ 242), Körperverletzung (§ 223)

und
- die **Strafprozessordnung – StPO**: Sie gibt vor, wie Polizei und Staatsanwaltschaft den Sachverhalt ermitteln dürfen und wie das Gerichtsverfahren abläuft.

Es gibt jedoch noch viele weitere strafrechtliche Nebengesetze. Nicht alle Straftatbestände finden sich im StGB. So steht etwa der Straftatbestand „Fahren ohne Fahrerlaubnis" im Straßenverkehrsgesetz (StVG).

Aufgabe 

Suchen Sie zu den drei Abkürzungen jeweils das bezeichnete Gesetz und beschreiben Sie stichwortartig, welchen Rechtsbereich das Gesetz regelt: JGG, BtMG, OWiG

5.2 | Die Strafe

Die Strafe ist die Rechtsfolge der Tat. Eine Bestrafung kann nur erfolgen, wenn ein Straftatbestand dies vorsieht. Im deutschen Strafrecht gibt es folgende Strafen:
- **Freiheitsstrafe:** Das StGB kennt lebenslange und „zeitige" (1 Monat bis 15 Jahre) Freiheitsstrafen. Bei den Straftatbeständen werden **Vergehen** und **Verbrechen** unterschieden. Verbrechen sind Straftatbestände, die im *Mindestmaß* („nicht unter") mit einem oder mehr Jahr(en) Freiheitsentzug bestraft werden. Alle anderen Straftatbestände sind Vergehen. Die Freiheitsstrafe kann zur Bewährung ausgesetzt werden, wenn sie nicht über zwei Jahren liegt.
- **Geldstrafe:** Sie wird in Tagessätzen (mindestens 5, maximal 360) verhängt. Die Höhe des Tagessatzes richtet sich nach dem Einkommen und beträgt zwischen 1,– und 30.000,– Euro.

Rund 65.000 Menschen sitzen derzeit in deutschen Gefängnissen ein.

Aufgaben

§ 242 StGB – Diebstahl

(1) Wer eine fremde bewegliche Sache einem anderen in der Absicht wegnimmt, die Sache sich oder einem Dritten rechtswidrig zuzueignen, wird mit Freiheitsstrafe bis zu fünf Jahren oder mit Geldstrafe bestraft.

1. Schreiben Sie die Rechtsfolge eines Diebstahls heraus.
2. Vergleichen Sie die Rechtsfolge mit der des Raubes (§ 249) und der des Raubes mit Todesfolge (§ 251 StGB). Recherchieren Sie hierfür unter www.gesetze-im-internet.de
3. Begründen Sie die unterschiedlichen Strafandrohungen bei den drei Straftatbeständen stichwortartig.
4. Welche der Straftatbestände sind Verbrechen, welche Vergehen?

Der Diebstahl (oben) ist stets im schwerwiegenderen Tatbestand des Raubes (unten) enthalten.

5.3 | Die Funktionen der Strafe

Strafen sollen das Handeln der Menschen in die richtige (rechtskonforme) Richtung zu steuern helfen. Je nach Art der Strafe werden verschiedene Zielrichtungen verfolgt. Zu den wichtigsten Funktionen der Strafe zählen:

- Abschreckung der Allgemeinheit
- Abschreckung des Täters
- Sühne (Bestrafung als gerechter Ausgleich für die Straftat)
- Schutz der Gesellschaft vor Straftätern
- Resozialisierung (soziale Wiedereingliederung in die Gesellschaft durch Hilfe und Kontrolle)

5.4 | Die Straftat

Voraussetzung für eine Bestrafung ist die Begehung eines Unrechts (= einer Straftat). In unserer Gesellschaft geben die Strafgesetze (also zumeist das StGB, siehe oben) vor, was Unrecht und was erlaubt ist.

Eine Straftat liegt nur dann vor, wenn hinsichtlich eines Geschehens
(1) Tatbestandsmäßigkeit,
(2) Rechtswidrigkeit und
(3) Schuld
vorliegen.
Fehlt ein Merkmal, (1) – (3), so liegt keine Straftat vor.

(1) Tatbestand
Als Tatbestand bezeichnet man alle Merkmale, welche die Tat beschreiben. Man unterscheidet

- den objektiven Tatbestand (den Gesetzestext, also das, was im anzuwendenden Paragrafen steht = objektive Tatbestandsmerkmale) und
- den subjektiven Tatbestand (= Wissen und Wollen des Täters; der sogenannte Vorsatz des Täters, der in dem Paragrafen im Regelfall nicht steht, sondern vorausgesetzt wird).

Beispiel 2: Bernd (aus Beispiel 1) erhält einen ersten Anruf auf seinem neuen Smartphone. Seine Freundin sagt den gemeinsamen Kinobesuch ab, auf den Bernd sich so gefreut hatte. Wutentbrannt wirft er sein neues Smartphone auf den Fußboden, sodass das Display zerstört wird.
Hier scheidet schon der objektive Tatbestand der Sachbeschädigung (§ 303 StGB) aus, da Bernd keine „fremde" Sache, sondern sein eigenes Smartphone beschädigt hat.

Achtung:
Für den Laien ist in schwierigen Fällen nicht immer ersichtlich, was sich hinter einem objektiven Tatbestandsmerkmal verbirgt. Kann man z. B. eine täuschend ähnliche Waffenattrappe, mit der ein Räuber einen Kassierer zur Herausgabe von Geld zwingt, als „Waffe" im Sinne des § 250 StGB (schwerer Raub) bezeichnen? Die Beantwortung sollte hier den Juristen überlassen werden.

Beispiel 3: Jan greift Tim grundlos körperlich an. Tim wehrt sich mit den Fäusten, wobei Jan eine Prellung im Gesichtsbereich erleidet.
Tim hat den objektiven Tatbestand der Körperverletzung (§ 223 StGB) erfüllt, da Jan einen Gesundheitsschaden (Verletzung, hier: Prellung) erlitten hat. Auch der subjektive Tatbestand ist erfüllt, da A mit Wissen und Wollen handelte.

Beispiel 4: Frau Arens zieht beim Verlassen eines Cafes versehentlich den Mantel eines anderen Gastes an und geht nach Hause.
Es fehlt am Diebstahlsvorsatz, da Frau Arens den Mantel für ihren eigenen hielt.

(2) Rechtswidrigkeit
Eine tatbestandsmäßige Handlung ist rechtswidrig, wenn kein Rechtfertigungsgrund eingreift.

Beispiel 5: In Beispiel 3 ist an den Rechtfertigungsgrund der Notwehr zu denken.
Da Tim grundlos angegriffen wurde, durfte er sich wehren. Die Körperverletzung ist durch Notwehr gerechtfertigt. Tim hat also keine Straftat begangen.

(3) Schuld
Schuld bedeutet Vorwerfbarkeit des Verhaltens. Die geistige Verfassung muss es dem Täter ermöglichen, sich frei zwischen Recht und Unrecht zu entscheiden. Der wichtigste Schuldausschließungsgrund ist die Schuldunfähigkeit wegen geringen Alters oder geistiger Störungen.

Beispiel 6: Die 18-jährige Kim lebt mit einer schweren geistigen Behinderung. Im Supermarkt entnimmt sie eine Tafel Schokolade und geht unbemerkt ohne zu zahlen nach Hause.
Tatbestand und Rechtswidrigkeit des Diebstahls (§ 242 StGB) liegen vor. Doch wegen der schwerwiegenden geistigen Behinderung ist Kim schuldunfähig: Es liegt keine Straftat vor.

Wichtige Rechtfertigungsgründe:

Notwehr
Gegenwehr gegen einen Angriff zum eigenen Schutz

Notstand
Jeder darf z. B. eine Fensterscheibe einschlagen (tatbestandsmäßige Sachbeschädigung), um ein Kind aus einem brennenden Haus zu retten.

Nothilfe
Gegengewehr zum Schutz eines anderen vor einem Angriff

Aufgabe 

Prüfen Sie, ob sich David, Sven und Niklas strafbar gemacht haben. Arbeiten Sie mit den §§ 32, 223, und 303 StGB. Erstellen Sie eine Tabelle wie unten.

David (13), Sven (15) und Niklas (14) wollen ein bisschen „Stress" machen. Als sie beginnen, sich in der belebten Innenstadt gegenseitig anzurempeln, stürzt Sven aus Versehen in eine Pfütze, wodurch der Markenanzug des Geschäftsmannes G so stark bespritzt wird, dass G ihn entsorgen muss.
Kurz danach kommt ihnen ihr „Feind" Jannik (15) entgegen. Jannik geht sofort auf Niklas los, mit dem er schon in der Schule Streit hatte. Niklas wehrt sich mit einem schmerzhaften Tritt in Janniks Magen, der Jannik zu Fall bringt. Als Jannik wehrlos am Boden liegt, verpasst ihm David schließlich noch einen Faustschlag ins Gesicht, der zu einer Platzwunde führt, die genäht werden muss.

Zur Erinnerung:
Tipps zur Rechtsrecherche im Inernet finden Sie auf S. 6.

	David	Sven	Niklas
Straftatbestand (§) aus dem StGB			
Tatbestand: objektiv (Gesetzestext): subjektiv (Wissen und Wollen):			
Rechtswidrigkeit: greifen Rechtfertigungsgründe ein?			
Schuld: greifen Schuldausschließungsgründe ein?			

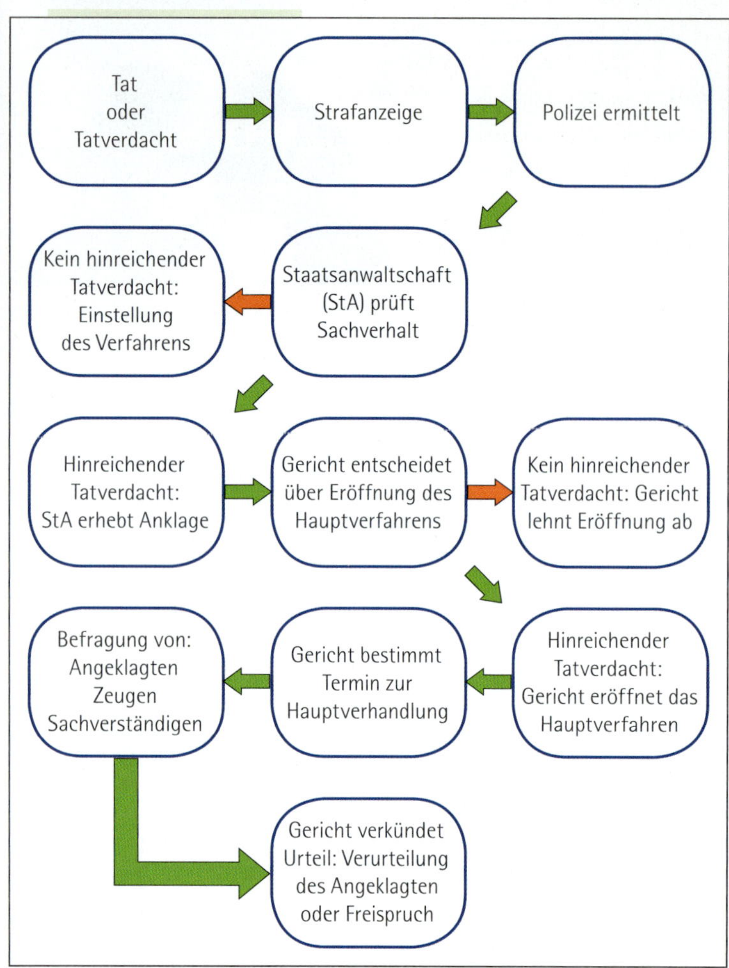

Stationen in einem Strafverfahren

5.5 | Der Strafprozess

In all den vorangegangenen Beispielen und Sachverhalten ist mit dem theoretischen Feststellen der Strafbarkeit in der Praxis noch nichts „gewonnen". Eine Bestrafung setzt nämlich voraus, dass der Täter in einem an strenge Formvorschriften gebundenen Strafprozess überführt und verurteilt wird. Der Strafprozess dient also der Feststellung von Straftaten/Straftätern sowie der Verhängung von Geld- oder Freiheitsstrafen – oder aber der Einstellung des Verfahrens bzw. einem Freispruch.

Ein Strafprozess beginnt gewöhnlich mit dem Erstatten einer Strafanzeige bei der Polizei oder der Staatsanwaltschaft. Die Staatsanwaltschaft ermittelt daraufhin in Zusammenarbeit mit der Polizei den Tathergang und sammelt Beweise. Bei schweren Delikten wie z. B. Mord wird „von Amts wegen" natürlich auch ohne eine Anzeige ermittelt.

Neben belastenden müssen auch entlastende Umstände ermittelt werden. Kommt die Staatsanwaltschaft zu dem Ergebnis, dass ein zur Strafanzeige gebrachter Sachverhalt nicht für eine Verurteilung reicht, stellt sie das Ermittlungsverfahren ein. Hält sie dagegen den Tatverdacht für hinreichend, beantragt sie bei Gericht den Erlass eines Strafbefehls oder erhebt Anklage.

Beispiel 7: Der 21-jährige Mark streitet mit seiner gleichaltrigen Freundin Yvonne. Als sie ihm vorwirft, sie betrogen zu haben, versetzt er ihr eine Ohrfeige. Zwar klingen Yvonnes Schmerzen bald ab, doch ist sie so wütend, dass sie einen Strafantrag bei der Polizei stellt. Ermittlungen werden aufgenommen. 14 Tage später versöhnen sich die beiden und Yvonne zieht den Antrag zurück. Kann Mark wegen Körperverletzung verurteilt werden?

Die Staatsanwaltschaft wird das Ermittlungsverfahren einstellen, obwohl eine Körperverletzung vorliegt. Gemäß § 230 StGB setzt eine Verfolgung der Körperverletzung nämlich entweder einen Strafantrag oder ein „besonderes öffentliches Interesse" voraus. Ein besonderes öffentliches Interesse an der Strafverfolgung fehlt hier, da die Verletzungsfolgen gering sind und die Verletzung zudem im privaten Bereich stattfand. Da auch der Strafantrag nicht mehr besteht, ist keine Verfolgung mehr möglich.

Strafbefehl
Strafe, die bei Vergehen ohne mündliche Verhandlung festgelegt wird

Plädoyer
zusammenfassende Rede des Strafverteidigers oder Staatsanwaltes

Wird Anklage erhoben, prüft das Gericht erneut, ob die ermittelten Beweise für eine Verurteilung ausreichen könnten. Wenn ja, wird ein Termin zur Hauptverhandlung bestimmt, wenn nein, stellt es das Verfahren ein. Im Termin wird die Anklage verlesen und dem Angeklagten die Möglichkeit gegeben, sich zu ihr zu äußern.

Zur Urteilsfindung werden Zeugen und Sachverständige gehört sowie Schriftstücke verlesen. Zum Schluss werden die Plädoyers gehalten. „Das letzte Wort" hat der Angeklagte. Das Urteil lautet auf Freispruch, Einstellung oder Verurteilung.

Beispiel 8: Der 23-jährige A hat aus Ärger über seinen Arbeitgeber auf dem Heimweg von der Nachtschicht an einer U-Bahn-Haltestelle randaliert und dort einen Sachschaden in Höhe von 8.500 Euro hinterlassen. Zum Zeitpunkt der Tat war A allein auf dem Bahnsteig. Nachdem Strafanzeige gestellt wurde, ermittelt die Polizei den A als einen von 30 möglichen Tätern, da er wie auch die übrigen 29 Personen als Fahrgast der U-Bahn ermittelt wurde und demnach wie diese auch am Tatort hätte sein *können*. Weitere Ermittlungen bleiben ergebnislos.

Hier wird es nicht zur Verurteilung des Täters wegen Sachbeschädigung kommen, höchstwahrscheinlich nicht einmal zum Gerichtsprozess. Zwar sind Tatbestand, Rechtswidrigkeit und Schuld gegeben. Nachgewiesen werden kann dem A die Tat aber kaum: Da es weder Zeugen des Tatgeschehens selbst noch Filmaufnahmen, Fotos oder sonstige Beweismittel gibt, könnte nur ein Geständnis weiterhelfen. A darf als Beschuldigter aber die Aussage verweigern, ohne dass es ihm zum Nachteil ausgelegt werden kann. Tut er dies, so muss davon ausgegangen werden, dass genauso einer der 29 anderen Verdächtigen der Täter hätte sein können. Mangels hinreichenden Tatverdachts wird die Staatsanwaltschaft das Verfahren einstellen.

„Das letzte Wort"
Vor der Beratung des Gerichts darf der Angeklagte sich erneut äußern, dabei steht es ihm frei, ob er etwas sagen will.

Beachte: Schadensersatzansprüche aufgrund erlittener Straftaten müssen in einem Extraverfahren, einem Zivilprozess, durchgesetzt werden.

5.6 | Nach der Verurteilung: „Lebenslang" heißt nicht ein Leben lang

Beispiel 9: Herbert K. ist wegen Mordes 2004 zu einer lebenslangen Freiheitsstrafe verurteilt worden. Seine Frau, Karin K., hat sich 2008 von ihm scheiden lassen und hofft, nie wieder etwas von ihm zu hören. Als es am 8. Juni 2020 an ihrer Tür klingelt, erstarrt sie vor Schreck: Herbert K. steht vor der Tür. Wie ein gehetzter Ausbrecher sieht er nicht aus. Vielmehr wirkt er ganz entspannt. Wie ist das möglich?

Auch dem zu lebenslanger Haft Verurteilten darf nicht die Hoffnung genommen werden, je wieder in Freiheit zu leben. Alles andere wäre nach Ansicht des Bundesverfassungsgerichts nicht mit der Menschenwürde vereinbar. Deshalb steht im Urteil eine Mindesthaftdauer, die meist bei 15 Jahren (in schweren Fällen auch darüber) liegt.

Nach Ablauf der Mindesthaftdauer wird geprüft, ob von dem Gefangenen noch Gefahr ausgeht. Ist dies nicht der Fall, kann der Rest der Strafe zur Bewährung ausgesetzt werden. Herbert K. kann also ganz legal bereits im Jahr 2019 aus der Haft entlassen worden sein. Doch er muss sich bewähren. Begeht er in den nächsten fünf Jahren eine weitere Straftat, wird die Strafaussetzung widerrufen und er muss ins Gefängnis zurück.

5.7 | Das Jugendstrafrecht

Neben dem bisher behandelten Erwachsenenstrafrecht gibt es noch ein Sonderstrafrecht für junge Täter. Das sogenannte Jugendstrafrecht findet Anwendung, wenn der Täter zum Zeitpunkt der Tat 14, aber noch nicht 18 Jahre alt ist. Für Heranwachsende (18 – 20 Jahre) kann ebenfalls Jugendstrafrecht zur Anwendung kommen, wenn der geistige Reifezustand zur Tatzeit im Hinblick auf die konkrete Tat noch dem eines Jugendlichen entsprach.

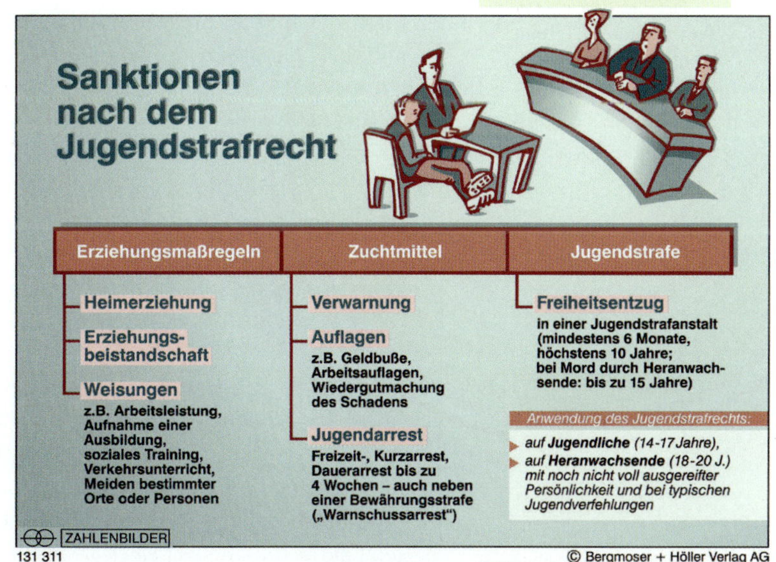

Von vielen Menschen wird das Jugendstrafrecht als nicht streng genug kritisiert. Allerdings wissen nur wenige, wie das Jugendstrafrecht wirklich funktioniert.

Das Jugendstrafrecht hat gegenüber dem „normalen" Strafrecht einige Besonderheiten:

- Es handelt sich um **Erziehungsstrafrecht**, d.h., dass die Erziehung vorrangig ist, nicht die Strafe.
- Die Bestrafung des Täters (Jugendstrafe) ist nur als letztes Mittel bei besonders schweren Straftaten anzuwenden. Im Vordergrund stehen Erziehungsmaßregeln (z.B. Erziehungshilfe, Sozialstunden) und Zuchtmittel (Verwarnung, Auflagen, Jugendarrest).
- Das Jugendgerichtsgesetz (JGG) regelt neben den genannten Rechtsfolgen der Jugendstraftat vor allem den Ablauf des Jugendstrafverfahrens.
- Die Straftatbestände (Diebstahl, Körperverletzung usw.) sind dagegen wie beim Erwachsenenstrafrecht dem StGB zu entnehmen.
- Wenn Anklage erhoben wird, entscheiden spezielle Jugendgerichte über den Fall.

Beispiel 10: Abwandlung des Aufgaben-Sachverhalts aus Abschnitt 5.4 (Seite 71): Jannik nutzt Niklas' Überraschung aus, versetzt ihm einen Tritt gegen das Bein und flüchtet dann. Außer einem blauen Fleck trägt Niklas keine Schäden davon.
Es liegt zwar eine (leichte) Körperverletzung vor (§ 223 StGB). Wenn Jannik aber bisher strafrechtlich noch nicht in Erscheinung getreten ist, wird der zuständige Jugendrichter keine Jugendstrafe, sondern wahrscheinlich lediglich eine Erziehungsmaßregel gegen ihn verhängen. Denkbar wäre hier eine Weisung zur Erbringung mehrerer Arbeitsleistungen.

Die vorsätzliche Tötung ist nur dann Mord, wenn mindestens ein Mordmerkmal beim Täter vorliegt.

Gut zu wissen | **„Beliebte" Rechtsirrtümer im Strafrecht**

- *„Vorsätzliche Tötung ist Mord, fahrlässige Tötung ist Totschlag."*
  Falsch: Die vorsätzliche Tötung eines Menschen bezeichnet man als Totschlag (§ 212 StGB). Nur wenn *zusätzlich* ein Mordmerkmal vorliegt, handelt es sich um Mord (§ 211 StGB). Mordmerkmale sind z.B. Heimtücke, Grausamkeit, Habgier oder die Absicht, eine bereits begangene Straftat zu verdecken. Für die fahrlässige Tötung sieht das StGB einen eigenen Straftatbestand vor: § 222 StGB.

- *„Unwissenheit schützt vor Strafe nicht."*
  Falsch: Die meisten Straftatbestände im StGB setzen Vorsatz, also Wissen voraus. Wer z.B. mit einem Auto beim Ausparken eine Delle bei einem anderen Fahrzeug verursacht, dies aber nicht bemerkt hat, muss zwar nach Zivilrecht „blechen". Bestraft wird er jedoch nicht, da eine fahrlässige Sachbeschädigung nicht strafbar ist.

- *„Beamtenbeleidigung ist ein selbstständiger Straftatbestand."*
  Falsch: Wer einen Polizeibeamten beleidigt, begeht ebenso „nur" eine einfache Beleidigung (§ 185 StGB) wie derjenige, der einen Freund im Streit beleidigt. Allerdings kann der für die Strafverfolgung erforderliche Strafantrag nicht nur vom Beleidigten selbst, sondern auch von dessen Dienstvorgesetzten gestellt werden (§ 194 StGB).

- *„Das erhöhte Beförderungsentgelt ist die Strafe für Schwarzfahren."*
  Falsch: Das erhöhte Beförderungsentgelt (Regelfall: 60,– Euro) muss im Falles des „Schwarzfahrens" aufgrund der zivilrechtlichen AGB (vgl. Abschnitt 4.6.5.5) des Beförderungsunternehmens gezahlt werden. Strafrechtlich gesehen liegt bei vorsätzlichem Schwarzfahren ein Erschleichen von Leistungen (§ 265a StGB) vor. Wie bei jeder Straftat setzt die Bestrafung hier einen Strafprozess voraus.

6.1 | Rechtsgrundlagen im System der dualen Berufsausbildung

Auszubildende(r) ist, wer sich in einer Berufsausbildung befindet, die mit einer Prüfung abschließt. In Deutschland wird zumeist eine duale (also: zweigeteilte) Berufsausbildung verfolgt, welche die Praxis im Ausbildungsbetrieb mit der Theorie aus der Berufsschule verbindet.

Dual ist nicht nur das System der Berufsausbildung selbst, dual sind auch die Rechtsgrundlagen, auf denen es aufbaut. Während für den Berufsschulunterricht – wie für das gesamte Schulwesen in Deutschland – die Bundesländer zuständig sind und damit die **Schulgesetze** der Länder gelten, ist im Verhältnis zwischen Auszubildendem und Ausbildungsbetrieb (Ausbilder) das **Berufsbildungsgesetz (BBiG)**, ein Bundesgesetz, anzuwenden.

Während BBiG und Schulgesetze für alle Auszubildenden gelten, gibt es für die einzelnen Ausbildungsberufe **Ausbildungsordnungen** im Rang von Bundesrechtsverordnungen, die in Verbindung mit Ausbildungsrahmenplänen Einzelheiten wie z. B. Dauer und fachliche Inhalte der betrieblichen Ausbildung festlegen. Für die schulische Ausbildung in den einzelnen Ausbildungsberufen gibt es bundeseinheitliche **Rahmenlehrpläne** und Landeslehrpläne der Bundesländer.

Im Januar 2020 wurde das BBiG geändert. So ist nun in § 17 Abs. 2 eine Mindestausbildungsvergütung (515 € für das erste Jahr bei Ausbildungsbeginn im Jahr 2020) verankert, die stufenweise bei späterem Ausbildungsbeginn erhöht wird. Wer sich näher über die Änderungen im BBiG informieren will, kann die obige Broschüre auf der Homepage des Bundesministeriums für Bildung und Forschung (www.bmbf.de) herunterladen.

Beispiel 1: Sybille hat die Gelegenheit, in wenigen Monaten beim Internisten Dr. Just in Dortmund eine Ausbildung zur Medizinischen Fachangestellten zu beginnen. Bevor sie sich für die Ausbildung zur „MFA" entscheidet, möchte sie wissen, wie lange die Ausbildung eigentlich dauert und ob ihr Dr. Just eine *Vergütung* zahlen muss. In ihrer Freizeit engagiert sich Sybille für die Jugendorganisation einer politischen Partei. Nun möchte sie auch noch wissen, ob sie die monatlich erscheinende Zeitung der Jugendorganisation in der Berufsschule verteilen darf.

Wenn Sybille die in Kapitel 2 gegebenen Hinweise zum „Arbeiten mit dem Gesetz" beachtet, wird sie zu „ihrem Recht" finden. Fündig wird sie dabei in drei unterschiedlichen „Rechtsquellen":

1. *In § 2 der „Verordnung über die Berufsausbildung zum Medizinischen Fachangestellten/zur Medizinischen Fachangestellten (MedFAngAusbV)", einer Bundesrechtsverordnung, ist die Dauer der Ausbildung auf drei Jahre festgelegt.*
2. *Hinsichtlich der Vergütungsfrage, die sich nicht nur auf die MFA-Ausbildung, sondern auf alle Ausbildungsverhältnisse bezieht, liefert § 17 Abs. 1 BBiG die Antwort: „Ausbildende haben Auszubildenden eine angemessene Vergütung zu gewähren."*
3. *Was das Verteilen von politischen Druckerzeugnissen in der Schule anbetrifft, hilft das Schulgesetz des betreffenden Bundeslandes, hier Nordrhein-Westfalen, weiter. Dort heißt es in § 56: „Schulfremde Druckschriften dürfen auf dem Schulgrundstück an die Schülerinnen und Schüler nicht verteilt werden." Sybille darf die Zeitung also nicht verteilen.*

6.2 | Der Ausbildungsvertrag

6.2.1 Zustandekommen des Ausbildungsvertrages

In jedem staatlich anerkannten Ausbildungsberuf muss zwischen dem Ausbildungsbetrieb (Ausbildenden) und dem Auszubildenden ein Ausbildungsvertrag geschlossen werden. Minderjährige Auszubildende werden beim Vertragsschluss durch ihre Eltern vertreten. Der Ausbildungsvertrag wird zwar in aller Regel schriftlich abgeschlossen, vorgeschrieben ist dies juristisch gesehen jedoch nicht. Dies führt immer wieder zu Missverständnissen.

Der Ausbildungsvertrag wird zwar in aller Regel schriftlich geschlossen. Doch auch der mündliche Vertrag ist wirksam.

Beispiel 2: Die 17-jährige Sybille hat sich gemeinsam mit ihren Eltern bei Dr. Just vorgestellt. Bei einem zweiten Treffen am 15.06.2020 einigen sich Dr. Just, Sybille und ihre Eltern mündlich darauf, dass Sybille am 01.09.2020 ihre Ausbildung in der Praxis von Dr. Just beginnen soll. Schriftlich fixieren könne man das ja immer noch. Wie abgesprochen beginnt Sybille am 01.09.2020 mit der Ausbildung – ohne schriftlichen Vertrag. Als Dr. Just ihr am 20. Oktober noch immer keinen Cent Ausbildungsvergütung gezahlt hat, fragt Sybille nach. Auf ihre Nachfrage äußert sich Dr. Just so: „Da kein Ausbildungsvertrag abgeschlossen wurde, kann von einer richtigen Ausbildung gar nicht die Rede sein." Wie ist der Fall rechtlich aufzulösen?

Wie bereits in diesem Buch dargelegt, sind auch mündliche Verträge (wie hier die Einigung vom 15.06.2020) grundsätzlich wirksam. Wird bei einer Vertragsart Schriftform verlangt, muss dies speziell gesetzlich geregelt sein. Das ist im für den Berufsausbildungsvertrag zuständigen BBiG jedoch nicht der Fall. Ausbildungsverträge können also auch mündlich geschlossen werden.

Dieses Ergebnis macht auch Sinn, denn sonst könnten sich die (im Regelfall am „längeren Hebel" sitzenden) Ausbildenden nach Belieben auf die fehlende Schriftform und damit auf die Nichtigkeit des Ausbildungsvertrages berufen: Die betroffenen Auszubildenden hätten dann weder einen Ausbildungsplatz noch einen Vergütungsanspruch für ihre geleisteten Tätigkeiten. Der mündliche Ausbildungsvertrag ist hier also gültig und Sybille hat gegen Dr. Just einen Anspruch auf Zahlung einer angemessenen Vergütung (§ 17 Abs. 1 BBiG).

Was häufig mit dem Schriftformzwang verwechselt wird, ist die sich aus § 11 BBiG ergebende Pflicht des Ausbildenden zur Niederschrift der wesentlichen Vertragsinhalte (siehe Schaubild unten). Sybille hat hier schon seit Beginn der Ausbildung einen Anspruch auf Aushändigung dieser Niederschrift gegen Dr. Just. Weigert sich dieser, ihr eine Vertragsniederschrift auszuhändigen, bleibt der Ausbildungsvertrag aber natürlich bestehen.

6.2.2 Inhalte des Ausbildungsvertrages im Überblick

Bei der Festlegung der regelmäßigen täglichen Ausbildungszeit und der Dauer des Urlaubs muss im Fall der 17-jährigen Sybille das Jugendarbeitsschutzgesetz (JArbSchG) beachtet werden. Vertiefte Informationen zum JArbSchG finden Sie im Abschnitt 7.3.1.

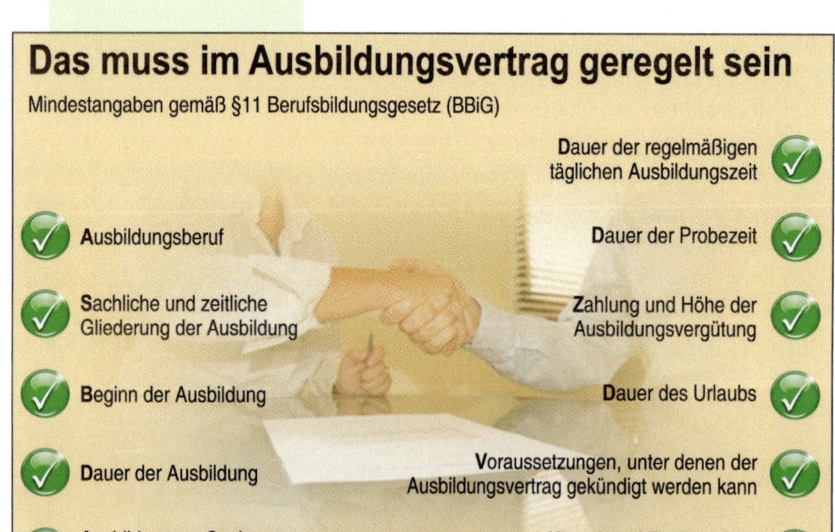

Die Dauer der Ausbildung ergibt sich – wie in Beispiel 1 gezeigt – aus der Ausbildungsordnung. Die Dauer der Probezeit ist wiederum im BBiG (§ 20) auf mindestens einen und höchstens vier Monate festgelegt.

Was die Höhe der Ausbildungsvergütung anbetrifft, bestimmt das BBiG seit 2020 in § 17 Abs. 2 einen Mindestwert. Was darunter liegt, ist unangemessen. Dessen ungeachtet wird die (über dem Mindestwert liegende) Vergütungshöhe in den meisten Branchen zwischen den Tarifpartnern (Arbeitgeberverbände und Gewerkschaften) vereinbart und in Tarifverträgen (siehe Abschnitt 7.4.1) festgeschrieben.

Die Vertragsfreiheit beim Ausbildungsvertrag ist also nicht in Bezug auf die Form, wohl aber in Bezug auf die Vereinbarung bestimmter Inhalte beschränkt. Der Vertrag ist z. B. unwirksam, sobald in ihm bestimmte tägliche Höchstarbeitszeiten nach dem JArbSchG überschritten werden. Folge ist aber nicht die Nichtigkeit des Ausbildungsvertrages. Vielmehr tritt an die Stelle der zu langen täglichen Arbeitszeit eine nach dem JArbSchG noch erlaubte Arbeitszeit. Zur eingeschränkten Vertragsfreiheit im Ausbildungsrecht ein weiteres Beispiel:

Beispiel 3: Malik hat einen Ausbildungsplatz als Mediengestalter bei der Pier Medien OHG in Hannover erhalten. In § 7 des Ausbildungsvertrages steht, dass es Malik innerhalb von drei Jahren nach erfolgreich abgeschlossener Ausbildung untersagt ist, für einen Konkurrenten der Pier Medien OHG in Hannover zu arbeiten. Ist die Klausel okay?

Die Klausel ist unwirksam, da gemäß § 12 BBiG Vereinbarungen, die Auszubildende für die Zeit nach Beendigung des Berufsausbildungsverhältnisses in der Ausübung ihrer beruflichen Tätigkeit beschränken, nichtig sind. Malik kann nach abgeschlossener Ausbildung auch innerhalb von Hannover zu einem Konkurrenten wechseln. Der Ausbildungsvertrag im Übrigen bleibt wirksam.

Wer einen Ausbildungsvertrag hat, darf sich freuen. Die Vertragsfreiheit ist zugunsten des Auszubildenden eingeschränkt.

Nichtig sind auch Vereinbarungen, in denen sich der Auszubildende zur Zahlung einer Ausbildungsentschädigung, von Vertragsstrafen oder zum Verzicht auf Schadensersatzansprüche verpflichtet.

6.3 | Pflichten von Auszubildenden und Ausbildenden

Die sich aus dem Ausbildungsverhältnis ergebenden Pflichten von Auszubildenden und Ausbildenden sind in den § 13 ff. BBiG festgeschrieben und in der Übersicht (unten) zusammengefasst. Dabei ist häufig, wie etwa im Fall der Vergütung, die Pflicht des einen gleichzeitig ein Recht des anderen.

Auszubildende und Ausbildende haben Anspruch darauf, dass der jeweils andere seine Pflichten einhält. Ist dies nicht der Fall, können – gegebenenfalls vor dem Arbeitsgericht – Schadensersatzansprüche geltend gemacht oder aber das Ausbildungsverhältnis durch Kündigung (vgl. Abschnitt 6.4) beendet werden.

Dabei sollten Auszubildende jedoch sorgfältig abwägen, ob sie schon bei leichteren Pflichtverletzungen des Ausbildenden rechtlich vorgehen wollen. Ist der Fall nämlich erst einmal beim Arbeitsgericht gelandet, ist schwer vorstellbar, dass das Ausbildungsverhältnis noch zu einem erfolgreichen Abschluss gebracht wird.

Auszubildende haben die Pflicht …	Ausbildende (Ausbildungsbetriebe) haben die Pflicht …
an allen vorgeschriebenen Ausbildungsmaßnahmen teilzunehmen	Auszubildende für Berufsschulunterricht, außerbetriebliche Ausbildungsmaßnahmen und Prüfungen freizustellen
Anweisungen der Ausbildenden zu befolgen und zur Verfügung gestellte Arbeits- und Lernmittel sorgsam zu behandeln	Auszubildenden die benötigten Arbeits- und Lernmittel kostenlos zur Verfügung zu stellen
Betriebsgeheimnisse zu wahren	Auszubildenden eine angemessene monatliche Vergütung zu zahlen
schriftliche Ausbildungsnachweise zu führen (wenn nicht anders vereinbart)	Auszubildende entsprechend den Ausbildungszielen zu unterweisen und ihnen nur ausbildungsbezogene Tätigkeiten zu übertragen
Ausbildende bei Fernbleiben von Betrieb und Berufsschule unverzüglich zu informieren und ein ärztliches Attest vorzulegen	Auszubildenden nach Abschluss der Berufsausbildung ein betriebliches Zeugnis auszustellen

Beendigung des Ausbildungsverhältnisses (§ 21 BBiG)
Ohne Kündigung endet die Ausbildung mit dem Ablauf der Ausbildungszeit bzw. mit Bestehen der Abschlussprüfung. Wird diese nicht bestanden, kann die Ausbildung bis zur Wiederholungsprüfung verlängert werden.

6.4 | Die Kündigung des Ausbildungsvertrages

6.4.1 Kündigung während der Probezeit

Während der Probezeit – also maximal in den ersten vier Monaten der Ausbildung – kann das Ausbildungsverhältnis von beiden Seiten ohne Angabe von Gründen und fristlos gekündigt werden (§ 22 Abs. 1 BBiG). Die Kündigung muss schriftlich erfolgen.

Beispiel 4: Melanie (18) hat nur deshalb eine Ausbildung zur Industriekauffrau beim Ausbildenden A begonnen, weil sie keinen Ausbildungsplatz zur Kauffrau für Büromanagement gefunden hat. Nach vier Tagen erfährt sie jedoch, dass sie nun plötzlich doch (und zwar sofort) eine Ausbildung zur Kauffrau für Büromanagement bei B beginnen könnte. Was kann sie tun?

Da die Probezeit läuft, kann Melanie ohne Angabe von Gründen fristlos kündigen. Fristlos bedeutet „mit sofortiger Wirkung". Drückt sie dem Ausbildenden A am Montag ein entsprechendes Schriftstück (z.B.: „Ich kündige mit sofortiger Wirkung.") in die Hand, könnte sie bereits am Dienstag die neue Ausbildung bei B beginnen.

Während der Probezeit stehen Auszubildende unter besonderer Beobachtung – eine vereinfachte Kündigung ist möglich. Nach der Probezeit steht Auszubildenden neben der außerordentlichen fristlosen auch die ordentliche Kündigung (Frist: vier Wochen) offen – Letztere, um den Ausbildungsberuf zu wechseln oder aufzugeben.

6.4.2 Kündigung nach der Probezeit

Nach der Probezeit kann der Ausbildende das Berufsausbildungsverhältnis nur aus wichtigem Grund außerordentlich und fristlos kündigen (§ 22 Abs. 2 BBiG). **Wichtige Gründe** sind z. B.
- wiederholtes Fehlen oder Mitarbeitsverweigerung in der Berufsschule
- unabgesprochener Urlaubsantritt oder ungenehmigte Urlaubsverlängerung
- mehrmaliges unentschuldigtes Fehlen oder Verspätung am Ausbildungsplatz
- während der Ausbildungszeit begangene Straftaten (z.B. Diebstahl)

Eine Kündigung ist **unwirksam**,
- wenn sie nicht schriftlich unter genauer Angabe der Gründe ausgesprochen wird;
- wenn dem Ausbilder der Kündigungsgrund länger als zwei Wochen bekannt ist;
- wenn der Betriebsrat vor der Kündigung nicht angehört wurde.

Grundsätzlich muss der fristlosen Kündigung auch eine entsprechende Abmahnung vorausgegangen sein.

Auch der Auszubildende kann aus wichtigem Grund außerordentlich und fristlos kündigen. Wichtige Gründe liegen vor allem vor, wenn der Ausbildende schwerwiegend gegen seine Pflichten (vgl. Abschnitt 6.3) verstößt. Mehr Informationen zur Kündigung finden Sie im Abschnitt 7.2.4.

Aufgabe

Untersuchen Sie die folgenden Fallkonstellationen auf rechtliche Fehler.

1. Annika beginnt am 01.09.2019 eine Lehre zur Kauffrau im Einzelhandel. Am 01.02.2020 kündigt ihr der Ausbildende „fristgemäß zum 01.03.2020."
2. Alexander hat gerade eine Ausbildung zum Mechatroniker begonnen. Zum Thema „Urlaub" steht im Ausbildungsvertrag lediglich: „Urlaub steht dem Auszubildenden nur zu, wenn die Bedürfnisse des Betriebes es zulassen."
3. Als Alexanders erster Schulblock ansteht, fordert ihn der Ausbildende auf, statt zur Schule in den Betrieb zu kommen, da „dringende Arbeit" zu erledigen sei.
4. Svenja, Auszubildende zur Verwaltungsfachangestellten, stößt auf folgende Klausel in ihrem Ausbildungsvertrag: „Die Kündigung ist jederzeit mit einer Frist von vier Wochen ohne Angabe eines Kündigungsgrundes möglich."

7.1 | Einführung

Das Arbeitsrecht unterteilt sich in die drei Hauptbereiche des individuellen, des kollektiven Arbeitsrechts und des Arbeitsschutzrechts. Streitigkeiten in diesen Teilbereichen sind – sofern sie nicht außergerichtlich ausgeräumt werden können – vor dem Arbeitsgericht auszutragen.

Individualarbeitsrecht:
Das individuelle oder Individualarbeitsrecht regelt das Arbeitsverhältnis zwischen dem Arbeitgeber und dem Arbeitnehmer. Es befasst sich hauptsächlich mit dem Zustandekommen des Arbeitsvertrages, mit den Pflichten von Arbeitgeber und Arbeitnehmer und mit der Beendigung des Arbeitsverhältnisses.

Arbeitsschutzrecht:
Das Arbeitsschutzrecht umfasst Vorschriften zur Abwendung von Gefahren im Bereich des Arbeitnehmers. Dabei stehen sich sozialer Arbeitsschutz (z. B. Arbeitszeitgesetz, Mutterschutz) und technischer Arbeitsschutz gegenüber. Letzterer befasst sich vorrangig mit der Vermeidung von Gesundheitsgefahren am Arbeitsplatz.

Kollektives Arbeitsrecht:
Unter kollektivem Arbeitsrecht versteht man das Recht der arbeitsrechtlichen Koalitionen (Gewerkschaften und Arbeitgeberverbände), das Tarifvertragsrecht, das Arbeitskampfrecht (Streiks und Aussperrungen) sowie das Mitbestimmungsrecht in Unternehmen und Betrieben.

7.2 | Individualarbeitsrecht

7.2.1 Vorstellungsgespräch: Anbahnung eines Arbeitsvertrages

Wer nach erfolgreich absolvierter Ausbildung die erste Hürde der Bewerbungsphase geschafft hat und zum Vorstellungsgespräch eingeladen wird, muss auch rechtlich einiges beachten.

Das persönliche Gespräch dient dem Arbeitgeber dazu, umfangreiche Informationen über den (zukünftigen) Arbeitnehmer zu erhalten. Für den Arbeitgeber ist jede Einstellung auch ein wirtschaftliches Risiko. Daher möchte er sich so weit wie möglich absichern.

Die Begriffe **Arbeitsvertrag** und **Arbeitsverhältnis** werden zumeist synonym (also austauschbar) benutzt. Genau genommen bildet der Arbeitsvertrag die rechtliche Grundlage für das Arbeitsverhältnis.

Die zu diesem Zweck gestellten Fragen dürfen jedoch das Persönlichkeitsrecht des Bewerbers nicht verletzen. Zulässig sind deshalb nur Fragen, an denen der Arbeitgeber ein „berechtigtes und schutzwürdiges Interesse" hat. Dieses liegt vor, wenn die Fragen einen Bezug zu der Beschäftigung haben. Fragen über persönliche Daten von Verwandten, Freizeitbeschäftigungen sowie indirekte Fragen, z. B. nach dem Kinderwunsch, dürfen nicht gestellt werden.

Stellt der Arbeitgeber im Bewerbungsgespräch dennoch unzulässige Fragen, so kann der Bewerber sich auf die Unzulässigkeit berufen und die Beantwortung ablehnen. Da diese Verhaltensweise für die meisten Bewerber unzumutbar ist, räumt die Rechtsprechung den Bewerbern ein „Recht auf Lügen" ein. Dies bedeutet, dass der Bewerber auch bewusst eine falsche Antwort auf eine (unzulässige) Frage geben darf.

Diese Erlaubnis gilt jedoch nur für die von der Rechtsprechung anerkannten unzulässigen Fragen, denn die Falschbeantwortung einer vom Arbeitgeber gestellten (zulässigen) Frage ist eine Täuschung und berechtigt diesen zur Anfechtung des Arbeitsvertrages.

Ein Überblick über unzulässige Fragen, die häufig an Bewerber(innen) gestellt werden:

- Besteht eine Schwangerschaft?
- Besteht eine nichteheliche Lebensgemeinschaft oder die Absicht einer Eheschließung bzw. Scheidung?
- Sind die Vermögensverhältnisse geordnet?
- Sind Vorstrafen vorhanden oder laufen Ermittlungsverfahren?
- Welcher Konfession hängt der Bewerber an?
- Besteht Mitgliedschaft in einer Gewerkschaft oder Partei?
- Welche Krankheiten liegen vor?

Achtung: Fragen nach Krankheiten, Konfession und Vorstrafen *können* zulässig sein, wenn sie im Einzelfall für das Arbeitsverhältnis Bedeutung haben.

Arbeitgeber
Als Arbeitgeber bezeichnet man jede natürliche oder juristische Person, die mindestens eine andere Person in einem Arbeitsverhältnis entgeltlich beschäftigt.

Arbeitnehmer
Arbeitnehmer ist, wer in ein Arbeitsverhältnis eingebunden ist und einer vom Arbeitgeber abhängigen, weisungsgebundenen Tätigkeit nachgeht.

Beispiel 1: Fachlagerist Florian bewirbt sich um eine Stelle im Lager des K-Konzerns. Auf die Frage nach Krankheiten antwortet er: „Bei mir ist alles okay." Tatsächlich ist bei ihm erst vor wenigen Tagen ein Bandscheibenvorfall festgestellt worden. Das Heben schwerer Gegenstände ist ihm untersagt. Florian bekommt den Job. Nach zwei Monaten muss er sich erneut wegen des Bandscheibenvorfalls in ärztliche Behandlung begeben und ist bis auf Weiteres arbeitsunfähig. Der Chef C erklärt ihm, dass er den Arbeitsvertrag wegen Täuschung auflöst.

Zwar sind Fragen nach Krankheiten grundsätzlich unzulässig, doch da der Bandscheibenvorfall für die Verwendbarkeit im Lager Bedeutung hat, durfte Florian nicht lügen. Es liegt der Anfechtungsgrund der arglistigen Täuschung vor (§ 123 Abs. 1 BGB). Da C die Anfechtung erklärt hat (dass er „Auflösung" sagt, ist egal), ist der Arbeitsvertrag rückwirkend nichtig.

Beispiel 2: Tim ist wegen Diebstahls eines größeren Geldbetrages vorbestraft. Er bewirbt sich parallel im Bewachungsgewerbe bei B (einem Unternehmen für Geldtransporte) und beim Callcenter C als Callcenteragent. Bei beiden Vorstellungsgesprächen verneint er die Frage nach einer bestehenden Vorstrafe. Welcher Arbeitsvertrag könnte angefochten werden?

Die Frage nach Vorstrafen ist grundsätzlich unzulässig – es sei denn, dass sie für das angestrebte Arbeitsverhältnis von Bedeutung ist. Im Fall des Callcenters ist dies nicht der Fall, da die Tätigkeit des Callcenteragenten keinen Bezug zu dem Diebstahl hat. Anders sieht dies bei der Bewachung von Geldtransporten aus. Der Arbeitgeber kann hier keine Mitarbeiter gebrauchen, die zu Vermögensstraftaten neigen. C kann hier den Arbeitsvertrag nicht wegen arglistiger Täuschung anfechten, wohl aber B.

7.2.2 Zustandekommen und Inhalt des Arbeitsvertrages

Ähnlich wie beim Ausbildungsvertrag hält sich beim Arbeitsvertrag hartnäckig die Auffassung, dass er schriftlich abgeschlossen werden müsse, um wirksam zu sein. Dies ist jedoch nicht der Fall: Auch im Arbeitsrecht gilt der Grundsatz der Formfreiheit. Wenn Schriftform verlangt wird, muss dies gesetzlich bestimmt sein. Zweck der Formfreiheit: Wären mündliche Verträge unwirksam, dann könnte der in der stärkeren Position befindliche Arbeitgeber Vorteile daraus ziehen. Dies soll nicht möglich sein.

Beispiel 3: Im Lager des Fabrikanten F ist ein unerwarteter Personalengpass entstanden. Als Fachlagerist Florian sich bei F vorstellt, eröffnet ihm dieser: „Lassen Sie uns gar nicht lange reden. Sie können morgen bei uns anfangen." Florian tritt etwas überrascht, aber pünktlich am nächsten Tag um 7 Uhr zur Arbeit an. Unter dem täglichen Dauerstress kommt er gar nicht dazu, das Thema „Arbeitsvertrag" anzusprechen. Nach sieben Wochen kommt F ins Lager und sagt zu Florian: „Sie brauchen ab morgen nicht mehr zu kommen." Kann Florian dennoch auf Weiterbeschäftigung bestehen?

Florian kann auf Weiterbeschäftigung bestehen, wenn er einen gültigen Arbeitsvertrag hat. Ein solcher ist hier zwischen F und ihm zustande gekommen, denn es wurde Einigung erzielt über Florians weisungsgebundene Tätigkeit im Lager des F. Zwar wurde nicht über die Vergütung als einen der Hauptbestandteile des Arbeitsvertrages gesprochen, doch gilt eine Vergütung gemäß § 612 Abs. 1 BGB als stillschweigend vereinbart, da Florians Arbeitsleistung hier natürlich „den Umständen nach nur gegen eine Vergütung zu erwarten ist." Da auch keine Schriftform für den Abschluss des Arbeitsvertrages erforderlich ist, lag zunächst ein gültiger Arbeitsvertrag vor.

Der Arbeitsvertrag könnte durch die Erklärung des F, dass Florian nicht mehr zu kommen brauche, hinfällig geworden sein. Es könnte eine Kündigung vorliegen. Abgesehen davon, ob hier eine Kündigung überhaupt wirksam hätte erfolgen können (vgl. hierzu Abschnitt 7.2.4.2), fehlt es an der Schriftform der Kündigung. Denn anders als der Arbeitsvertrag muss dessen Kündigung immer schriftlich erfolgen (§ 623 BGB) – und zwar auch dann, wenn der Arbeitsvertrag selbst nur mündlich abgeschlossen wurde. Florian kann hier also Weiterbeschäftigung verlangen, da sein Arbeitsvertrag weiterhin gültig ist.

Arbeitsvertrag
Der Arbeitsvertrag ist eine spezielle Form des Dienstvertrages. Der Arbeitnehmer schuldet nur die Arbeits*leistung*, keinen konkreten Arbeits*erfolg*. Geregelt ist der Arbeitsvertrag seit April 2017 in § 611a BGB.

Nicht zu verwechseln mit dem Schriftformerfordernis ist der Anspruch des Arbeitnehmers auf Aushändigung einer Niederschrift über die wesentlichen Vertragsbedingungen gemäß § 2 des „Gesetzes über den Nachweis der für ein Arbeitsverhältnis geltenden wesentlichen Bedingungen" (kurz: **Nachweisgesetz**). Diesen Anspruch kann der Arbeitnehmer innerhalb eines Monats nach Beginn des Arbeitsverhältnisses geltend machen, wenn ein (ausführlicher) schriftlicher Arbeitsvertrag fehlt.

Mit der „Roten Karte" ist es nicht getan: Anders als der Arbeitsvertrag selbst bedarf dessen Kündigung zwingend der Schriftform.

Der Anspruch erleichtert dem Arbeitnehmer die Beweisführung vor Gericht, falls Streitigkeiten über die Bedingungen des Arbeitsvertrages bestehen. Kommt der Arbeitgeber der Nachweispflicht nicht nach, bleibt der (mündliche) Arbeitsvertrag in vollem Umfang wirksam. Nachweispflichtige wesentliche Vertragsbedingungen sind:

- Namen und Anschriften der Vertragspartner
- Beginn des Arbeitsverhältnisses
- Dauer des Arbeitsverhältnisses (falls befristet)
- Tätigkeitsbeschreibung und Arbeitsort
- Arbeitszeit
- Kündigungsfristen
- Vergütung und Sonderzahlungen
- Dauer des jährlichen Urlaubs
- Hinweis auf die Tarifverträge, Betriebs- oder Dienstvereinbarungen, die auf das Arbeitsverhältnis anzuwenden sind

Der Anspruch auf Aushändigung einer Niederschrift der wesentlichen Vertragsbedingungen ist auch vor dem Arbeitsgericht einklagbar. Er gilt allerdings nicht für Aushilfen, die höchstens für einen Monat eingestellt werden.

7.2.3 Rechte und Pflichten aus dem Arbeitsvertrag

Aus § 611a BGB ergeben sich für die Vertragsparteien Rechte und Pflichten. Die **Hauptpflicht des Arbeitgebers** ist die **Zahlung der Vergütung** nach erbrachter Leistung. Dabei sind verschiedene Formen der Entlohnung möglich (z. B. monatlich, leistungsbezogen). Der Arbeitgeber bleibt auch zur Zahlung verpflichtet, wenn der Arbeitnehmer seine Arbeitskraft anbietet, aber die Ableistung aus organisatorischen oder technischen Gründen nicht möglich ist (Betriebsrisiko des Arbeitgebers).

Wer im Bett bleibt, statt zur Arbeit „anzutreten", kann keine Vergütung erwarten – auch wenn ein Stromausfall den Arbeitsplatz lahmlegt.

Beispiel 4: Lisa bedient im Unternehmen des F eine bestimmte Maschine. Am 02.01.2020 lässt sich die Maschine aufgrund eines Stromausfalls im Unternehmen nicht starten, sodass Lisa, die pünktlich zur Arbeit erschien, ihrer gewohnten Tätigkeit nicht nachgehen kann. Bei ihrer Lohnabrechnung fehlt die Vergütung für den 02.01.2020. F begründet dies damit, dass Lisa ja auch nicht gearbeitet habe.

An sich hat F nicht unrecht. Denn wie beim Kaufvertrag (Übergabe und Zahlung) stehen sich auch beim Arbeitsvertrag Arbeitsleistung und Zahlung als Hauptpflichten im „Gegenseitigkeitsverhältnis" gegenüber. Das heißt grundsätzlich: Nur wer arbeitet, kann auch Zahlung erwarten.

Hier greift jedoch die Ausnahmeregel des § 615 S. 3 BGB ein: Trägt der Arbeitgeber das Risiko des Arbeitsausfalls (so ist es hier, da die Stromversorgung Sache des Arbeitgebers ist), dann bleibt er zur Vergütung verpflichtet, wenn der Arbeitnehmer seine Arbeitskraft vertragsgemäß anbietet. Da Lisa vertragsgemäß zur Arbeit erschien, hat sie hier auch für den 02.01.2020 einen Vergütungsanspruch. F muss also zahlen, ohne die Gegenleistung (Arbeit) zu erhalten.

Die **Hauptpflicht des Arbeitnehmers** besteht in der Erbringung der vertraglich vereinbarten **Arbeitsleistung**. Die vom Arbeitgeber erteilten Weisungen (Direktionsrecht des Arbeitgebers) konkretisieren die vereinbarte Arbeitsleistung und müssen daher befolgt werden. Eine Befreiung von der Arbeitspflicht bei weiterer Vergütung ist für Urlaub, Mutterschutzfristen und Krankheit gesetzlich vorgesehen.

Die Hauptpflichten werden durch weitere **Nebenpflichten** ergänzt. Einen Überblick ergibt die folgende Tabelle:

Pflichtverletzungen berechtigen unter weiteren Voraussetzungen zur Kündigung des Arbeitsvertrages (vgl. den folgenden Abschnitt 7.2.4).

Arbeitgeber	Arbeitnehmer
Beschäftigungspflicht Pflicht, die vereinbarte Art der Arbeit und die Arbeitszeit einzuhalten	**Treuepflicht** Pflicht zum sorgsamen Umgang mit Arbeitsmaterialien
Fürsorgepflicht Pflicht, die Gesundheit und das Leben der Arbeitnehmer zu schützen, z.B. durch Einhaltung des Arbeitsschutzes	**Sorgfaltspflicht** Wissen und Können müssen gewissenhaft und verantwortungsvoll im Berufsalltag angewendet werden
Urlaubsgewährung Pflicht zur Gewährung des jährlichen Erholungsurlaubs	**Verschwiegenheitspflicht** Pflicht zur Wahrung von Geschäfts- und Betriebsgeheimnissen
Gleichbehandlungspflicht nach dem Allgemeinen Gleichbehandlungsgesetz (AGG)	**Wettbewerbsverbot** Verbot, in geschäftlichen Wettbewerb mit dem Arbeitgeber zu treten

7.2.4 Kündigung des Arbeitsvertrages

Es gibt diverse Möglichkeiten, einen Arbeitsvertrag zu beenden. Eine davon ist der **Aufhebungsvertrag**, der von Arbeitgeber und Arbeitnehmer schriftlich abzuschließen ist, eine andere der **Zeitablauf** beim befristeten Arbeitsvertrag (vgl. hierzu Abschnitt 7.2.6.2). Des Weiteren kommen der **Tod des Arbeitnehmers** und die **Auflösung** des Arbeitsvertrages durch gerichtliche Entscheidung in Betracht.

Hier soll sich die Darstellung auf die wichtigste Möglichkeit zur Beendigung eines Arbeitsvertrages konzentrieren: die **Kündigung**. Sie ist eine Willenserklärung, die dem Kündigungsgegner (Gekündigten) zwar *zugehen*, der er aber *nicht zustimmen* muss.

Achtung:
Zugang heißt nicht Kenntnisnahme. Auch wer verreist ist, ist also vor dem Zugang einer Kündigung nicht sicher.

Zu unterscheiden ist zwischen vier unterschiedlichen Kündigungsarten, über die die folgende Tabelle einen ersten Überblick geben soll.

	Ordentliche Kündigung des Arbeitnehmers	Außerordentliche Kündigung des Arbeitnehmers	Ordentliche Kündigung des Arbeitgebers	Außerordentliche Kündigung des Arbeitgebers
Form	Schriftform erforderlich	Schriftform erforderlich	Schriftform erforderlich	Schriftform erforderlich
Frist	vier Wochen	fristlos	abhängig von Dauer der Betriebszugehörigkeit	fristlos
Grund	kein Grund erforderlich	wichtiger Grund erforderlich	Grund bei Anwendbarkeit des KSchG erforderlich	wichtiger Grund erforderlich
Betriebsrat	ist nicht zu beteiligen	ist nicht zu beteiligen	ist anzuhören	ist anzuhören

Schriftform
Die Schriftform setzt die eigenhändige Unterschrift des Erklärenden voraus (§ 126 BGB).

KSchG
Kündigungsschutzgesetz

7.2.4.1 Kündigung durch den Arbeitnehmer

Der Arbeitnehmer kann das Arbeitsverhältnis mit einer Frist von vier Wochen zum 15. oder zum Ende eines Kalendermonats ordentlich kündigen – es sei denn, im Arbeitsvertrag oder in einem Tarifvertrag ist eine längere Kündigungsfrist festgelegt. Die Kündigung muss schriftlich erfolgen, eines Kündigungsgrundes bedarf es nicht. Eine außerordentliche Kündigung kommt nur bei einem wichtigen Grund in Betracht, der die Fortsetzung des Arbeitsverhältnisses für den Arbeitnehmer unzumutbar macht.

Die Kündigung des Arbeitnehmers hat eine viel geringere Bedeutung als die Kündigung des Arbeitgebers. Dies liegt zum einen daran, dass die Kündigung durch den Arbeitnehmer viel seltener vorkommt. Zum anderen hat die Kündigung des Arbeitgebers für den Arbeitnehmer viel existenziellere Folgen als die Kündigung des zumeist „ersetzbaren" Arbeitnehmers für den Arbeitgeber.

Beispiel 5: Lisa wird von ihrem Chef sexuell belästigt. Sie will schnellstmöglich kündigen.
Es besteht ein wichtiger Grund, der Lisa die Fortsetzung des Arbeitsverhältnisses unzumutbar macht. Sie kann außerordentlich und fristlos (also mit sofortiger Wirkung) kündigen. Dies muss sie schriftlich tun, die Angabe des Kündigungsgrundes ist allerdings nicht erforderlich.

Beispiel 6: Lisa hat am 07.01.2020 eine besser bezahlte Stelle beim Konkurrenzunternehmen K angeboten bekommen und möchte schnellstmöglich bei ihrem Arbeitgeber F kündigen.
Da hier eine fristlose Kündigung nicht in Betracht kommt, bleibt nur die ordentliche Kündigung mit vierwöchiger Frist (§ 622 Abs. 1 BGB). Mit Wirkung zum 31.01.2020 hätte Lisa nur kündigen können, wenn die Kündigung dem F spätestens am 03.01.2020 zugegangen wäre. Sie kann also erst zum 15.02.2020 kündigen.

7.2.4.2 Kündigung durch den Arbeitgeber

Auch der Arbeitgeber hat die Möglichkeit einer ordentlichen oder einer fristlosen Kündigung. An beide Kündigungsarten sind besondere Voraussetzungen geknüpft.

<u>Ordentliche Kündigung</u>
Eine ordentliche Kündigung ist nur wirksam, wenn sie unter Einhaltung der gesetzlichen Kündigungsfristen erfolgt. Sie bedarf der **Schriftform**, aber keiner Begründung.

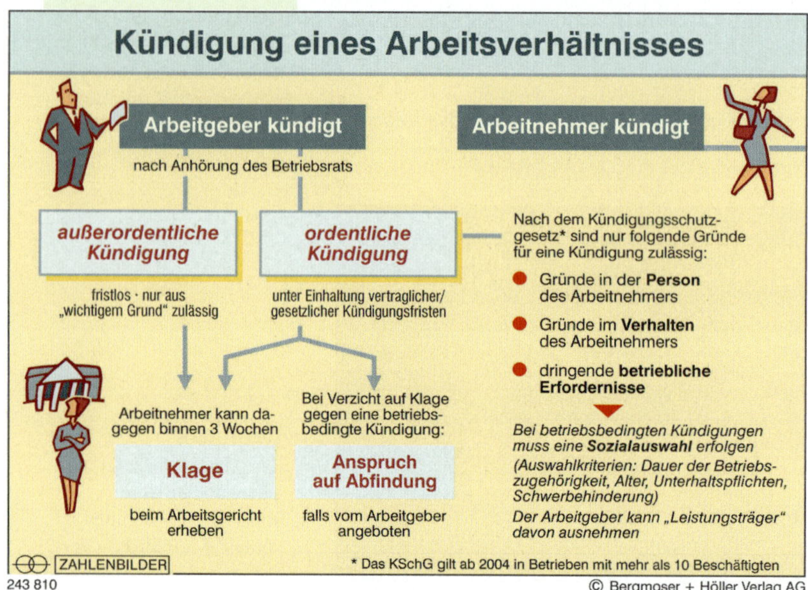

Die **Kündigungsfrist** beträgt zunächst gemäß § 622 Abs. 1 BGB vier Wochen zum 15. oder zum Ende eines Monats, verlängert sich aber gemäß § 622 Abs. 2 BGB mit der Dauer der Betriebszugehörigkeit des Arbeitnehmers:

Betriebszugehörigkeit (Jahre)	Kündigungsfrist (Monate)
2	1
5	2
8	3
10	4
12	5
15	6
20	7
Kündigung hier jeweils nur zum Monatsende, nicht zum 15. möglich.	

Achtung
Eine längere Kündigungsfrist wird immer als vorteilhaft für den Arbeitnehmer angesehen und kann daher wirksam vereinbart werden. Dies gilt auch, wenn der Arbeitnehmer eine bessere Stelle gefunden hat und lieber schnell das Arbeitsverhältnis beenden will. Er muss sich an die längere Kündigungsfrist halten.

Beispiel 7: Frau Liehr (45) arbeitet seit dem 01.09.2008 beim Unternehmen F. Am 01.09.2020 beschließt F, ihr schnellstmöglich zu kündigen. Zu welchem Termin ist eine Kündigung möglich?
Da Frau Liehr bereits seit zwölf Jahren im Unternehmen beschäftigt ist, beträgt die Kündigungsfrist fünf Monate. Für eine Kündigung mit Wirkung zum 31.01.2021 ist es genau einen Tag zu spät, da die Fünfmonatsfrist ab dem 01.09.2020 ja erst am 01.02.2021 beendet wäre. F kann hier also frühestens zum 28.02.2021 kündigen. Die Kündigung muss Frau Liehr hierfür spätestens am 30.09.2020 zugehen.

Einzel- oder tarifvertragliche Regelungen gehen der gesetzlichen Regelung zur Kündigungsfrist jedoch vor. Die Dauer der Kündigungsfrist kann durch einen **Tarifvertrag** (vgl. Abschnitt 7.4.1) verlängert oder verkürzt werden.

Ist kein Tarifvertrag anwendbar, richtet sich die Kündigungsfrist nach dem **Arbeitsvertrag**. Arbeitsvertragliche Regelungen können die gesetzlichen Fristen nur zum Vorteil, nicht zum Nachteil des Arbeitnehmers abändern. Wenn auch der Arbeitsvertrag keine Regelung enthält oder auf das Gesetz verweist, richtet sich die einzuhaltende Kündigungsfrist nach § 622 BGB.

Beispiel 8: Kim arbeitet seit 13 Monaten beim Unternehmen F. In ihrem Arbeitsvertrag steht: „Die Kündigungsfrist beträgt 20 Tage." F kündigt ihr am 08.01.2020 mit Wirkung zum 28.01.2020.
Die Kündigungsfrist beträgt hier – da Kim ja noch nicht zwei Jahre im Betrieb ist – grundsätzlich vier Wochen zum 15. oder Ende des Kalendermonats (§ 622 Abs. 1 BGB). Sie darf durch den Arbeitsvertrag nicht verkürzt werden. F kann Kim deshalb erst zum 15.02.2020 kündigen.

Gut zu wissen | **Besonderheiten bei Berufsanfängern und jungen Arbeitnehmern**

- *Probezeit:*
  Während der vertraglich vereinbarten Probezeit, die höchsten sechs Monate lang sein darf, kann der Arbeitsvertrag jederzeit mit einer Frist von zwei Wochen grundlos gekündigt werden (§ 622 Abs. 3 BGB), also z. B. am 13.01.2020 mit Wirkung zum 27.01.2020.

- *Weiterarbeit nach Abschluss der Berufsausbildung:*
  Werden Auszubildende nach Ende der Ausbildung stillschweigend weiter beschäftigt, so gilt ein unbefristetes Arbeitsverhältnis als vereinbart (§ 24 BBiG).
  Beispiel: *Alina hat ihre Ausbildung zur Industriekauffrau im I-Betrieb absolviert. Am Freitag, den 12.06.2020, besteht sie die Abschlussprüfung. Für die folgende hektische Arbeitswoche wird Alina gleich wieder beim I-Betrieb eingeplant, ohne dass jemals von einer Übernahme die Rede war. Am Freitag, den 19.06.2020, teilt der Chef des I-Betriebes Alina mit, dass sie ab Montag, den 22.06.2020, nicht mehr zu kommen brauche.*
  Hier gilt gemäß § 24 BBiG ein unbefristeter Arbeitsvertrag als stillschweigend abgeschlossen. Da auch keine Probezeit vereinbart war (dies muss immer ausdrücklich geschehen), muss sich der I-Betrieb an die gesetzlichen Kündigungsfristen halten. Am 19.06.2020 ist es für eine Kündigung zum 15.07.2020 zu spät. Er muss Alina bis mindestens 31.07.2020 weiterbeschäftigen.

- *Auch Beschäftigungsdauer vor Vollendung des 25. Lebensjahres zählt:*
  Die gesetzliche Regelung, dass bei der Berechnung der Beschäftigungsdauer Beschäftigungszeiten vor dem 25. Lebensjahr des Arbeitnehmers nicht mitgezählt wurden, wurde aufgehoben.

Vorrang des Europarechts
Auf unterschiedlichen Rechtsgebieten, u. a. dem Wirtschafts- und Arbeitsrecht, steht das Gemeinschaftsrecht der Europäischen Union über dem deutschen Recht. Deutsches Arbeitsrecht darf also dem Gemeinschaftsrecht nicht widersprechen. Entsprechende EU-Verordnungen oder EU-Richtlinien werden in deutschen Gesetzen umgesetzt.

Mit Einhaltung von Form und Frist ist die ordentliche Kündigung des Arbeitgebers noch nicht wirksam. Das Recht des Arbeitgebers zur ordentlichen Kündigung wird nämlich durch das **Kündigungsschutzgesetz (KSchG)** eingeschränkt. Die Kündigungsfreiheit wird durch das KSchG zugunsten des Arbeitnehmers auf sozial gerechtfertigte Kündigungen beschränkt.

Das KSchG ist allerdings nicht auf alle Arbeitsverhältnisse von Arbeitnehmern anwendbar. Für die Anwendbarkeit müssen zwei Bedingungen erfüllt sein:
- Das Unternehmen beschäftigt mehr als zehn Arbeitnehmer.
- Der Arbeitnehmer gehört dem Unternehmen länger als sechs Monate an.

Findet das KSchG Anwendung, dann ist die ordentliche Kündigung nur sozial gerechtfertigt, wenn ein im Gesetz vorgesehener Kündigungsgrund vorliegt. § 1 Abs. 2 KSchG sieht für eine Kündigung drei Arten von Gründen vor:
- personenbedingte,
- verhaltensbedingte oder
- betriebsbedingte Gründe.

Bei der **personenbedingten Kündigung** liegen die Gründe für die Auflösung des Arbeitsverhältnisses in der Person des Arbeitnehmers. Gründe für eine personenbedingte Kündigung können mangelnde Eignung, altersbedingter Leistungsabfall oder längere Krankheit sein, wenn dadurch der Betriebsablauf stark beeinträchtigt wird. Ein Verschulden des Gekündigten ist nicht erforderlich.

Das Kündigungsschutzgesetz gilt als große Errungenschaft des Sozialstaates.

Beispiel 9: Herr Perez ist seit mehreren Jahren im Labor des Großunternehmens K beschäftigt, in dem mit Starkstrom gearbeitet wird. Weil ihm ein Herzschrittmacher eingesetzt werden musste, kann Herr Perez nicht mehr im Labor arbeiten. Da es für ihn auch keine anderweitige Verwendung im Unternehmen gibt, kündigt K Herrn Perez form- und fristgerecht.
Da das KSchG hier anwendbar ist, muss ein Kündigungsgrund vorliegen. Ein solcher ist mit der dauerhaften gesundheitsbedingten Nichteignung für die Labor-Arbeitsstelle vorhanden. Da Herr Perez auch auf keinem anderen Arbeitsplatz des Unternehmens eingesetzt werden kann, ist die personenbedingte Kündigung rechtmäßig.

Bei der **verhaltensbedingten Kündigung** ist der Grund für die Kündigung ein Fehlverhalten des Arbeitnehmers, das dem Arbeitgeber ein weiteres Festhalten am Arbeitsverhältnis unzumutbar macht. Verhaltensbedingte Kündigungen können z.B. durch ständige Verspätungen, Tätlichkeiten oder Beleidigungen am Arbeitsplatz oder Mobbing von Mitarbeitern begründet sein.

Abmahnung
Die Abmahnung ist eine formale Aufforderung des Arbeitgebers an den Arbeitnehmer, ein bestimmtes Verhalten in Zukunft zu unterlassen.

Anhörung des Betriebsrats / Gang zum Arbeitsgericht
Vor jeder Kündigung ist der Betriebsrat anzuhören. Unterbleibt dies, ist die Kündigung unwirksam. Der Betriebsrat kann der Kündigung innerhalb einer Woche schriftlich widersprechen, wenn z. B. die Sozialauswahl falsch ist. Widerspricht der Betriebsrat und greift der Arbeitnehmer die Kündigung vor dem Arbeitsgericht an (Frist: drei Wochen), hat er bis zur gerichtlichen Entscheidung einen Anspruch auf Weiterbeschäftigung.

Beispiel 10: Sarah arbeitet seit mehreren Jahren als Kauffrau für Büromanagement bei der Mayer KG, wo außer ihr nur noch sieben weitere Mitarbeiter beschäftigt sind. Zwei Verspätungen um jeweils 20 Minuten kurz hintereinander nimmt die KG zum Anlass, der wenig beliebten Sarah form- und fristgerecht ordentlich zu kündigen. Ist die Kündigung rechtmäßig?
Zwei Verspätungen innerhalb mehrerer Jahre ergeben keinen Grund für eine verhaltensbedingte Kündigung, zumal es auch an einer vorherigen Abmahnung mangelt. Allerdings ist das KSchG hier nicht zu Sarahs Gunsten anwendbar, da das Unternehmen weniger als zehn Mitarbeiter beschäftigt. Da es folgerichtig keines Kündigungsgrundes bedarf, ist die Kündigung rechtmäßig.

Von einer **betrieblich bedingten Kündigung** spricht man, wenn sachliche Gründe zu einer Unternehmerentscheidung führen, die ihrerseits den Wegfall des Arbeitsplatzes des betroffenen Arbeitnehmers oder einer Mehrzahl von Arbeitsplätzen zur Folge hat. Gründe können Auftragsmangel oder betriebliche Umstrukturierungen sein.

Bei betrieblich bedingten Gründen ist die sogenannte **Sozialauswahl** gemäß § 1 Abs. 3 KSchG zu beachten. Danach ist von mehreren vergleichbaren Arbeitnehmern der Arbeitnehmer zu kündigen, der die besten Sozialdaten hat, also am wenigsten von der Kündigung getroffen wird.

Beispiel 11: Die Merl GmbH, bei der 31 Arbeitnehmer beschäftigt sind, befindet sich in wirtschaftlicher Schieflage, möchte eine betriebliche Umstrukturierung vornehmen und zu diesem Zweck einem Arbeitnehmer kündigen. In Betracht kommen Herr Langheim (28 Jahre, drei Jahre im Betrieb, keine Kinder) und Herr Deniz (48 Jahre, 15 Jahre im Betrieb, drei Kinder). Wie muss die Sozialauswahl ausfallen?
Hier wird es Herrn Langheim treffen, da er sowohl deutlich jünger und kürzer im Betrieb beschäftigt ist als auch keine Unterhaltspflichten erfüllen muss.

Außerordentliche (fristlose) Kündigung

Die außerordentliche Kündigung durch den Arbeitgeber ist im Regelfall fristlos und beendet das Arbeitsverhältnis sofort. Daher wird die außerordentliche Kündigung auch als fristlose Kündigung bezeichnet.

Die außerordentliche Kündigung ist in § 626 BGB geregelt. Danach muss für die außerordentliche Kündigung ein wichtiger Grund vorliegen, der dem Arbeitgeber die Fortsetzung des Arbeitsverhältnisses bis zur vereinbarten Beendigung oder bis zum Ablauf der regulären Kündigungsfrist unzumutbar macht.

Der Grund liegt im Verhalten des Arbeitnehmers, muss aber schwerwiegender sein als der Grund einer ordentlichen verhaltensbedingten Kündigung. Als Beispiele sind sexuelle Belästigung von Kollegen, Diebstahl, Arbeitsverweigerung und eigenmächtiger Urlaubsantritt zu nennen.

Die außerordentliche Kündigung ist erst nach erfolgloser Abmahnung des Arbeitnehmers durch den Arbeitgeber zulässig. Weiter ist bei einer fristlosen Kündigung auch der § 626 Abs. 2 BGB zu beachten. Danach muss die Kündigung innerhalb von zwei Wochen erfolgen, nachdem der Arbeitgeber Kenntnis vom Grund erlangt hat.

Mitteilung des Kündigungsgrundes
Der Arbeitgeber muss dem Arbeitnehmer auf Verlangen den Kündigungsgrund unverzüglich schriftlich mitteilen.

Beispiel 12: Arbeitnehmer Tomsen (48, seit 13 Jahren im Betrieb) gerät am Morgen des 25.08.2020 (Dienstag) mit dem Chef in Streit, da dieser ihm in der Hauptsaison nicht den kompletten Jahresurlaub gewähren will. Tomsen verliert die Nerven und versetzt dem Chef eine saftige Ohrfeige. Der empörte und gestresste Chef befasst sich nach einer Geschäftsreise erst am 09.09.2020 (Mittwoch) wieder mit der Sache. Er will Tomsen nun auf der Stelle fristlos kündigen. Was ist dem Chef zu raten?

Dem Chef ist zu raten, von der außerordentlichen fristlosen Kündigung abzusehen. Zwar liegt in der Ohrfeige (Körperverletzung) gegen ihn ein wichtiger Grund für eine außerordentliche Kündigung vor. Doch hätte er innerhalb von zwei Wochen nach Kenntnis des Grundes, hier also spätestens am Dienstag, den 08.09.2020, kündigen müssen. Es bleibt ihm aber die Möglichkeit einer ordentlichen, verhaltensbedingten Kündigung mit Wirkung zum 28.02.2021.

Ein Terminkalender hätte dem Chef hier Ärger ersparen können.

Aufgabe

Lösen Sie die folgenden Fälle zu den Bereichen Vorstellungsgespräch, Arbeitsvertrag und Kündigung. Argumentieren Sie und recherchieren Sie zu diesem Zweck – falls erforderlich – auch per Suche im Internet.

1. Lucas bewirbt sich um eine Stelle bei einem Bewachungsunternehmen für Geldtransporte. Auf die Frage nach Vorstrafen verschweigt er, dass er wegen Körperverletzung vorbestraft ist. Lucas erhält den Job und arbeitet ein Jahr einwandfrei. Dann erfährt der Chef von der Vorstrafe und ficht den Arbeitsvertrag wegen arglistiger Täuschung an. Ist der Chef hierzu berechtigt?
2. Vanessa, ausgebildete Mediengestalterin, hat bei der Krause-Medien-OHG zunächst als Aushilfe angefangen, wächst nun aber nach und nach in eine Vollzeitstelle hinein. Nachdem sie ein Jahr lang in Vollzeit gearbeitet hat, teilt ihr der Chef mit, dass sie „ab morgen" nicht mehr zu kommen brauche. Es liege schließlich kein Arbeitsvertrag vor. Vanessa ist da ganz anderer Ansicht.
3. Die Erzieherin in der KITA Sonnenschein (47 Jahre, seit über 17 Jahren in der Einrichtung) muss nach Dienstende eine Taschenprüfung über sich ergehen lassen, bei der folgende Dinge im Gesamtwert von ca. 10,- Euro entdeckt werden: drei Scheren, zwei Zeichenblöcke und eine Tube Kleber. Daraufhin erhält sie die fristlose Kündigung. Ist die Kündigung rechtmäßig?
4. Ein Friseursalon schreibt rote Zahlen und muss Mitarbeiter entlassen. Der Chef kündigt Frau Rose (55, alleinstehend) und Frau Nelke (40, alleinerziehend mit einem Kind). Frau Tulpe (26, ledig) darf bleiben, da sie noch jung ist und daher wohl noch viele Jahre in dem Salon arbeiten wird. Ist die Sozialauswahl in Ordnung?
5. Der Maler Florian arbeitet während seines Urlaubs in dem Geschäft seines Vaters. Nachdem sein Arbeitgeber hiervon erfährt, veranlasst er die fristlose Kündigung.

7.2.5 Das Arbeitszeugnis

Ein Arbeitszeugnis ist eine Beurteilung des Arbeitgebers gegenüber dem Arbeitnehmer über diverse Qualifikationen und Verhaltensweisen. Bei Beendigung des Arbeitsverhältnisses ist der Arbeitgeber verpflichtet, dem Arbeitnehmer auf Wunsch ein Arbeitszeugnis auszustellen. Diese Zeugnispflicht des Arbeitgebers ergibt sich aus § 109 der Gewerbeordnung (GewO).

Der Arbeitnehmer hat die Wahl zwischen einem **einfachen** und einem **qualifizierten Arbeitszeugnis**. Das einfache Arbeitszeugnis gibt nur Auskunft über die Person sowie die Art und Dauer der Tätigkeit. Das qualifizierte Arbeitszeugnis hingegen umfasst auch Aussagen über die Leistungen und das Sozialverhalten des Arbeitnehmers.

Qualifiziertes Arbeitszeugnis: Aufbau und Inhalt	• Personalien: akademischer Grad, Name, Vorname, Geburtsdatum • Dauer der Tätigkeit und deren genaue Bezeichnung • Inhalt der Aufgaben • Bewertung der Leistungen • Bewertung des Verhaltens • Austrittsgrund mit Schlussformulierung

Das Arbeitszeugnis dient dem Arbeitnehmer dazu, sich bei anderen Unternehmen zu bewerben. Deshalb schreibt die Gewerbeordnung eine klare und verständliche Formulierung vor. Der Arbeitgeber darf keine „Geheimcodes" verwenden. Da solche „Geheimcodes" aber oft unabsichtlich verwendet werden, sollte darauf geachtet werden, dass folgende und ähnliche Sätze nicht in einer Beurteilung stehen, denn „zwischen den Zeilen" können diese etwas ganz anderes ausdrücken:

Rechtsgrundlagen
Neben § 109 GewO, der für die meisten Arbeitnehmer gilt, gibt es spezielle Rechtsgrundlagen für den Anspruch auf das Arbeitszeugnis. Beispiele sind § 16 BBiG (Auszubildende) und § 35 des Tarifvertrages für den öffentlichen Dienst/TVöD (Beschäftigte im öffentlichen Dienst des Bundes).

Geschrieben!	Gemeint!
Er war mit Interesse bei der Sache.	... aber ohne Erfolg
Er trat im Unternehmen engagiert für die Interessen seiner Kollegen ein.	Er war gewerkschaftlich aktiv.
Er machte sich mit großem Eifer an die ihm übertragenen Aufgaben.	Trotz Fleiß hatte er keinen Erfolg.
Wegen seiner Pünktlichkeit war er stets ein gutes Beispiel.	... aber nicht wegen seiner Leistung.
Wir wünschen alles Gute, insbesondere auch Erfolg.	... den er bei uns nicht hatte.

Beispiel 13: Niko war nach seiner Ausbildung zum Metallbauer drei Jahre beim Arbeitgeber Mieslich in Nürnberg beschäftigt. Nun zieht er nach Berlin und hat bei Mieslich gekündigt. Der Arbeitgeber, der mit Niko immer sehr zufrieden war, stellt ihm ein hervorragendes Zeugnis aus. Eine Formulierung gefällt Niko aber gar nicht: „Durch seine Geselligkeit trug er zur Verbesserung des Betriebsklimas bei." Niko hält dies für missverständlich und bittet um Streichung. Mieslich lehnt ab. Die Formulierung stelle Niko in einem besonders guten Licht dar.

Die Formulierung gilt als codierter Hinweis auf einen besonderen Hang zu exzessivem Feiern und Alkoholmissbrauch. Deshalb kann Niko die Streichung verlangen. Wenn Mieslich sich weigert und ihm auch mit Argumenten nicht beizukommen ist, kann Niko die Streichung vor dem Arbeitsgericht durchsetzen.

Bei der Beurteilung der Leistungen sollte auf die genaue Wortwahl geachtet werden. Manchmal bedeuten zwei Buchstaben einen großen Unterschied auf der Notenskala. Bei Unstimmigkeiten über die Bewertung sollte ebenfalls zunächst das Gespräch mit dem Chef gesucht werden, bevor als letzter Ausweg der Gang zum Arbeitsgericht offensteht. Die Formulierungen sind nicht gesetzlich festgeschrieben, haben sich aber als allgemeingültig herausgebildet:

Bewertung	Formulierung
sehr gute Leistungen	„Er/Sie hat die ihm/ihr übertragenen Arbeiten stets zu unserer vollsten Zufriedenheit erledigt."
gute Leistungen	„... stets zu unserer vollen Zufriedenheit ..."
befriedigende Leistungen	„... zu unserer vollen Zufriedenheit ..."
ausreichende Leistungen	„... stets zu unserer Zufriedenheit ..."
mangelhafte Leistungen	„... im Großen und Ganzen zu unserer Zufriedenheit ..."
unzureichende Leistungen	„... hat sich bemüht, die Arbeiten zu unserer Zufriedenheit ..."

Achtung
Natürlich besteht kein Anspruch auf eine bestimmte Bewertung. Es besteht nur ein Anspruch auf eine korrekte Bewertung. Waren die Leistungen mangelhaft, dann darf der Arbeitgeber dies im Zeugnis auch entsprechend formulieren.

7.2.6 Teilzeit und Befristung gemäß Teilzeit- und Befristungsgesetz (TzBfG)

7.2.6.1 Teilzeit

Ein Arbeitnehmer, dessen Arbeitsverhältnis länger als sechs Monate besteht, kann verlangen, dass seine vertragliche Arbeitszeit verringert wird. Dies gilt jedoch nur, wenn der Arbeitgeber – unabhängig von der Anzahl der Auszubildenden – mehr als 15 Arbeitnehmer beschäftigt.

Beispiel 14: Ann-Kristin arbeitet nach ihrer Ausbildung zur Kauffrau im Einzelhandel seit zwei Jahren bei der Kaufhausketten-AG. Nun möchte sie ihre Arbeitszeit auf 20 Wochenstunden verringern. Die Kaufhausketten-AG lehnt dies ab. Hat Ann-Kristin Anspruch auf Teilzeitarbeit?
Da der Arbeitgeber hier gewiss mehr als 15 Arbeitnehmer beschäftigt und Ann-Kristins Arbeitsverhältnis auch schon länger als sechs Monate besteht, hat sie einen Anspruch auf Teilzeitarbeit, soweit betriebliche Gründe dem nicht entgegenstehen (§ 8 TzBfG).

Der Arbeitgeber kann den Antrag nicht pauschal ablehnen, sondern muss Wünsche zur Änderung der Arbeitszeit mit dem Arbeitnehmer erörtern. Arbeitnehmer können auch zeitlich befristet – für ein bis maximal fünf Jahre – ihre Arbeitszeit verringern und haben danach ein Rückkehrrecht zur vorherigen Arbeitszeit („Brückenteilzeit"). Daneben haben Arbeitnehmer, die bereits in Teilzeit beschäftigt sind, die Möglichkeit, wieder aufzustocken. Will der Arbeitgeber dies nicht, muss er darlegen, dass es keinen freien Arbeitsplatz oder andere geeignetere Bewerber gibt.

Achtung
Ist ein zeitlich befristeter Arbeitsvertrag abgelaufen, dann ist bis zu einer maximalen Gesamtdauer von 2 Jahren höchstens eine dreimalige Verlängerung möglich.

7.2.6.2 Befristung

Die zwingend schriftlich vorzunehmende Befristung eines Arbeitsverhältnisses ist möglich
- ohne sachlichen Grund kalendermäßig befristet (z. B. „bis zum 31.01.2022") bis zur Dauer von zwei Jahren,
- mit sachlichem Grund zweckbefristet (z. B. Aushilfe für vorübergehenden betrieblichen Bedarf oder Vertretung eines Arbeitnehmers).

Beispiel 15: Jonas wird beim Bauunternehmer Maas „bis zum Ende des Großvorhabens X" eingestellt. Als das Vorhaben beendet ist und Jonas dies von Maas schriftlich mitgeteilt wird, beruft sich Jonas darauf, dass keine kalendermäßige Befristung vorliegt.
Die Zweckbefristung ist hier möglich, da ein vorübergehender betrieblicher Bedarf besteht.

7.3 | Arbeitsschutzrecht

Der Arbeitsschutz (oder Arbeitnehmerschutz) unterteilt sich in den **technischen** und den **sozialen Arbeitsschutz**. Der technische Arbeitsschutz befasst sich vor allem mit der Abwehr von Verletzungsgefahren, die durch Anwendung von Technik am Arbeitsplatz drohen. Hier bestehen für die unterschiedlichen Berufe ganz unterschiedliche Voraussetzungen. In diesem Abschnitt soll es deshalb um die wichtigsten Fragen des sozialen Arbeitsschutzes gehen.

7.3.1 Jugendarbeitsschutz gemäß Jugendarbeitsschutzgesetz (JArbSchG)

Verstoß gegen das JArbSchG
Wer gegen die Regeln des Jugendarbeitsschutzes verstößt, handelt ordnungswidrig und muss mit einem Bußgeld rechnen (§ 58 JArbSchG). Ordnungswidrig handelt immer nur der Chef, der den Verstoß anordnet oder zulässt, nicht der Jugendliche selbst.

Alter (§§ 1 ff. JArbSchG)
Das JArbSchG findet Anwendung bei Kindern (bis 14 Jahre) und Jugendlichen (15 bis 17 Jahre). Für Kinder bis zwölf Jahre besteht ein generelles Beschäftigungsverbot. 13-Jährige können bis zu zwei Stunden am Tag leichte Tätigkeiten verrichten.

Arbeitszeit (§§ 8, 14, 21a JArbSchG)
Die tägliche Arbeitszeit ist auf den Zeitraum zwischen 6 und 20 Uhr begrenzt und darf acht Stunden nicht überschreiten. Es gibt jedoch eine Reihe von Ausnahmen für Pflegeberufe, das Gaststättengewerbe, kulturelle Veranstaltungen usw.

Die Wochenarbeitszeit darf in der Regel 40 Stunden bei einer Fünf-Tage-Woche nicht überschreiten. Tarifverträge können die Arbeitszeit anders verteilen, wenn im Ausgleichszeitraum von zwei Monaten eine wöchentliche Arbeitszeit von 40 Stunden eingehalten wird.

Kai Havertz debütierte im Alter von 17 Jahren, vier Monaten und 22 Tagen in der Champions League.

Beispiel 16: Am 02.11.2016 wurde der 17-jährige Kai Havertz im Auswärtsspiel seines Clubs Bayer Leverkusen gegen Tottenham Hotspur um 22:30 Uhr für die letzten vier Minuten eingewechselt – und war damit der bis dahin jüngste Spieler, der für einen deutschen Club in der Champions-League spielte. Doch durfte der 1:0-Sieg der Leverkusener überhaupt zählen?

Als Fußballprofi war Havertz Arbeitnehmer seines Clubs. Als Jugendlicher durfte er grundsätzlich nach 20 Uhr nicht mehr arbeiten (§ 14 Abs. 1 JArbSchG), hier also nicht mitspielen. Dass das Spiel in London stattfand spielte dabei keine Rolle, da das Arbeitsverhältnis in Deutschland begründet wurde. Ob die Ausnahme des § 14 Abs. 7 eingreift, wonach Jugendliche bis 23 Uhr bei „Aufführungen gestaltend mitwirken" dürfen, ist mehr als fraglich. Denn dann müsste ja das Fußballspiel eine Aufführung und jeder Einsatz eine „gestalterische Mitwirkung" sein. Vielmehr ist davon auszugehen, dass Havertz' Einsatz gegen das JArbSchG verstieß. Da aber gegen die Spielregeln selbst nicht verstoßen wurde, blieb das Resultat unangetastet.

Pausen (§§ 11, 13 JArbSchG)
Zur Erholung haben Jugendliche ein Recht auf geregelte Pausen:
- bei einer Arbeitszeit von 4,5 – 6 Stunden: 30 Minuten
- bei einer Arbeitszeit von über 6 Stunden: 60 Minuten.

Arbeitsunterbrechungen von weniger als 15 Minuten zählen nicht als Pause. Zwischen zwei Arbeitstagen muss eine ununterbrochene Freizeit von mindestens 12 Stunden liegen.

Urlaub (§ 19 JArbSchG)
Auch Jugendliche haben einen Mindestanspruch auf Erholungsurlaub:
- 30 Werktage, wenn der Jugendliche zu Beginn des Kalenderjahres 15 Jahre alt ist
- 27 Werktage, wenn der Jugendliche zu Beginn des Kalenderjahres 16 Jahre alt ist
- 25 Werktage, wenn der Jugendliche zu Beginn des Kalenderjahres 17 Jahre alt ist.

Beispiel 17: Svenja, geboren am 02.01.2003, ist Auszubildende zur Hotelfachfrau beim Groß-Hotel in Berlin. Der Chef hat ihr zugesagt, dass sie in den Sommerferien der Berufsschule ihren Jahresurlaub für 2020 am Stück nehmen kann. Nachdem sich Svenja ihren Urlaubsanspruch ausgerechnet hat, plant sie eine große Reise durch Europa, die am Montag, den 22.06.2020 beginnen und am Dienstag, den 28.07.2020 enden soll. Als sie einen Monat später Urlaub vom 22.06. bis 28.07.2020 einreicht, entgegnet ihr der Chef: „Ich muss Sie enttäuschen. Wenn Sie am 22.06. in Urlaub gehen wollen, müssen Sie schon am Donnerstag, den 23.07. wieder zur Arbeit kommen." Vorausgesetzt, weder Ausbildungs- noch Betriebsvereinbarungen oder Tarifverträge enthalten Sonderregelungen: Wer hat hier richtig gerechnet?

Der Chef hat recht. Zwar stehen Svenja 27 Werktage Urlaub zu, da sie zu Beginn des Kalenderjahres (also am 01.01.2020) noch 16 Jahre alt war. Doch sind nach dem JArbSchG (eine Sonderregelung besteht hier ja nicht) auch die Samstage als Werktage mitzurechnen. Es werden also pro Woche sechs, nicht bloß fünf Werktage verbraucht. Der Urlaubsanspruch endet demgemäß nach vier Wochen und drei weiteren Werktagen. Also ist Mittwoch, der 22.07.2020, Svenjas letzter Urlaubstag.

Werktage und Arbeitstage
Während „Werktage" automatisch auch Samstage beinhalten, umfassen „Arbeitstage" nur die Tage, an denen im Betrieb gearbeitet wird. Hierunter fallen die Samstage zumeist nicht. Wer also im Arbeitsvertrag seinen Urlaub nach Arbeitstagen bemessen bekommt, kann sich glücklich schätzen.

Gesundheitsüberprüfung (§§ 32 ff. JArbSchG)

Jugendliche müssen vor Aufnahme der Tätigkeit von einem Arzt untersucht werden. Ohne Vorlage einer entsprechenden ärztlichen Bescheinigung dürfen Jugendliche nicht beschäftigt werden. Ein Jahr nach Aufnahme der Tätigkeit muss eine Nachuntersuchung vorgenommen werden. Die Untersuchungskosten werden vom Land übernommen.

7.3.2 Lohnfortzahlung im Krankheitsfall

Wie im Abschnitt 7.2.3 erwähnt, stehen die Hauptpflichten Arbeitsleistung und Lohnzahlung beim Arbeitsvertrag im Gegenseitigkeitsverhältnis: Erbringt der Arbeitnehmer seine Arbeitsleistung nicht, dann muss auch der Arbeitgeber den Lohn nicht zahlen.

Dann aber müsste jeder Arbeitnehmer, der nicht unerheblich krank wird, um seine Existenz fürchten. Seine laufenden Kosten wie Miete und Verpflegungskosten liefen weiter, ohne dass Geld hereinkäme. Abhilfe schafft das Entgeltfortzahlungsgesetz (EntgFG).

Achtung:
Lohnfortzahlung wird höchstens sechs Wochen lang gewährt. Im Anschluss zahlt die Krankenkasse Krankengeld.

Beispiel 18: Fußballfan Daniel (22), der bei der Sparbank AG als Bankkaufmann beschäftigt ist, neigt bei Auswärtsspielen seines Clubs zu (Alkohol-)Exzessen. Diesmal geht er zu weit: Als er mit einer Gruppe von Kumpels alkoholisiert eine Fangruppe des Heimvereins auf einem Bahnsteig provoziert und attackiert, kommt es zu einer Schlägerei, bei der Daniel eine schwere Gehirnerschütterung erleidet. Er meldet sich ordnungsgemäß arbeitsunfähig und reicht auch eine entsprechende Bescheinigung seines Arztes ein. Insgesamt fehlt er zwei Wochen. Als er am Ende des Monats seine Gehaltsabrechnung erhält, stellt er fest, dass die Sparbank AG ihm nur etwas mehr als die Hälfte des Monatsgehalts überwiesen hat.

Gegen das Vorgehen der Sparbank AG ist nichts einzuwenden. Der Anspruch des Arbeitnehmers auf Lohnfortzahlung besteht nämlich nach § 3 Abs. 1 EntgFG nur dann, wenn die Arbeitsunfähigkeit unverschuldet war. Davon kann aber bei den Folgen einer selbst provozierten Schlägerei nicht die Rede sein. Zwar musste Daniel seinen Arbeitgeber nicht über das Zustandekommen der Gehirnerschütterung informieren, doch wenn die Sparbank AG auf anderem Wege „Wind" von den Geschehnissen bekommt, dann muss sie nicht zahlen.

7.3.3 Arbeitszeitschutz

Arbeitszeitschutz genießen auch erwachsene Arbeitnehmer. Einen Überblick über die wichtigsten Bestimmungen im Arbeitszeitgesetz (ArbZG) gibt die folgende Tabelle.

Schutzbereich	Regelung im ArbZG
Arbeitszeit	• Regelarbeitszeit: täglich 8 Stunden an den 6 Werktagen der Woche • Höchstarbeitszeit: maximal 10 Stunden täglich, wenn der Freizeitausgleich innerhalb von 6 Monaten erfolgt
Ruhepausen	• mindestens 30 Minuten Pause bei einer Arbeitszeit zwischen 6 und 9 Stunden • mindestens 45 Minuten bei längerer Arbeitszeit
Ruhezeit	• mindestens 11 Stunden zusammenhängend • in Krankenhäusern, Pflegeeinrichtungen, Hotels etc. auf 10 Stunden verkürzbar, wenn der Ausgleich innerhalb eines Kalendermonats erfolgt
Nachtarbeit	• Regel: höchstens 8 Stunden • maximal 10 Stunden, wenn der Ausgleich innerhalb eines Kalendermonats erfolgt

Leitender Angestellter
Ein leitender Angestellter ist ein mit der Wahrnehmung von Arbeitgeberfunktionen betrauter Arbeitnehmer, z. B. der Geschäftsführer einer GmbH. Für leitende Angestellte gibt es Einschränkungen im Arbeitsschutzrecht, so ist etwa das ArbZG auf sie nicht anwendbar.

Beispiel 19: Leon und Anna sind als Auszubildende zum Friseur/zur Friseurin bei der „Bluehair-Company" täglich acht Stunden beschäftigt. Beide verbringen die halbstündige Mittagspause fast immer gemeinsam. Während Anna weitere Pausen nicht zustehen, macht Leon auch noch jeweils 15 Minuten „Frühstück" und „Kaffee". Wie erklärt sich der Unterschied?

Da Leon Ruhepausen von insgesamt 60 Minuten zustehen und dies nur bei Anwendbarkeit des JArbSchG der Fall ist, ist er offensichtlich noch nicht volljährig. Anna stehen dagegen bei derselben Arbeitszeit nur Ruhepausen von insgesamt 30 Minuten zu, was auf die Anwendbarkeit des ArbZG schließen lässt. Sie ist also bereits mindestens 18 Jahre alt.

7.3.4 Urlaubsschutz

Laut Bundesurlaubsgesetz (BUrlG) hat jeder Arbeitnehmer pro Jahr einen Anspruch auf mindestens 24 Werktage Erholungsurlaub (§ 3 Abs. 1 BUrlG), wobei unter die Werktage wie im JArbSchG auch Samstage fallen. Zumeist sind in Tarif- oder Arbeitsverträgen jedoch höhere Urlaubszeiten festgeschrieben. Auch während des Urlaubs hat der Arbeitnehmer Anspruch auf Vergütung. Der volle Urlaubsanspruch wird erst nach sechsmonatigem Bestehen des Arbeitsverhältnisses erworben.

Der Urlaub dient der Erholung („Erholungsurlaub"), nicht der Fortsetzung der Arbeit.

Beispiel 20: Die am 15.02.2002 geborene Mia ist Auszubildende zur Industriekauffrau und plant ihren Jahresurlaub für 2020. Da es weder in ihrem Arbeitsvertrag noch im Tarifvertrag Sonderregelungen gibt, recherchiert sie im JArbSchG und stellt fest, dass ihr 25 Werktage zustehen. Als sie sich Anfang März den Urlaub vom Chef genehmigen lassen will, gewährt der ihr nur 24 Werktage. Mia ist empört.

Mias Empörung ist berechtigt. Da sie zu Beginn des Kalenderjahres 2020 noch 17 Jahre alt ist, hat sie einen Anspruch auf 25 Werktage Urlaub. Daran ändert sich auch nichts dadurch, dass sie am 15.02.2020 volljährig wird. Zwar gilt für Volljährige grundsätzlich das BUrlG, doch das JArbSchG stellt hier eine Sonderregel für diejenigen auf, die am Jahresanfang noch 17 waren. Mias Urlaub beträgt deshalb 25 Werktage.

7.3.5 Mutterschutz, Elternzeit und Elterngeld

Das Mutterschutzgesetz (MuSchG) und das Bundeselterngeld- und Elternzeitgesetz (BEEG, siehe Schaubild) sorgen für eine gewisse Familienfreundlichkeit des Arbeitsrechts. Für schwangere Frauen gilt ab dem Beginn der Schwangerschaft ein besonderer Kündigungsschutz. Werdende Väter sind erst mit Beantragung der Elternzeit, jedoch frühestens acht Wochen vor deren Beginn, vorübergehend unkündbar.

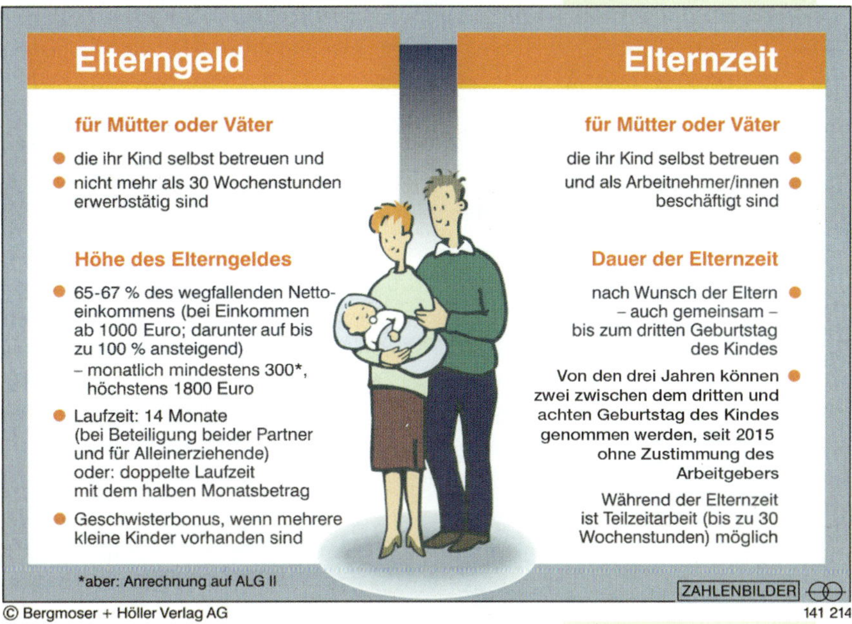

 141 214

Charakteristisch für den Mutterschutz sind die Beschäftigungsverbote (z. B. für schwere körperliche Arbeit sowie für jegliche Arbeit ab sechs Wochen vor und bis acht Wochen nach der Geburt) sowie das Mutterschaftsgeld, das während der Zeit des völligen Beschäftigungsverbotes gezahlt wird.

Beispiel 21: Die 22-jährige Marleen weiß seit einer Woche, dass sie schwanger ist, hat dies ihrem Arbeitgeber aber noch nicht mitgeteilt. Kurz darauf flattert ihr am 01.09.2020 eine „betriebsbedingte" Kündigung ins Haus. Was kann Marleen gegen die Kündigung unternehmen?

Bevor sich Marleen auf den allgemeinen Kündigungsschutz beruft (Stichwort „Sozialauswahl", vgl. S. 86), sollte sie das Mutterschutzgesetz zurate ziehen. Nach § 17 Abs. 1 MuSchG ist die Kündigung gegenüber einer Schwangeren während der Schwangerschaft nicht zulässig, wenn dem Arbeitgeber die Schwangerschaft bekannt ist. Zwar war dem Arbeitgeber die Schwangerschaft zum Zeitpunkt der Kündigung hier unbekannt, doch kann Marleen die Mitteilung an den Arbeitgeber innerhalb von zwei Wochen nach Zugang der Kündigung, hier also bis zum 15.09.2020, nachholen. Tut sie dies, ist die Kündigung unwirksam.

Aufgabe 

Herr May, Geschäftsführer der May-Metall-GmbH, nimmt es mit dem Arbeitsschutz nicht allzu genau. Finden Sie alle Verstöße und geben Sie jeweils das Gesetz und den Paragrafen an, gegen den May verstößt.

May gewährt den Auszubildenden Marc (17) und Jana (18) jeweils 23 Tage Jahresurlaub. Es sei viel zu tun, weshalb sich auch der Ausbildungsbeginn und die Pausen ändern würden: Ab sofort müssten beide statt um 6 bereits um 5.30 Uhr im Betrieb sein, bei der achtstündigen Ausbildung reichten ja wohl auch drei zehnminütige Pausen am Tag.

Frau Glaser (31), bereits seit sechs Jahren im Betrieb beschäftigt, teilt Herrn May derweil mit, dass sie schwanger sei. May entgegnet trocken: „So, Sie fallen demnächst also aus? Da trifft es sich ja gut, dass ich Ihnen sowieso gerade kündigen wollte." Er überreicht der völlig verdutzten Frau Glaser ein Kündigungsschreiben.

Die schockierte Frau Glaser erleidet einen Schwächeanfall und wird für eine Woche krankgeschrieben. May lehnt die Lohnfortzahlung kategorisch ab. „Das haben Sie ja nun wirklich selbst verschuldet", erklärt er Frau Glaser auf Nachfrage.

7.4 | Kollektives Arbeitsrecht

Das kollektive Arbeitsrecht befasst sich mit Fragen, die auf betrieblicher oder überbetrieblicher Ebene Arbeitnehmer und Arbeitgeber als Gruppen (Kollektive) betreffen. Zu unterscheiden sind

• Tarifvertragsrecht	• Arbeitskampfrecht	• Mitbestimmungsrecht

7.4.1 Tarifvertragsrecht

Ein Tarifvertrag ist ein schriftlicher Vertrag zwischen zwei Tarifvertragsparteien, dem Arbeitgeber oder Arbeitgeberverband einerseits und einer Gewerkschaft andererseits. In Tarifverträgen werden ohne Einmischung des Staates **(Tarifautonomie)** Bedingungen ausgehandelt, die Einfluss auf die einzelnen Arbeitsverhältnisse haben. Gesetzliche Grundlage des Tarifrechts ist das Tarifvertragsgesetz, kurz TVG.

Tarifautonomie
In Art. 9 Abs. 3 GG ist die Bildung sogenannter Koalitionen (= Arbeitgeberverbände und Gewerkschaften) frei von staatlicher Einflussnahme garantiert. Das bedeutet auch, dass die Koalitionen im Kernbereich ihrer Zuständigkeit, der Aushandlung von Tarifverträgen, vom Staat unbeeinflusst, also autonom sein müssen.

Es gibt mehrere Arten von Tarifverträgen, die anhand von zwei Kriterien unterschieden werden:

Unterscheidung nach Abschlusspartnern		Unterscheidung nach Regelungsinhalt	
Verbandstarifvertrag: Abschluss zwischen Arbeitgeberverband und Gewerkschaft	**Haustarifvertrag:** Abschluss zwischen Arbeitgeber und Gewerkschaft	**Manteltarifvertrag:** regelt allgemeine Arbeitsbedingungen wie Urlaub, Arbeitszeit, Kündigungsfristen	**Lohntarifvertrag:** regelt Höhe der Löhne, Gehälter und Ausbildungsvergütungen

Beispiel 22: Die Gewerkschaft IG Metall schließt einen Tarifvertrag mit dem Arbeitgeberverband Gesamtmetall ab. Der Tarifvertrag enthält Regelungen über die Höhe der Löhne in den unterschiedlichen Tarifgruppen.
Es handelt sich um einen Verbandstarifvertrag und zugleich auch um einen Lohntarifvertrag.

Zu unterscheiden ist auch bei der Wirkung von Tarifverträgen. Der **normative (gesetzesartige) Teil** umfasst Regelungen über Arbeitsverhältnisse und betriebsverfassungsrechtliche Fragen. Dazu gehören Arbeitszeit, Lohn, Urlaub, Sozialleistungen wie Urlaubs- und Weihnachtsgeld sowie Fragen zu Kündigungsfristen und Entlassungen. Normativ bedeutet, dass die Regelungen im Verhältnis zwischen Arbeitgeber und Arbeitnehmer Wirkung wie ein Gesetz entfalten, sich also beide direkt auf die jeweilige Regelung berufen können.

Der **obligatorische Teil** regelt die Rechte und Pflichten der Tarifvertragsparteien, insbesondere die Laufzeit des Tarifvertrages, die **Friedenspflicht** und die Kündigungsfrist für den Tarifvertrag. Dieser Teil des Tarifvertrages beinhaltet keine konkreten Rechte für Arbeitgeber und Arbeitnehmer. Sie berechtigen oder verpflichten allein die Tarifpartner.

Friedenspflicht
Solange ein Tarifvertrag wirksam ist, haben die Tarifvertragsparteien von Arbeitskampfmaßnahmen (insbesondere Streiks) abzusehen.

Beispiel 23: Im Manteltarifvertrag zwischen der IG Metall und dem Arbeitgeberverband Gesamtmetall sind die Laufzeit des Vertrages auf 3 Jahre und die Wochenarbeitszeit auf 38 Stunden festgelegt. Was bedeutet dies für IG-Metall-Mitglied Kay Steiner, der als Metallbauer bei der May-Metall-GmbH (Mitglied des Arbeitgeberverbandes) beschäftigt ist?
Arbeitnehmer Steiner kann von seinem Arbeitgeber, der May-Metall-GmbH, verlangen, dass die Wochenarbeitszeit auch auf sein Arbeitsverhältnis angewendet wird (normative Wirkung). Er kann jedoch nicht verlangen, dass die May-Metall-GmbH die vereinbarte Laufzeit des Manteltarifvertrages einhält. Dies kann nur die Gewerkschaft fordern (obligatorische Wirkung).

Verträge wirken grundsätzlich nur zwischen den Vertragsparteien und auch nur für die Vertragsdauer. Auch hier gibt es beim Tarifvertrag Besonderheiten:

- **Nachwirkung**: Auch nach Ablauf der Vertragslaufzeit bleiben die dort festgelegten Arbeitsbedingungen wirksam – und zwar bis ein neuer Tarifvertrag abgeschlossen wird.

Theorie und Praxis
Zwar gelten die Regelungen des Tarifvertrages grundsätzlich nur für Mitarbeiter, die in der zuständigen Gewerkschaft organisiert sind. Doch im Regelfall wird ein tarifgebundener Arbeitgeber (= Mitglied im Arbeitgeberverband) die Tarifverträge auf alle seine Mitarbeiter anwenden – und zwar durch Bezugnahmeklauseln in den Arbeitsverträgen.

Beispiel 24: Die May-Metall-GmbH ist gegen den Lohnabschluss zwischen ihrem Arbeitgeberverband Gesamtmetall und der IG Metall. Als der Vertrag nach einer Laufzeit von 18 Monaten endet, gibt Herr May sofort bekannt, dass die Löhne um fünf Prozentpunkte sinken. Okay?
Mays Vorgehen ist rechtswidrig. Zwar endete der Vertrag, doch bis zum Abschluss eines neuen Lohntarifvertrages wirkt er nach. Die Arbeitnehmer der May-Metall-GmbH können also verlangen, dass ihre Löhne in voller Höhe weitergezahlt werden.

- **Allgemeinverbindlichkeit**: Auf Antrag einer Tarifpartei kann der Bundesminister für Arbeit mit der Zustimmung des Tarifausschusses einen Branchentarifvertrag für allgemein verbindlich erklären (sogenannte Allgemeinverbindlichkeitserklärung). Der Tarifvertrag gilt damit auch für alle nicht tarifgebundenen Arbeitgeber und Arbeitnehmer.

Beispiel 25: Die May-Metall-GmbH ist aus dem Arbeitgeberverband Gesamtmetall ausgetreten. Es wird ein neuer Lohntarifvertrag abgeschlossen, der den Arbeitnehmern fünf Prozent mehr Lohn zusichert. Die Bundesarbeitsministerin erklärt den Tarifvertrag für allgemein verbindlich. Während May sich darüber freut, dass ihn das Ganze ja nun nichts mehr angehe, ärgert sich Kay Steiner, dass er nicht Mitglied der IG Metall ist.
Obwohl May und Steiner den Vertragsparteien nicht angehören, gilt der Tarifvertrag für sie, da er für allgemein verbindlich erklärt wurde. Steiner kann von May den höheren Lohn fordern.

7.4.2 Arbeitskampfrecht

Mit dem Ende der Friedenspflicht können die Tarifparteien zu **Arbeitskampfmaßnahmen** (siehe Schaubild) greifen, um ihren Forderungen Nachdruck zu verleihen. Dies sind auf Arbeitnehmerseite der Streik und auf Arbeitgeberseite die Aussperrung.

Ein **Streik** ist die kollektive Arbeitsniederlegung zur Durchsetzung bestimmter Forderungen. Er ist erst zulässig, wenn andere Verhandlungsmöglichkeiten ausgeschöpft sind. Unter **Aussperrung** wird der Ausschluss der Arbeitnehmer vom Arbeitsplatz bei gleichzeitiger Einbehaltung des Lohns als Reaktion auf den Streik verstanden.

Beispiel 26: Die IG Metall ruft ihre Mitglieder zu einem rechtmäßigen Streik auf, nachdem die Verhandlungen über einen Lohntarifvertrag mit dem Arbeitgeberverband gescheitert sind. Die May-Metall-GmbH, Mitglied im Arbeitgeberverband, kündigt dem Metallbauer Steiner, der sich als Gewerkschaftsmitglied an dem Streik beteiligt, wegen Arbeitsverweigerung.

Die Teilnahme an einem rechtmäßigen Streik ist – anders als die Teilnahme an einem rechtswidrigen Streit – kein Kündigungsgrund. Sie lässt das Arbeitsverhältnis ruhen. Mit Ende des Streiks lebt es wieder auf. Da das Arbeitsverhältnis ruht, ist eine Arbeitsverweigerung gar nicht möglich. Die Kündigung ist also mangels Kündigungsgrundes rechtswidrig.

7.4.3 Mitbestimmungsrecht

Die im Betriebsverfassungsgesetz (BetrVG) geregelte Vertretung der Arbeitnehmerinteressen durch den **Betriebsrat** (im öffentlichen Dienst: Personalrat) zählt zu den Merkmalen unserer demokratischen und sozialstaatlichen Verfassung. Der Chef (links) irrt, wenn er meint, hier den Betriebsrat verhindern zu können.

In Betrieben mit mindestens fünf wahlberechtigten Arbeitnehmern, von denen drei wählbar sind, können Betriebsräte gewählt werden. Der Betriebsrat wird alle vier Jahre gewählt und seine Größe hängt von der Zahl der Mitarbeiter im Betrieb ab.

Die Beteiligungsrechte des Betriebsrats lassen sich einteilen in:
- erzwingbare Mitbestimmungsrechte in sozialen Angelegenheiten,
- Widerspruchsrechte in personellen Angelegenheiten und
- Mitwirkungsrechte (Information, Anhörung, Beratung) in wirtschaftlichen Angelegenheiten.

Mitbestimmung auf Unternehmensebene
In großen Unternehmen findet die Beteiligung der Arbeitnehmer in Aufsichtsräten statt. In Unternehmen mit mehr als 500 bis 2.000 Mitarbeitern sind Aufsichtsräte zu einem Drittel mit Arbeitnehmern zu besetzen.

Betriebsvereinbarung
Die Betriebsvereinbarung, ein Vertrag mit dem Arbeitgeber über Angelegenheiten der Betriebsverfassung, ist ein wichtiges Instrument des Betriebsrats. Für den jeweiligen Betrieb können hier Regelungen über Pausenzeiten, Rahmenarbeitszeiten, Akkordlohnsätze usw. geschaffen werden.

Beispiel 27: Metallbauer Steiner hat seinen Chef May bei einer Lohnstreitigkeit am 05.10.2020 massiv körperlich angegriffen und sogar geschlagen. May ist außer sich vor Zorn und drückt Steiner – ohne zuvor mit irgendjemandem Rücksprache gehalten zu haben – schon eine Stunde später neben der Kopie einer Strafanzeige die schriftliche fristlose Kündigung in die Hand. Außerdem wird Steiner Hausverbot erteilt. Am 20.10.2020 erscheint Steiner mit einem breiten Grinsen bei der Arbeit. Hat er Grund dazu?

Gemäß § 102 Abs. 1 BetrVG ist jede Kündigung unwirksam, wenn der Betriebsrat nicht vorher angehört wird. Eine Anhörung ist hier unterblieben. Am 20.10.2020 kann auch die Anhörung des Betriebsrats nicht mehr nachgeholt werden, da die fristlose Kündigung nur innerhalb von zwei Wochen nach Kenntnis vom Kündigungsgrund erklärt werden kann (§ 626 Abs. 2 BGB). Herr Steiner ist also weiter Arbeitnehmer der May-Metall-GmbH und hat insofern Grund zum Lachen. Mit Blick auf das Strafverfahren könnte ihm jedoch das Lachen bald vergehen ...

Existiert ein Betriebsrat und beschäftigt der Betrieb mindestens fünf Arbeitnehmer unter 18 bzw. Auszubildende unter 25 Jahren, kann eine Jugend- und Auszubildendenvertretung (**JAV**) gewählt werden. Die JAV hat zwar keine dem Betriebsrat vergleichbaren Mitwirkungsrechte. Doch sind ihre Vertreter vom Betriebsrat in allen Gesprächen mit dem Arbeitgeber über Belange jugendlicher Arbeitnehmer und Auszubildender heranzuziehen.

Aufgaben

1. **Mia (17) und Dennis (18) sind Auszubildende bei einem Großunternehmen, in dem Wahlen zu Betriebsrat und JAV bevorstehen. Beide erwägen, sich für JAV oder Betriebsrat zur Wahl zu stellen, jedenfalls aber selbst zu wählen. In welchem Umfang ist dies möglich? Recherchieren Sie im BetrVG.**
2. **Luisa und Isabel sind Kauffrauen im Einzelhandel. Die Fronten im Arbeitskampf sind verhärtet, doch bei der Urabstimmung der Gewerkschaft ver.di hat sich keine ausreichende Mehrheit für einen Streik ergeben. Die beiden streiken dennoch. Kann ihnen der Arbeitgeber kündigen?**

7.5 | Verfahren vor dem Arbeitsgericht

Die Arbeitsgerichte sind zuständig für Streitigkeiten zwischen Arbeitgebern und Arbeitnehmern aus dem Arbeitsverhältnis. Auch Streitigkeiten

- zwischen Arbeitnehmern aus gemeinsamer Arbeit,
- zwischen den Sozialpartnern über Tarifverträge und
- zwischen Betriebsrat und Arbeitgeber über Angelegenheiten der betrieblichen Mitbestimmung

sind vor den Arbeitsgerichten auszutragen (§ 2 Arbeitsgerichtsgesetz/ArbGG). Nur im letzten Fall entscheidet das Arbeitsgericht durch Beschluss, ansonsten per Urteil.

7.5.1 Klageerhebung und Klagefrist

In vielerlei Hinsicht erinnert das Arbeitsgerichtsverfahren an den Zivilprozess. Auch hinsichtlich der Anforderungen an die Klageerhebung ist auf den Abschnitt 4.9.1.1 (S. 65) zu verweisen. Da es aber in Arbeitssachen schneller Entscheidungen bedarf, gelten besondere Klagefristen.

Beispiel 28: In Abwandlung zu Beispiel 27 hat Arbeitgeber Herr May diesmal den Betriebsrat angehört und überreicht Steiner die fristlose Kündigung erst am 08.10.2020. Dieser akzeptiert die Kündigung zunächst, da er sicher ist, einen neuen Job zu finden. Als er merkt, dass dies viel schwieriger wird als erwartet, reicht er am 30.10. doch noch eine Kündigungsschutzklage ein.
Die Kündigungsschutzklage ist unzulässig, da hier eine Klagefrist von drei Wochen ab Zugang der Kündigungserklärung gilt (§ 4 KSchG). Steiner hätte die Klage spätestens am 29.10.2020 einreichen müssen.

7.5.2 Güteverhandlung

Das Verfahren beginnt mit einer Güteverhandlung vor einem Arbeitsrichter. Oft kann eine Streitigkeit bereits hier durch einen Kompromiss (Vergleich) beigelegt werden. Dadurch werden Verfahren beschleunigt, Gerichte entlastet und Kosten reduziert. Bleibt die Güteverhandlung erfolglos, findet eine mündliche Verhandlung vor der sogenannten Kammer statt.

Vergleich
Der Vergleich ist eine gerichtliche oder außergerichtliche Einigung (= ein Vertrag) zwischen zwei Parteien, die durch beiderseitiges Abrücken von den eigenen Maximalforderungen zustande kommt.

Beispiel 29: In Abwandlung zu den Beispielen 27 und 28 hat Steiner gegen die nach Anhörung des Betriebsrats erfolgte Kündigung bereits am 20.10.2020 geklagt. Es zeigt sich, dass er den körperlichen Angriff abstreitet und dass Herr May diesen auch nicht beweisen kann. In der Güteverhandlung wird aber auch klar, dass das Verhältnis zwischen May und Steiner unwiderruflich zerstört ist.
Hier spricht alles für einen Vergleich: Steiner wird sich mit der Auflösung des Arbeitsverhältnisses einverstanden erklären – dies aber nur gegen eine Abfindung. Auf die wird sich auch May einlassen (müssen), da er den eigentlich vorhandenen Kündigungsgrund nicht nachweisen kann.

Der Gang zum Arbeitsgericht ist oft mit Trennung verbunden. Jeder Arbeitnehmer muss abwägen, ob er dies riskieren kann und will.

Gut zu wissen | **Der Gang zum Arbeitsgericht will wohlüberlegt sein**

Wer als Arbeitnehmer vor das Arbeitsgericht zieht, muss sich der Gefahr bewusst sein, dass der Weg zurück in den Job für immer verbaut sein kann. Denn die tägliche Zusammenarbeit setzt ein Vertrauensverhältnis voraus, das nicht selten im arbeitsgerichtlichen Verfahren durch Vorwürfe und Unterstellungen beschädigt oder gar zerstört wird. Deshalb kommt es häufig zu Abfindungsvergleichen wie in Beispiel 29.
Wer an seinem Arbeitsplatz hängt, sollte also geduldig sein und den Gang zum Arbeitsgericht erst dann wählen, wenn die Situation nicht mehr anders aufzulösen ist – also eher nicht wegen Lohnansprüchen, die der Arbeitgeber aufgrund eines vorübergehenden finanziellen Engpasses nicht erfüllen kann, wohl aber bei einer unberechtigten Kündigung, wenn mit dem Chef nicht zu reden ist.

7.5.3 Verhandlung vor der Kammer

Die Kammerverhandlung ähnelt der Hauptverhandlung im Zivilprozess (vgl. Abschnitt 4.9.1.2). Die Kammer ist mit einem Berufsrichter und zwei ehrenamtlichen Richtern, je ein Vertreter von Arbeitnehmer- und Arbeitgeberseite, besetzt. Es besteht kein Anwaltszwang, die Parteien können sich also selbst vertreten. Am Ende der Kammerverhandlung steht ein Urteil.

Prozesskosten
Im arbeitsgerichtlichen Verfahren gilt die Besonderheit, dass auch der Prozessgewinner (nur) in erster Instanz, also vor der Kammer, seine Anwaltskosten selbst zu tragen hat. Die Gerichtskosten sind immer von der Partei zu tragen, die die Klage verliert – außer der Rechtsstreit wird in der ersten Instanz durch einen Vergleich beendet.

7.5.4 Rechtsmittel

Gegen das Kammerurteil gibt es die Berufung (§ 64 ArbGG) zum Landesarbeitsgericht (LAG). Weiteres Rechtsmittel ist die Revision beim Bundesarbeitsgericht (BAG), welche jedoch nur in Ausnahmefällen zulässig ist.

Beispiel 30: Julia, Industriekauffrau bei der Grossmann AG, hat gegen eine verhaltensbedingte Kündigung eine zulässige Kündigungsschutzklage eingereicht, die jedoch am 16.10.2020 von der zuständigen Kammer beim Arbeitsgericht Duisburg abgewiesen wird. Das schriftliche Urteil wird Julia am 23.10.2020 zugestellt. Was kann sie dagegen tun und was muss sie beachten?

Julia kann Berufung beim LAG Düsseldorf einlegen. Die Berufung ist bei Kündigungsstreitigkeiten immer zulässig, ansonsten nur, wenn der Beschwerdewert 600,– Euro übersteigt oder die Berufung vom Arbeitsgericht zugelassen wird. Vor dem LAG besteht Anwaltszwang, sodass die Berufung bereits durch einen Rechtsanwalt eingelegt werden muss. Dies muss innerhalb eines Monats nach Zustellung des Urteils, bis zum 23.11.2020, geschehen. Innerhalb eines weiteren Monats, also bis zum 23.12.2020, ist die Berufung zu begründen.

Aufgaben

1. Kfz-Mechatroniker David ist am 07.09.2020 die fristlose Kündigung seines Arbeitgebers wegen Diebstahls am Arbeitsplatz ins Haus geflattert. Kann er am 28.09.2020 dagegen noch etwas unternehmen?
2. Vanessa, Zahnmedizinische Fachangestellte, hat von ihrem Chef Dr. Nerv nach Abmahnung eine verhaltensbedingte Kündigung erhalten. Ihre zulässige Kündigungsschutzklage wurde mit Urteil vom 03.08.2020 abgewiesen, da die Kammer die Kündigung für rechtmäßig hielt. Insbesondere sagten mehrere Patienten glaubhaft aus, dass Vanessa sie beleidigt habe. Am 03.09.2020 erwägt Vanessa, gegen das Urteil Berufung einzulegen. Was raten Sie ihr?

8.1 | Einleitung

Das öffentliche Recht mit seinen Teilgebieten Staats- und Verwaltungsrecht befasst sich (vgl. auch Abschnitt 1.2.3) mit den Rechtsbeziehungen des Staates und seiner Institutionen. Während das Staatsrecht – für den Laien arg theoretisch – Funktionen und Aufgaben von Regierung, Bundestag, Bundesverwaltung usw. bestimmt, ist das Verwaltungsrecht der im Alltag des Einzelnen wichtigere Teilbereich. Hier geht es um die Kontrolle von Ämtern und Behörden (= der Verwaltung), die sich in unterschiedlichster Art in das Leben des Einzelnen „einmischen".

Eine derartige Einmischung kann höchst willkommen sein, wie z. B. die Erteilung einer Baugenehmigung, die Aushändigung des Gesellenbriefs oder die Ausstellung eines Führerscheins. Sie kann aber auch für Ärger sorgen, wie etwa ein Beitragsbescheid des „ARD ZDF Deutschlandradio Beitragsservice", der an einem regnerischen Tag im Postkasten liegt.

Besonders das belastende Verwaltungshandeln muss auch für den rechtsunkundigen Bürger nachvollziehbar sein. Denn nur nachvollziehbares Handeln des Staates wird akzeptiert. Und der Staat kann nur dann funktionieren, wenn sein Handeln von der Mehrheit akzeptiert wird.

Deshalb ist die Verwaltung an die bestehenden Gesetze gebunden und darf niemals entgegen dem Wortlaut eines bestehenden Gesetzes entscheiden (**Gesetzesbindung der Verwaltung**, Art. 20 Abs. 3 GG), worauf im Abschnitt 8.3 noch einzugehen ist. Daneben sind die **Grundrechte** als unverletzbare Rechte des Einzelnen von größter Bedeutung für jedes Verwaltungshandeln.

8.2 | Grundrechte: Maßstab für staatliches Handeln

8.2.1 Einführung in die Grundrechte

Verfassungsgüter
Verfassungsgüter sind alle Rechtsgrundsätze des deutschen Grundgesetzes. Neben den Grundrechten zählen z. B. die Demokratie und die Rechtsstaatlichkeit dazu.

Die Grundrechte stehen am Beginn des Grundgesetzes, der Verfassung der Bundesrepublik Deutschland. Ihre wichtigsten Merkmale werden in der folgenden Übersicht zusammengefasst – bevor die einzelnen Grundrechte näher beleuchtet werden:

Grundrechte ...
sind als Teil des GG höchstes Recht. *Deshalb: kein Verwaltungshandeln gegen die Grundrechte.*
sind gegen staatliche Eingriffe, nicht aber im privaten Bereich einsetzbar. *Deshalb: keine Berufung auf freie Meinungsäußerung am Arbeitsplatz.*
sind vorrangig Abwehr-, im Regelfall aber keine Leistungsrechte. *Deshalb: Aus dem Grundrecht der Berufsfreiheit folgt kein Recht auf einen bestimmten Arbeitsplatz.*
sind fast immer einschränkbar zugunsten anderer Verfassungsgüter. *Deshalb: keine grenzenlose Gewährleistung von Grundrechten.*

8.2.2 Einzelne Grundrechte in der Praxis

ARTIKEL EINS
Grundgesetz:
DIE WÜRDE
DES MENSCHEN
IST UNANTASTBAR

Vom Grundsatz der Einschränkbarkeit der Grundrechte gibt es eine Ausnahme: Die **Würde des Menschen** ist unantastbar (Art. 1 Abs. 1 GG). Kein Mensch darf zum wehrlosen Instrument staatlichen Handelns gemacht werden. Jede Einschränkung ist hier gleichzeitig eine rechtswidrige Verletzung des Grundrechts.

Im Grundgesetz ist geregelt, dass festgehaltene Personen weder seelisch noch körperlich misshandelt werden dürfen (Art. 104 Abs. 1 GG). Dennoch gibt es immer wieder Stimmen, die in extremen Ausnahmesituationen die Anwendung der Folter durch den Staat als allerletzte Möglichkeit zur Abwehr einer Gefahr für das Leben von Menschen diskutieren. Der Staat muss sich aber auch in Ausnahmesituationen an das GG halten.

Beispiel 1: Terrorist X droht damit, dass „in wenigen Stunden" eine Bombe in einer belebten Fußgängerzone im Ruhrgebiet explodiere – unklar ist allerdings, in welcher Stadt. X wird gefasst, lässt sich aber keine weiteren Hinweise entlocken. Darf zum Zweck der Rettung vieler Menschen vor dem Tod die Folter als „letztes Mittel" gegen X angewendet werden?

Die Folter verletzt die Menschenwürde des X, da er zum wehrlosen Instrument staatlichen Handelns würde. Zwar dient dieses staatliche Handeln andererseits der Wahrung von Grundrechten der Gefährdeten (Art 2 Abs. 2 GG: „Jeder hat das Recht auf Leben ..."), doch da die Menschenwürde auch zugunsten anderer Grundrechte niemals angetastet werden darf, verstößt die Folter hier gegen Art. 1 Abs. 1 GG und wäre rechtswidrig.

In Beispiel 1 beeinträchtigt die Folter neben der Menschenwürde auch das Grundrecht auf **körperliche Unversehrtheit** (Art. 2 Abs. 2 GG) . Hierbei handelt es sich um ein starkes, also nur unter strengen Voraussetzungen einschränkbares Grundrecht. Relativ schwach ist dagegen das Grundrecht auf freie Entfaltung der Persönlichkeit (**Handlungsfreiheit**, Art 2 Abs. 1 GG). Da es durch jedes belastende Verwaltungshandeln eingeschränkt wird, muss es häufig vorrangigen Interessen weichen – wie das folgende Beispiel zeigt.

Beispiel 2: Quinton Qualmer hält sich nie an Rauchverbote und meidet ganz demonstrativ die neben einer belebten Bushaltestelle eingerichtete Raucherzone. Er raucht mitten in der wartenden Menschengruppe, da er meint, das Rauchverbot verletze ihn in seinem Grundrecht auf Handlungsfreiheit.

Quinton meint zwar zu Recht, dass das öffentliche Rauchverbot ein Eingriff in seine Handlungsfreiheit sei. Denn Handlungsfreiheit heißt auch, überall rauchen zu können. Doch dient das Verbot hier dem Schutz des Grundrechts der wartenden Fahrgäste auf Leben und körperliche Unversehrtheit (Art. 2 Abs. 2 GG, hier: Nichtraucherschutz). Da dieses Grundrecht vorgeht, ist der Eingriff in die Handlungsfreiheit gerechtfertigt. Quinton wird nicht in seinen Grundrechten verletzt – zumal es wenige Meter entfernt eine Raucherzone gibt.

In Art. 5 GG wird eine ganze Reihe von Grundrechten gewährleistet, unter denen die **Meinungsfreiheit** und die **Medienfreiheit** in Art. 5 Abs. 1 (Presse-, Rundfunk- und Filmfreiheit) besonders bedeutsam und kennzeichnend für den demokratischen Rechtsstaat sind. So dürfen Zeitungen und andere journalistische Beiträge wie Fernsehsendungen und Internetblogs nicht von staatlichen Stellen „zensiert", also ihre Veröffentlichung nicht von der Vertretung bestimmter Meinungen abhängig gemacht werden. Dennoch sind auch die Grundrechte aus Art. 5 GG nicht schrankenlos gewährleistet, wie das folgende Beispiel zeigt.

Beispiel 3: Bertolt Brauhn ist Vorstandsmitglied der X-Partei. Bei einer Großkundgebung der Partei auf dem Marktplatz der Stadt S spricht er vor 3.000 Zuhörern über die deutsche Vergangenheit und erklärt dabei den Völkermord an den Juden während der nationalsozialistischen Diktatur zur „gemeinen Lüge." Mehrere Zuhörer erstatten daraufhin Strafanzeige gegen Brauhn. Tatsächlich wird er wegen Volksverhetzung (§ 130 StGB) verurteilt. Bertolt Brauhn sieht sich in seinem Grundrecht auf Meinungsfreiheit verletzt.

Grundsätzlich sind auch extreme politische Meinungen und Wertungen von der Meinungsfreiheit gedeckt. Dies ist wichtig, da in der Demokratie ein ständiger Wettbewerb um Meinungen stattfinden soll. Allerdings findet die Meinungsfreiheit ihre Grenzen, wo Menschen in ihrem Grundrecht auf Unantastbarkeit der Menschenwürde verletzt werden. Die Leugnung des Völkermordes an den Juden bei einer Großkundgebung verletzt die Menschenwürde der Opfer und Hinterbliebenen. § 130 Abs. 3 StGB soll dies verhindern, indem die Leugnung bei einer Versammlung (wie hier) mit Freiheitsentzug von bis zu fünf Jahren bestraft werden kann.

Versammlungen
- in geschlossenen Räumen und
- Spontanversammlungen bedürfen keiner Anmeldung.
- Versammlungen unter freiem Himmel sind nach § 14 Versammlungsgesetz spätestens 48 Stunden vor der Bekanntgabe durch den Veranstalter bei der Versammlungsbehörde anzumelden. Dies soll z. B. Schutz vor Gegendemonstrationen gewährleisten.

Mit dem demokratischen Rechtsstaat fest verbunden ist das Grundrecht auf **Versammlungsfreiheit** (Art. 8 GG). Kundgebungen und Demonstrationen müssen grundsätzlich auch spontan möglich sein (siehe auch Randspalte oben). Auch die Versammlungsfreiheit muss allerdings unter Umständen weichen, falls im Einzelfall der Schutz anderer Verfassungsgüter Vorrang genießt.

Beispiel 4: Ralf Roth ist mit einigen anderen Aktivisten verantwortlich für die Zeitschrift „Umsturz Jetzt", die zur Revolution in Deutschland aufruft. Als die zuständige Behörde die Verbreitung der Zeitschrift verbietet, weil „Umsturz Jetzt" die Bevölkerung zur Beseitigung der Demokratie auffordere, meldet Ralf Roth eine „Demo zum Schutz der Pressefreiheit" an. Die Demo, an der sich rund 1.000 Menschen beteiligen, verläuft dann zunächst friedlich. Doch später fliegen aus der Mitte des Demonstrationszuges Steine. Fensterscheiben von Geschäften gehen zu Bruch, Passanten fliehen. Die Polizei löst die Demonstration auf. Ralf Roth, der bis zuletzt friedlich bleibt, sieht sich in seinem Grundrecht auf Versammlungsfreiheit verletzt.

Das Versammlungsgesetz sieht die Möglichkeit der Auflösung einer Demonstration (Versammlung) vor, wenn durch die Demonstration die „öffentliche Sicherheit" gefährdet ist. Die öffentliche Sicherheit ist gefährdet, wenn die Grundrechte Unbeteiligter in Gefahr sind.
Hier ist das Grundrecht der Geschäftseigentümer auf Gewährleistung des Eigentums (Art. 14 GG) bereits mehr als in Gefahr, da schon Fensterscheiben (= Eigentum) beschädigt wurden. Zudem ist das Grundrecht auf körperliche Unversehrtheit der Passanten (Art. 2 Abs. 2) zu schützen, da sie von den Gewalthandlungen erfasst zu werden drohen. Da die Gewalttaten hier auch aus der Mitte der Demonstration kamen und nicht von einem abtrennbaren „Block" provoziert wurden, muss Ralf Roth akzeptieren, dass hier die Grundrechte Unbeteiligter Vorrang vor der Versammlungsfreiheit haben und die Versammlung insgesamt aufgelöst wird.

Ralf Roth könnte hier auch eine Verletzung des Grundrechtes auf **Pressefreiheit** durch das Verbot der Zeitschrift behaupten. Wer allerdings (wie er) die Pressefreiheit zum Kampf gegen die freiheitlich-demokratische Grundordnung missbraucht, kann die Pressefreiheit nicht in Anspruch nehmen. Dies ist nur logisch. Denn wer das Grundgesetz beseitigen möchte, kann sich nicht auf dessen Schutz berufen.

Häufig fehlinterpretiert wird das Grundrecht der **Berufsfreiheit** (Art. 12 GG). Dabei sollte man immer an den Grundsatz denken, dass Grundrechte in erster Linie Abwehrrechte gegen staatliche Eingriffe und nur in Ausnahmefällen Leistungsrechte sind (vgl. Abschnitt 8.2.1).

Das Grundgesetz garantiert eine staatlich unbeeinflusste Berufswahl – aber immer nur innerhalb des zur Verfügung stehenden Angebotes. Wichtig: kein Anspruch auf einen bestimmten Arbeits- oder Ausbildungsplatz!

Näher eingegangen wird auf die Berufsfreiheit in den beiden folgenden Abschnitten 8.3 und 8.4.

Beispiel 5: Alina hat ihre Berufsausbildung zur Zahntechnikerin erfolgreich abgeschlossen. Nach einigen erfolglosen Bewerbungen stellt sie einen Antrag an die Bundesagentur für Arbeit auf Zuteilung eines Arbeitsplatzes als Zahntechnikerin. Sie habe schließlich ein entsprechendes Grundrecht auf Berufsfreiheit. Kann der Antrag Erfolg haben?

Der Antrag wird erfolglos bleiben. Die Berufsfreiheit besteht nämlich zum einen darin, den gewählten Beruf ohne Beschränkungen ausüben zu können, zum anderen darin, nicht zu ungewünschten beruflichen Tätigkeiten („Zwangsarbeit") herangezogen zu werden. Ein Recht auf einen bestimmten Arbeitsplatz besteht aber nicht. Die Bundesagentur als staatliche Stelle wird Alina zwar Jobangebote zuleiten, ihr aber keinen Job zuteilen.

Gut zu wissen | **Bei Grundrechtsproblemen diskutieren und argumentieren können**

Niemand kann verlangen, dass Sie die Grundrechtsprobleme lösen, die in vielen politischen Diskussionen eine Rolle spielen – zumal zumeist auch gegensätzliche Meinungen vertretbar sind. Aber mitreden zu können kann in den unterschiedlichsten Situationen des Alltags von Vorteil sein. In der folgenden Tabelle sind deshalb einige in der öffentlichen Diskussion auftauchende Probleme und ihr Grundrechtsbezug dargestellt.
Abkürzungen: RF (Rechtfertigung), GR (Grundrecht), I bzw. II (Abs. 1 bzw. Abs. 2)

Schlagwort	Worum geht es?	Eingriff in	RF durch	Abwägung
Helmpflicht für Radfahrer	Dürfen Fahrradfahrer per Gesetz gezwungen werden, zu ihrem eigenen Schutz im Verkehr einen Helm zu tragen?	Art. 2 I	Art. 2 II	Eingriff in die Handlungsfreiheit der Radfahrer? Ja, auch „unvernünftiges" Handeln ist von der Handlungsfreiheit umfasst. Zudem Anschaffungskosten und Unbeqemlichkeit. Dagegen steht die Förderung des Lebens- und Gesundheitsschutzes der Radfahrer als wichtiges Rechtsgut. Ergebnis der Abwägung: Helmpflicht ist nicht rechtmäßig; Gegenansicht vertretbar
Kopftuchverbot	Darf Lehrerinnen im Staatsdienst das Tragen eines Kopftuchs als Symbol ihres muslimischen Glaubens verwehrt werden?	Art. 4 I, Art. 4 II	Art. 4 I, Neutralitätsgebot des Staates	GR der Lehrerin auf freie Religionsausübung verletzt? Eingriff ja, da Versagung während des Dienstes. DAGEGEN: GR der Unterrichteten auf negative Religionsfreiheit (Unterricht frei von religiösen Symbolen); Pflicht staatlicher Stellen (auch Lehrer) zu religiöser Neutralität. Ergebnis der Abwägung: offen
„Rauchfrei genießen"	Darf in Gaststätten das Rauchen generell verboten werden?	Art. 12, Art. 14	Art. 2 II	Sind Berufsfreiheit und Eigentum (Hausrecht) der Gastwirte verletzt? Eingriff ja, da Raucher als Kunden verloren zu gehen drohen. DAGEGEN: Schutz anderer Gäste vor Schäden durch Passivrauchen (Art. 2 II). Ergebnis der Abwägung: offen

Ultima Ratio
äußerstes Mittel, letztmöglicher Weg

8.3 | Der Verwaltungsakt: Wichtigstes Instrument der Verwaltung

8.3.1 Übersicht über Formen des Verwaltungshandelns

Es gibt unterschiedliche Möglichkeiten für die Verwaltung (also Ämter und Behörden), nach außen in Erscheinung zu treten. Zu unterscheiden ist zunächst zwischen hoheitlichem und privatrechtlichem Handeln. Privatrechtlich wie jeder andere Bürger handelt die Verwaltung etwa, wenn die Gemeinde X ein Gebäude an das Großunternehmen G verkauft oder die Stadtverwaltung der Stadt Y Bürobedarf beim Schreibwarengroßhändler S bestellt.

Hier schließt die Verwaltung Verträge, die auch jeder andere Teilnehmer am privaten Wirtschaftsverkehr schließen könnte. Vertragsstreitigkeiten sind dementsprechend zivilrechtlich und zumeist nach dem BGB zu lösen.

Wo Bürger und Verwaltung zusammentreffen, geht es zumeist um Verwaltungsakte.

Da es in diesem Kapitel um das Verwaltungsrecht geht, soll hier das Augenmerk auf dem typischen, nach dem Verwaltungsrecht zu beurteilenden Handeln der Verwaltung liegen. Ein solches Handeln liegt stets vor, wenn die Verwaltung hoheitlich, also in Erfüllung ihrer typisch staatlichen Aufgaben tätig wird. Dies sind Tätigkeiten, die eben gerade kein Teilnehmer am privaten Wirtschaftsverkehr ausführen könnte oder dürfte. Beispiele sind die Regelung des Verkehrs, die Untersagung eines Gewerbes oder die Erhebung von Gebühren für die Nutzung öffentlicher Einrichtungen.

Innerhalb dieses typisch hoheitlichen Verwaltungshandelns gibt es wiederum verschiedene Formen, derer sich die Verwaltung bedient. Dabei ist der Verwaltungsakt, um den es nach der folgenden Übersicht gehen soll, das mit Abstand häufigste und wichtigste, im Alltag immer wieder vorkommende Instrument.

Übersicht: Formen des Verwaltungshandelns

Schlichtes Verwaltungshandeln	Öffentlich-rechtlicher Vertrag	Verwaltungsakt (VA)
rein tatsächliches, also an keine Form gebundenes Handeln, mit dem die Verwaltung keine unmittelbare Rechtsfolge herbeiführen will	Verwaltung will durch Einigung eine Rechtsfolge herbeiführen. Kein zivilrechtlicher Vertrag, aber Grundsätze über das Zustandekommen von Verträgen können angewendet werden.	Im Unterschied zum schlichten Handeln will die Verwaltung hier eine Rechtsfolge herbeiführen. Im Unterschied zum öffentlich-rechtlichen Vertrag soll die Rechtsfolge nicht auf Einigung beruhen, sondern einseitig festgelegt werden.
Beispiele für schlichtes Verwaltungshandeln: • *Gesundheitsamt warnt vor vergifteten Lebensmitteln.* • *Einwohnermeldeamt erteilt Herrn Müller Auskünfte zur Ummeldung.*	Beispiel für einen öffentlich-rechtlichen Vertrag: • *Die Stadt S schließt mit Frau Müller einen Vertrag über die Aufnahme von Frau Müllers Tochter Stella in den städtischen Kindergarten.*	Beispiele für den VA: • *Das Straßenverkehrsamt Bochum entzieht Frau Müller die Fahrerlaubnis.* • *Die Polizei erteilt Herrn Müller am Hauptbahnhof einen Platzverweis.* • *Beitragsbescheid des „ARD ZDF Deutschlandradio Beitragsservice“*

Rechtsverordnungen und Satzungen
Nicht zu vergessen bei den unterschiedlichen Formen des Verwaltungshandelns sind die Rechtsverordnungen und Satzungen, also die „Verwaltungsgesetze“ (vgl. Kapitel 1). Anders als bei den Handlungsformen der Tabelle (links) wendet sich die Verwaltung hier allerdings an eine unbestimmte Anzahl von Bürgern und bezieht sich auch nicht auf einen bestimmten Fall.

Charaktermerkmal des VA: Er regelt immer einen Einzelfall.

8.3.2 Der Begriff des Verwaltungsaktes (VA)

Den Begriff des Verwaltungsaktes zu kennen, ist auch für Nichtjuristen von Bedeutung. Denn hieran geknüpft ist das Wissen, wie man rechtlich gegen belastende Verwaltungsakte wie den Gebührenbescheid der städtischen Wasserwerke, die Verweigerung einer Baugenehmigung durch die Baubehörde oder das Verbot einer beruflichen Betätigung durch das Gewerbeamt vorgehen kann.

Definiert ist der VA in § 35 des Verwaltungsverfahrensgesetzes (VwVfG):

> Verwaltungsakt ist jede ... hoheitliche Maßnahme, die eine Behörde zur Regelung eines Einzelfalls auf dem Gebiet des öffentlichen Rechts trifft und die auf unmittelbare Rechtswirkung nach außen gerichtet ist.

Beispiel 6: Lucas, Auszubildender zum Kfz-Mechatroniker, ist durch die Gesellenprüfung gerauscht. Er hält sich aber für ungerecht bewertet und möchte gegen das Gesellenprüfungszeugnis rechtlich vorgehen. Was kann Lucas unternehmen?

Lucas müsste innerhalb eines Monats nach Aushändigung des Gesellenprüfungszeugnisses Widerspruch einlegen, wenn es sich um einen belastenden VA handeln würde. Er muss deshalb Schritt für Schritt prüfen, ob das Zeugnis die Voraussetzungen des VA-Begriffs erfüllt:

a) Hoheitliche Maßnahme: Das Gesellenprüfungszeugnis ist als Handlung mit Erklärungsinhalt eine Maßnahme. Die Maßnahme ist auch hoheitlich, weil sie auf dem Gebiet des öffentlichen Rechts, hier nämlich des öffentlich-rechtlichen Prüfungsrechts, erfolgte. Dass das Prüfungsrecht öffentlich-rechtlicher Natur ist, liegt auf der Hand, da es die staatliche Zulassung zu einem Ausbildungsberuf regelt.

b) einer Behörde: Zuständig ist hier der Prüfungsausschuss der Handwerkskammer. Die Handwerkskammer ist eine Körperschaft des öffentlichen Rechts und übernimmt im Prüfungswesen für handwerkliche Berufe die Funktion einer Behörde.

c) Regelung: Die Maßnahme muss Rechtswirkung entfalten. Hier liegt der Hauptunterschied zum schlichten Verwaltungshandeln, denn Auskünfte haben keinen Regelungscharakter. Die Regelung (Rechtswirkung) liegt hier darin, dass das Gesellenprüfungszeugnis das Nichtbestehen der Prüfung festhält – und Lucas damit in seinem Ausbildungsberuf (noch) nicht als Facharbeiter tätig sein kann.

Zwischenprüfungszeugnis
Kein VA ist z. B. das Zwischenprüfungszeugnis, da es keinen Regelungscharakter hat. Das Nichtbestehen entfaltet keine Rechtswirkung, da die Teilnahme an der Abschlussprüfung das Bestehen der Zwischenprüfung nicht voraussetzt.

d) Einzelfall: Der Einzelfallcharakter unterscheidet den VA von Rechtsverordnungen und Satzungen, die stets einen unbestimmten Personenkreis und unbestimmte Fallsituationen betreffen (vgl. Abschnitt 8.3.1). Hier geht es um den Einzelfall, dass Lucas durch die Prüfung gefallen ist.

e) unmittelbare Außenwirkung: die Außenwirkung unterscheidet den VA von verwaltungsinternen Verwaltungsvorschriften und Richtlinien. Die Außenwirkung ist hier unproblematisch, da ja mit Lucas ein außerhalb der Verwaltung stehender Bürger betroffen ist. Die Außenwirkung ist auch unmittelbar, da es keiner weiteren Handlungen bedarf, um die Rechtsfolge (Nichtbestehen der Prüfung) zu bewirken.

Damit handelt es sich bei dem Gesellenprüfungszeugnis eindeutig um einen belastenden VA, gegen den innerhalb eines Monats Widerspruch eingelegt werden kann (vgl. Abschnitt 8.4).

8.3.3 Rechtmäßigkeit eines Verwaltungsaktes

Bei der Rechtmäßigkeit eines VA ist nach formeller und materieller Rechtmäßigkeit zu unterscheiden, wobei der Schwerpunkt zumeist auf der materiellen Rechtmäßigkeitsprüfung liegt.

Übersicht: Rechtmäßigkeit eines VA	
Formelle Rechtmäßigkeit • Hat die zuständige Behörde gehandelt? • Ist der Adressat des VA angehört worden (§ 28 VwVfG)? • Ist die vorgeschriebene Form eingehalten worden (§§ 37, 39 VwVfG)?	Materielle Rechtmäßigkeit • Ist eine rechtmäßige Ermächtigungsgrundlage (EGL) vorhanden? • Ist der Tatbestand der EGL erfüllt? • Hat die Behörde ihren Ermessensspielraum genutzt?

Ermessen
Ermessen wird der Verwaltung eingeräumt, wenn in der Rechtsgrundlage von „können" die Rede ist, z. B.: „kann die Behörde die Erlaubnis zurückziehen." Dagegen spricht man von einer „gebundenen Entscheidung", wenn kein Ermessenspielraum eingeräumt wird: „entzieht die Behörde die Erlaubnis" oder „muss die Behörde die Erlaubnis entziehen".

Beispiel 7: Melina, Auszubildende zur Friseurin, hat sich zur Gesellenprüfung angemeldet. Da ihre Leistungen in Betrieb und Schule ausgezeichnet sind, macht sie sich wenig Sorgen. Umso überraschter ist sie, als der Prüfungsausschuss der Handwerkskammer X zunächst bei ihr Rücksprache hält und ihr dann per schriftlichem Bescheid mitteilt, dass sie wegen unentschuldigter Nichtteilnahme an der Zwischenprüfung für die Gesellenprüfung nicht zugelassen werde. Tatsächlich war Melina am Termin der Zwischenprüfung krank, versäumte es aber, sich ordnungsgemäß abzumelden. Ist die Nichtzulassung zur Gesellenprüfung rechtmäßig?

Ist der Bescheid ein VA?
Es handelt sich hier um einen VA, wobei im Wesentlichen auf die Begründung aus Beispiel 6 zurückgegriffen werden kann. Die Regelung liegt hier in der auf Rechtsgründen fußenden Verweigerung der Teilnahme an der Gesellenprüfung.

Formelle Rechtmäßigkeit des VA
Der VA ist formell rechtmäßig: Der Prüfungsausschuss ist gemäß § 37a der Handwerksordnung (HWO) zuständig für die Entscheidung. Melina wurde vor der Entscheidung auch im Rahmen der mit ihr gehaltenen Rücksprache angehört (§ 28 VwVfG). Auch gegen die Form des Bescheides bestehen keine Einwände, denn ein VA kann grundsätzlich mündlich erlassen werden (§ 37 VwVfG); wenn hier die Prüfungsordnung Schriftform vorschreiben würde, ist auch diese eingehalten. Schließlich enthält der VA auch die erforderliche Begründung (§ 39 VwVfG).

Melina: ausgezeichnete Leistungen – aber zur Prüfung nicht zugelassen

Materielle Rechtmäßigkeit des VA
Es handelt sich um einen belastenden VA, für den eine Ermächtigungsgrundlage (EGL) vorliegen muss. Dies ergibt sich aus der Gesetzesbindung der Verwaltung und daraus, dass bei jedem belastenden VA zumindest ein Eingriff in das Grundrecht auf Art. 2 Abs. 1 GG (Handlungsfreiheit) vorliegt. EGL für die Nichtzulassung ist hier § 36 Abs. 1 Nr. 2 HWO, der die Zulassung zur Gesellenprüfung an die Teilnahme bei der Zwischenprüfung knüpft.

Eine Diskussion, ob § 36 Abs. 1 Nr. 2 HWO gegen Grundrechte (zu denken wäre an Art. 12 GG) verstößt, sollte bei existierenden Gesetzen wie der HWO nur ausnahmsweise geführt werden.

Die materielle Rechtmäßigkeit des VA ergibt sich aus dem Umkehrschluss der EGL: Da zuzulassen ist, wer an der Zwischenprüfung teilgenommen hat, ist nicht zuzulassen, wer nicht teilgenommen hat. Möglicherweise ist zwar eine Ermessensentscheidung („Kann-Entscheidung") möglich, wenn das Fehlen bei der Zwischenprüfung entschuldigt ist. Da die Nichtteilnahme hier aber unentschuldigt war, bestehen keine Zweifel an der Rechtmäßigkeit des Bescheides.

Achtung:
Die Handwerkskammern erlassen jeweils für ihren Zuständigkeitsbereich geltende **Prüfungsordnungen** für die Gesellenprüfung, in denen die Vorgaben der Handwerksordnung (HWO) näher ausgestaltet werden. Hier soll angenommen werden, dass die Prüfungsordnung der Handwerkskammer X keine für Beispiel 7 wichtigen Sondervorschriften enthält.

VwGO
Verwaltungsgerichtsordnung

8.4 | Widerspruchsverfahren und Verwaltungsprozess

8.4.1 Widerspruchsverfahren

Gegen belastende Verwaltungsakte kann Widerspruch eingelegt werden – und zwar bei der Behörde, die den VA erlassen hat (Ausgangsbehörde). Der Widerspruch führt zur Aufhebung des Verwaltungsaktes – wenn der Widerspruch zulässig und begründet ist.

Achtung:
In verschiedenen Bundesländern (z. B. Bayern, Nordrhein-Westfalen, Niedersachsen) ist das Widerspruchsverfahren weitgehend abgeschafft worden. Hier ist – wenn man gegen einen Verwaltungsakt vorgehen will – in den meisten Fällen sogleich Klage beim Verwaltungsgericht zu erheben.

Übersicht: Zulässigkeit und Begründetheit des Widerspruchs gegen einen VA	
Zulässigkeit (nach VwGO) • Verwaltungsrechtsweg • Statthaftigkeit des Widerspruchs: nur bei belastendem VA (§ 68 VwGO) • Widerspruchsbefugnis, § 42 VwGO • Ordnungsgemäße Einlegung: Adressat, Form und Frist (§ 70 VwGO)	Begründetheit: wenn VA rechtswidrig und Adressat in Rechten verletzt ist • Formelle Rechtmäßigkeit des VA • Materielle Rechtmäßigkeit des VA – Vorliegen einer EGL – Tatbestand der EGL erfüllt? – Ermessensspielraum genutzt?

Beispiel 8: Felix (18) bewohnt eine kleine Wohnung in Stuttgart – 100 Meter entfernt vom geräumigen Haus seiner Eltern. Zum September 2020 hat er einen Platz zur Ausbildung an einer dreijährigen Berufsfachschule für Altenpflege in Mannheim bekommen. Da dort seine Freundin wohnt, hat er diese Variante dem Besuch einer Berufsfachschule in Stuttgart vorgezogen. Er stellt einen Antrag auf „Bafög" beim Amt für Ausbildungsförderung in Stuttgart. Am 03.08.2020 erhält er einen formell ordnungsgemäßen Bescheid, in dem der „Bafög"-Antrag abgelehnt wird. Felix legt am 25.08.2020 beim Amt für Ausbildungsförderung in Stuttgart schriftlich Widerspruch ein. Wird er Erfolg haben?

Zulässigkeit des Widerspruchs
- *Verwaltungsrechtsweg: Der Verwaltungsrechtsweg ist unproblematisch eröffnet, da hier ein typisches behördliches Verhalten, nämlich ein Bescheid auf Ablehnung einer Leistung, vorliegt.*
- *Statthaftigkeit des Widerspruchs: Der Widerspruch ist gemäß § 68 VwGO statthaft, da es sich bei dem Ablehnungsbescheid eindeutig um einen belastenden VA handelt.*
- *Widerspruchsbefugnis: Auch die Widerspruchsbefugnis ist hier eindeutig gegeben, da Felix selbst durch den VA belastet wird.*
- *Ordnungsgemäße Einlegung: Der Widerspruch ist innerhalb eines Monats, hier bis spätestens 03.09.2020, schriftlich, in elektronischer Form oder zur Niederschrift bei der Behörde einzulegen, die den VA erlassen hat (§ 70 Abs. 1 VwGO), also beim Amt für Ausbildungsförderung in Stuttgart. Auch diese Hürde hat Felix folglich genommen – der Widerspruch ist zulässig.*

Bafög oder BAföG
Abkürzung für das Bundesausbildungsförderungsgesetz; zudem umgangssprachliche Bezeichnung für die staatliche Förderung nach dem gleichnamigen Gesetz.

Begründetheit des Widerspruchs
Der Widerspruch ist begründet, wenn der VA rechtswidrig und Felix in Rechten verletzt ist.
- *Formelle Rechtmäßigkeit: Der VA ist laut Beispieltext formell rechtmäßig.*
- *Materielle Rechtmäßigkeit: EGL für den Ablehnungsbescheid ist § 2 Abs. 1 Nr. 1 in Verbindung mit § 2 Abs. 1a Nr. 1 BAföG. Danach wird zwar für den Besuch einer Berufsfachschule „Bafög" geleistet. Dies allerdings nur, wenn der Auszubildende nicht bei seinen Eltern wohnt und „von der Wohnung der Eltern aus eine entsprechende zumutbare Ausbildungsstätte nicht erreichbar ist." Felix wohnt zwar nicht bei seinen Eltern, jedoch wäre von deren Wohnung die Berufsfachschule in Stuttgart erreichbar. Damit ist die Voraussetzung des § 2 Abs. 1a Nr. 1 BAföG nicht erfüllt und der Ablehnungsbescheid zu Recht ergangen. Der Widerspruch ist unbegründet.*

So sehr sich Felix auch ärgert: Die Ablehnung ergeht zu Recht.

8.4.2 Verfahren vor dem Verwaltungsgericht

8.4.2.1 Besonderheiten beim Verwaltungsprozess

Auch beim Prozess vor den Verwaltungsgerichten kann auf die allgemeinen Grundsätze deutscher Gerichtsverfahren (Abschnitt 3.2.3) verwiesen werden. Doch gibt es – insbesondere mit Blick auf den Zivilprozess (vgl. Abschnitt 4.9.1) – einige wesentliche Besonderheiten bei der Zulässigkeit einer verwaltungsgerichtlichen Klage.

Das Bundesverwaltungsgericht in Leipzig ist im Verwaltungsprozess das Gegenstück zum Bundesgerichtshof in Zivilsachen. Es entscheidet über das Rechtsmittel der Revision (vgl. Abschnitt 3.2.3.2).

Übersicht: Besonderheiten der Zulässigkeit im Verwaltungsprozess
Sachliche Zuständigkeit (§ 45 VwGO): Im dreigliedrigen Aufbau der Verwaltungsgerichtsbarkeit ist das Verwaltungsgericht (VG) in erster Instanz unabhängig vom Streitwert zuständig. Nur ganz ausnahmsweise (z. B. Normenkontrollklage gegen den Bauplan einer Gemeinde oder Streit um die Errichtung einer gefährlichen Anlage) entscheidet in erster Instanz das Oberverwaltungsgericht (OVG).
Klagearten: Während im zivilrechtlichen Alltag hauptsächlich die Leistungsklage von Bedeutung ist, kommen für den Bürger im Verwaltungsprozess vornehmlich die Anfechtungsklage gegen einen belastenden VA (Abschnitt 8.4.2.2), die Verpflichtungsklage auf Vornahme eines begünstigenden VA und die Leistungsklage auf Vornahme oder Unterlassung schlichten Verwaltungshandelns in Betracht. Hinzu kommt die gerade bereits erwähnte Normenkontrollklage gegen baurechtliche Satzungen und Rechtsverordnungen.
Vorverfahren (§§ 68 ff. VwGO): Bei Anfechtungs- und Verpflichtungsklagen ist im Regelfall vor Klageerhebung ein Widerspruchsverfahren ordnungsgemäß durchzuführen (vgl. Abschnitt 8.4.1). Ist dies versäumt worden, ist die Klage unzulässig.
Klagefrist (§ 74 VwGO): Bei Anfechtungs- und Verpflichtungsklagen ist eine Klagefrist einzuhalten. Die Klage ist spätestens einen Monat nach Zustellung des Widerspruchsbescheides zu erheben.
Klagegegner (§ 78 VwGO): Die verwaltungsrechtliche Klage ist gegen den Bund, das Land oder die Körperschaft zu richten, deren Behörde tätig geworden ist – nur im Ausnahmefall gegen die Behörde selbst. Hat also die Behörde für Inneres und Sport in Hamburg einen belastenden VA erlassen, ist Klagegegner einer möglichen Anfechtungsklage die Stadt Hamburg.

Klagearten der VwGO
Für den Bürger weniger interessant sind die Feststellungsklage (auf Bestehen oder Nichtbestehen eines Rechtsverhältnisses), die Fortsetzungsfeststellungklage (auf Feststellung der Rechtswidrigkeit eines VA, der sich erledigt hat) und die Normenkontrollklage (auf Feststellung der Rechtswidrigkeit einer Verordnung oder Satzung).

Ein weiterer bedeutsamer Unterschied zum Zivilprozess ist der im Verwaltungsprozess geltende **Untersuchungsgrundsatz**. Anders als im Zivilprozess, wo der Verhandlungsgrundsatz gilt, hat das Gericht die für die Entscheidung im Verwaltungsprozess erheblichen Tatsachen selbst zu ermitteln. Praktische Konsequenzen ergeben sich hieraus z. B., wenn eine Partei im Prozess nicht erscheint.

Beispiel 9: Die Stadt X erhebt vor dem VG eine Leistungsklage gegen Herrn Rahlf auf Zahlung von 5000,– Euro aus einem angeblich mit diesem geschlossenen öffentlich-rechtlichen Vertrag. Da Herr Rahlf zur Verhandlung nicht erscheint, beantragt die Stadt X zu Beginn der mündlichen Verhandlung, ein Versäumnisurteil gegen Herrn Rahlf zu erlassen.

Was im Zivilprozess aufgrund des Verhandlungsgrundsatzes möglich ist, nämlich den (abwesenden) Beklagten allein auf der Grundlage des Klägervortrages zu verurteilen, klappt im Verwaltungsprozess nicht. Denn aufgrund des Untersuchungsgrundsatzes müsste das Gericht die von der Stadt X vorgetragenen Tatsachen zunächst selbst prüfen – was in der Verhandlung selbst nicht möglich ist.

8.4.2.2 Die Anfechtungsklage

Jan – „Opfer" des Meisterzwangs?

„Meisterzwang"
Im Rahmen der „Agenda 2010" wurde der Meisterzwang 2003 für 53 Handwerke aufgehoben. Seit Jahresbeginn 2020 gilt für 12 Handwerke (darunter der Fliesen-, Platten- und Mosaikleger) aber doch wieder die Meisterpflicht. Gelegentliche Entscheidungen des Bundesverfassungsgerichts zum Meisterzwang finden sich unter www.bundesverfassungsgericht.de.

Beispiel 10: Jan ist nach erfolgreicher Prüfung Dachdeckergeselle. Nun möchte er richtiges Geld verdienen. Ein von seinem Großvater geerbtes kleines Vermögen nutzt er, um sich mit dem Werbeslogan „Hier kriegen Sie was aufs Dach!" in Hamburg selbstständig zu machen. Als das Geschäft ein paar Wochen alt ist, geht ihm ein Untersagungsbescheid des Bezirksamtes Hamburg-Altona zu. Mit der Begründung, dass Jan nicht den für den selbstständigen Betrieb des Dachdeckerhandwerks erforderlichen Eintrag in der Handwerksrolle nachweisen könne, wird der Betrieb mit Wirkung zum 18.09.2020 untersagt. Nach ordnungsgemäßem Widerspruchsverfahren geht am 21.11.2020 ein Widerspruchsbescheid bei Jan ein, der die Untersagung bestätigt. Jan erhebt daraufhin gegen die Stadt Hamburg am 14.12.2020 Anfechtungsklage beim VG Hamburg mit dem Ziel, den Untersagungsbescheid aufzuheben. Kann die Klage Erfolg haben?

Zulässigkeit der Anfechtungsklage
Die Anfechtungsklage ist statthaft, da es sich beim Untersagungsbescheid um einen belastenden VA handelt. Für die Anfechtungsklage ist auch das VG Hamburg zuständig. Ein Vorverfahren ist laut Sachverhalt ordnungsgemäß durchgeführt worden und auch die einmonatige Klagefrist ist eingehalten, da sie mit Zugang des Widerspruchsbescheides beginnt und erst am 21.12.2020 abläuft. Die Stadt Hamburg als Rechtsträger des Bezirksamtes ist richtiger Klagegegner.

Begründetheit der Anfechtungsklage
EGL für den Untersagungsbescheid ist hier § 16 Abs. 3 der Handwerksordnung (HWO), wonach die Behörde (hier: Bezirksamt) den selbstständigen Betrieb eines zulassungspflichtigen Handwerks untersagen kann, wenn es entgegen den Vorschriften der HWO ausgeübt wird.

Die Voraussetzungen der EGL liegen hier vor, da das Dachdeckerhandwerk gemäß § 1 Abs. 2 HWO in Verbindung mit Anlage A Nr. 4 der HWO zulassungspflichtig ist, also den Meisterbrief (Eintragung in die Handwerksrolle) erfordert und Jan diese Voraussetzung nicht erfüllt. Auch hat er keine mehrjährige Berufserfahrung im Dachdeckerhandwerk, die ihm die Selbstständigkeit ohne Meisterbrief ermöglichen könnte (Altgesellenregelung, § 7b HWO).

Allerdings räumt § 16 Abs. 3 HWO der Behörde als „Kann-Bestimmung" Ermessen ein. Die Ermessensentscheidung muss die betroffenen Grundrechte korrekt abwägen. Hier ist Jans Grundrecht auf freie Berufsausübung (Art. 12 GG) durch den „Meisterzwang" eingeschränkt. Andererseits soll der „Meisterzwang" die Grundrechte auf freies Eigentum, Leben und körperliche Unversehrtheit schützen. Denn ohne ihn könnten unerfahrene und unbegabte Menschen das Dachdeckerhandwerk selbstständig ausüben – mit möglichen schweren Folgen für die genannten Grundrechte. Die Tatsache, dass Jan über keinerlei Berufserfahrung verfügt und seine Vermögensverhältnisse den selbstständigen Betrieb auch nicht als überlebenswichtig erscheinen lassen, sprechen hier für die Richtigkeit der Untersagungsverfügung. Die Klage wird also voraussichtlich erfolglos bleiben.

Aufgaben

1. **Lesen Sie, z.B. im Internet, die Grundrechte am Beginn des GG und diskutieren Sie, welche Grundrechte sich in den Fällen a) und b) gegenüberstehen.**
   a) Die zuständige Behörde lässt die Wohnung des Terrorverdächtigen T abhören.
   b) Sprayer S besprüht regelmäßig die Fassade des Unternehmens U. U stellt Strafantrag. S, der sich auf die Ästhetik seiner „Werke" beruft, wird verurteilt.
2. **Jonas, Auszubildender zum Elektroniker, fühlt sich bei der Zwischenprüfung falsch bewertet. Kann er Widerspruch einlegen? Argumentieren Sie.**

9.1 | Das Verbraucherdarlehen

9.1.1 Wie kommt ein Verbraucherdarlehen zustande?

Verbraucherdarlehensverträge (= Verbraucherkreditverträge) werden geschlossen, um das nötige „Kleingeld" zur Befriedigung eines Bedürfnisses zu beschaffen. Kennzeichnend für den Kredit ist, dass er mit Zinsen zurückzuzahlen ist, sich also das Risiko der Verschuldung – abhängig von Rückzahlungsbedingungen und Höhe des Kredits – vergrößert. Hier liegt die Gefahr für geschäftlich unerfahrene Personen: Man gibt das Geld aus, was durch den Kredit hereingekommen ist, denkt aber nicht an die Schulden der Zukunft. Einen Überblick über die Voraussetzungen des Verbraucherdarlehens gibt folgende Tabelle.

Übersicht: Voraussetzungen des Verbraucherdarlehens
Entgeltliches Darlehen: Im Regelfall Zinsen, aber auch jede andere Gegenleistung für die Überlassung von Geld. Entscheidend ist, dass der Rückzahlungsbetrag (wenn auch nur wenig) höher als der Auszahlungsbetrag ist.
Vertrag abgeschlossen zwischen **Verbraucher** (Darlehensnehmer) und **Unternehmer** (Darlehensgeber, häufig Bank). Zu den Begriffsdefinitionen vgl. S. 26.
Schriftform: Willenserklärungen von Darlehensnehmer und Darlehensgeber müssen schriftlich vorliegen, aber nicht zwingend in derselben Urkunde.
Infopflichten: Der Darlehensgeber muss bestimmte Pflichtinformationen in den Vertragstext einbauen, darunter Name und Adresse von Darlehensnehmer und -geber, den effektiven Jahreszins, den Nettodarlehensbetrag, die Vertragslaufzeit, Betrag, Zahl und Fälligkeit der einzelnen Teilzahlungen, den Gesamtbetrag sowie die Auszahlungsbedingungen.
Kein Verbraucherdarlehensvertrag liegt vor, wenn der **Nettodarlehensbetrag unter 200,– Euro** liegt oder bei geringer Gegenleistung, wenn der Darlehensnehmer das Darlehen binnen drei Monaten zurückzuzahlen hat.

Verbraucherdarlehen: Die „Schmerzen" stellen sich bei dieser (Finanz-) Spritze meistens erst später ein.

9.1.2 Besondere Rechte beim Verbraucherdarlehen

Der Darlehensnehmer hat, wie bei anderen Verbraucherverträgen auch (vgl. Abschnitt 4.6.5) ein **Widerrufsrecht**. Der Vertrag ist sogar von Anfang an nichtig, wenn der Zinssatz das gewöhnliche Maß weit überschreitet („Wucher": hängt vom Einzelfall ab, jedenfalls aber gegeben, wenn mehr als das Doppelte des durchschnittlichen Zinssatzes verlangt wird), wenn die **Schriftform** fehlt oder der Darlehensgeber seine **Info-Pflichten** verletzt.

Beispiel 1: Jacqueline ist verzweifelt: Zur Anschaffung eines neuen Plasmabildschirms hat sie einen Kredit (Höhe: 550,- Euro) bei einem professionellen Anbieter aufgenommen – doch der effektive Jahreszinssatz beträgt fast das 1,5-Fache des Marktüblichen. Neben dem Jahreszins enthält der schriftliche Vertrag bis auf die genaue Laufzeit komplette Informationen. Auch wird Jacqueline über ihr „zehntägiges Widerrufsrecht" belehrt. Seit der Auszahlung des Darlehensbetrages an Jacqueline sind bereits 17 Tage vergangen. Was kann sie tun?

Nichtig (wegen des Fehlens der Laufzeit) ist der Vertrag hier zwar nicht, da das Fehlen dieser Information mit Auszahlung des Darlehensbetrages an Jacqueline „geheilt" wird. Doch Jacqueline kann den Verbraucherdarlehensvertrag widerrufen, denn sie ist nicht korrekt über ihr 14-tägiges Widerrufsrecht belehrt worden. Folge: Die Widerrufsfrist endet hier erst nach einem Jahr und 14 Tagen.

Kündigung des Verbraucherdarlehens
Der *Darlehensnehmer* (DN/Verbraucher) kann kündigen,
- wenn im Vertrag Angaben zu Laufzeit und Kündigungsrecht fehlen (jederzeit).
- wenn ein veränderlicher Zinssatz festgelegt ist (jederzeit mit dreimonatiger Frist).

Der *Darlehensgeber* (DG/Unternehmer) kann kündigen, wenn der DN in Verzug mit zwei aufeinanderfolgenden Raten ist, die Verzugssumme sich auf zehn Prozent des Nennbetrages beläuft und der DG dem DN erfolglos eine zweiwöchige Nachzahlungsfrist mit Kündigungsandrohung gesetzt hat.

9.2 | Die Verbraucherinsolvenz

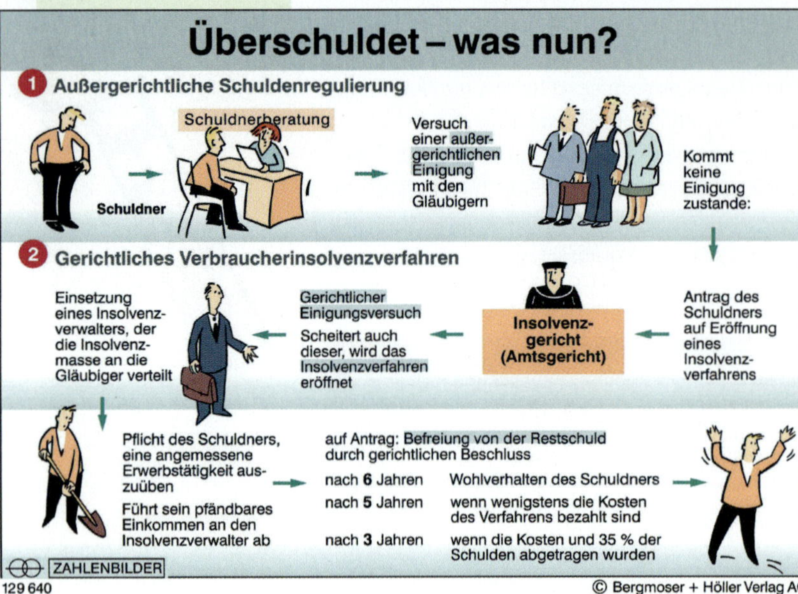

Das Verbraucherinsolvenzverfahren hat den Zweck, überschuldeten (= zahlungsunfähigen) Privatpersonen den Weg zurück in ein schuldenfreies Leben zu ebnen und gleichzeitig die Forderungen der Gläubiger bestmöglich zu erfüllen. Nach einem in der Insolvenzordnung (InsO) geregelten Verfahren muss der Überschuldete mindestens drei und höchstens sechs Jahre lang (siehe Schaubild) den pfändbaren Teil seines Einkommens über einen Treuhänder an seine Gläubiger abführen, bevor über die Restschuldbefreiung entschieden wird und das Ende des dreistufigen Verbraucherinsolvenzverfahrens erreicht ist.

Der jeweils pfändbare Teil des Einkommens wird jeden Monat neu der sogenannten Pfändungstabelle entnommen.

Beispiel 2: Die alleinstehende, kinderlose Anna hat neben einem Verbraucherdarlehen Schulden durch Onlinekäufe und Geldleihen bei Bekannten „am Hals". Als sich diese auf 50.000,– Euro summiert haben und eine außergerichtliche Einigung mit ihren Gläubigern gescheitert ist, stellt Anna, die im Monat 1.500,– Euro netto verdient und über kein nennenswertes Sacheigentum verfügt, den Antrag auf Eröffnung des Verbraucherinsolvenzverfahrens.

Anna gilt als überschuldet, da sie kein pfändbares Eigentum hat und die Schulden in den nächsten sechs Jahren auch nicht aus ihrem pfändbaren Einkommen tilgen kann. Dieses beträgt nämlich nach der offiziellen Pfändungstabelle bei ihrem Nettoeinkommen monatlich nur rund 225,– Euro. Sie könnte bei gleichbleibendem Gehalt in sechs Jahren also nur rund 16.200,– Euro zur Tilgung der Schulden aufbringen. Wenn das Verbraucherinsolvenzverfahren eröffnet, nicht wieder eingestellt wird und Anna sich an die Obliegenheiten (§ 295 InsO) während der Wohlverhaltensphase gehalten hat, wird sie von ihrer Restschuld, rund 34.000,– Euro, befreit.

Die Obliegenheiten während der Wohlverhaltensphase bedeuten für Anna, dass sie eine angemessene Erwerbstätigkeit ausüben oder sich darum bemühen muss, ein etwaiges Erbe zur Hälfte an den Treuhänder herauszugeben hat, Wechsel von Wohnort und Beschäftigung dem Treuhänder anzuzeigen und diesen über Einkünfte und Vermögen zu informieren hat sowie Zahlungen nur an den Treuhänder und nicht direkt an die Insolvenzgläubiger leisten darf.

Pfändungstabelle
Die Pfändungstabelle legt die Pfändungsgrenzen für das persönliche monatliche Arbeits- oder Sozialeinkommen fest. Die aktuelle Tabelle finden Sie im Internet („Pfändungstabelle" in Suchmaschine eingeben).

Überschuldung
Überschuldung liegt vor, wenn das Vermögen und das Einkommen des Schuldners die bestehenden Verbindlichkeiten nicht mehr decken.

Aufgaben

1. **Der eingetragene Kaufmann Klein ist klamm und schließt einen Darlehensvertrag mit der B-Bank. Nach 14 Tagen bekommt er von der C-Bank ein Angebot zu viel besseren Konditionen. Kann er widerrufen?**
2. **Macht ein Verbraucherinsolvenzverfahren Sinn, wenn Anna beim selben Schuldenstand von 50.000,– Euro**
   a) einen monatlichen Nettoverdienst von 1.980,– Euro
   b) einen monatlichen Nettoverdienst von 3.020,– Euro und die Unterhaltspflicht für ein Kind hat?

   Arbeiten Sie mit der aktuellen Pfändungstabelle.

Der Umgang mit dem Internet und speziell die Nutzung von Social Media hat eine Reihe von rechtlichen Fragen offengelegt. Zwar handelt es sich bei den im folgenden behandelten Problemen des **Urheberrechts** und der **Meinungsfreiheit** (bzw. deren Einschränkungen) um altbekannte Rechtsgebiete. Die Anwendung auf „neue Medien", neue Techniken und die Beobachtung, unter der „User" im Internet heutzutage stehen, führen jedoch zu teils komplizierten rechtlichen Verwicklungen. Hier soll etwas Licht in das Dunkel um häufige rechtliche Fallstricke im Internet gebracht werden. Anspruch auf Vollständigkeit kann nicht erhoben werden.

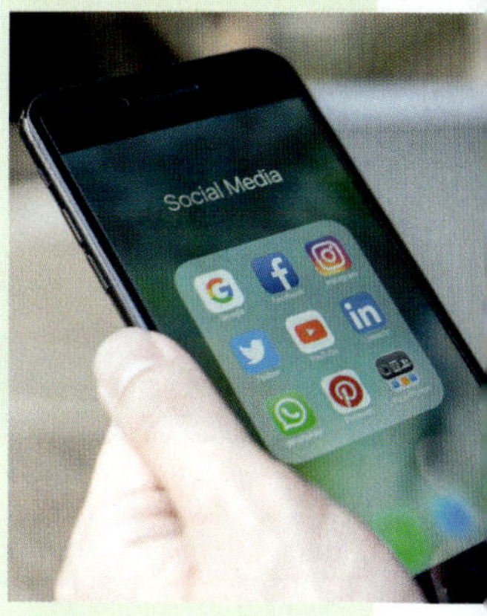

Recht und Social Media: alte Gesetze und neue Technologien

10.1 | Urheberrecht

10.1.1 Was ist geschützt, was nicht?

Wurde in Abschnitt 4.6.2.2 Eigentum als „rechtliche Herrschaft über eine *Sache*" definiert, so geht es beim Urheberrecht um **„geistiges Eigentum"**. Geschützt sind nicht die Gedanken („Gedanken sind frei"), sondern das schöpferische **„Werk"**, das aus den Gedanken entstanden ist: z. B. ein Text, ein Bild oder ein Lied. Um Schutz nach dem Urheberrechtsgesetz (UrhG) zu erhalten, muss das Werk keine hohen Hürden meistern. Auch geringe geistige Leistungen sind i. d. R. geschützt, wenn sie nur auf einer „eigenen" gedanklichen Schöpfung beruhen.

Hat jemand ein urheberrechtlich geschütztes Werk geschaffen, so steht dem Schöpfer (= Urheber) i. d. R. das alleinige **Nutzungsrecht** am Werk zu. Er kann anderen die Nutzung verbieten oder vertraglich gegen Entgelt gestatten, wie z. B. der Autor eines Buches dem Verlag den Vertrieb und die Vermarktung seines Manuskripts erlaubt. Das Manuskript ist die persönliche geistige Schöpfung des Autors und damit ein urheberrechtliches Werk.

Werk im Urheberrecht: Neben den genannten typischen Werken Text, Bild und Lied gibt es eine Vielzahl anderer Werkarten, die geschützt sind, wenn ihnen ein Mindestmaß an persönlicher geistiger Schöpfung zugrunde liegt: z. B. Computerprogramme, Datenbanken, Filme, technische Zeichnungen und Skizzen, Skulpturen und Stiche.

Beispiel 1: Joels Lebensmotto auf einer Social-Media-Plattform lautet: „Jeden Tag genießen!" Als ein anderer User dasselbe Motto nutzt, hält Joel das für eine Urheberrechtsverletzung.
Joels Motto ist bereits vielfach bekannt und genutzt worden. Es handelt sich nicht um seine geistige Schöpfung, deshalb hat er hier kein Urheberrecht.

Beispiel 2: Malik stellt ein schlichtes, vierzeiliges Gedicht, das er sich ausgedacht hat, ins Netz. Eine Userin teilt das Gedicht auf Facebook. Malik möchte dies verhindern.
Hier liegt eine (wenn auch schlichte) eigene geistige Leistung Maliks vor. Er hat ein urheberrechtliches Werk geschaffen, über dessen Nutzung er bestimmen kann.

10.1.2 Nutzung urheberrechtlicher Werke im Netz

Wann liegt eine urheberrechtliche Nutzung im Internet vor? Unproblematisch sind in den allermeisten Fällen **Verlinkungen** von urheberrechtlich relevanten Inhalten, da hier nur auf *fremde* Inhalte oder Nutzungen verwiesen wird. Urheberrechtlich irrelevant sind auch **„Likes"**, da hier lediglich Beifallsbekundungen für *fremde* Inhalte oder Nutzungen abgegeben werden.

Urheberrechtlich relevant kann dagegen alles sein, was *selbst* ins Netz gestellt wird: z. B. Inhalte einer eigenen Homepage und das, was in sozialen Medien **geteilt** bzw. **gepostet** wird.

Nutzung urheberrechtlicher Werke: Es gibt diverse Möglichkeiten, urheberrechtliche Werke zu nutzen. Wichtig sind z. B. die Vervielfältigung („Kopieren"), die Verbreitung (z. B. bundesweiter Verkauf eines Buches) und zunehmend die „öffentliche Zugänglichmachung", also die digitale Kopie, die sich z. B. beim Posten und Teilen urheberrechtlicher Werke verwirklicht. Auch „Streaming" und „Filesharing" sind urheberrechtlich relevante Nutzungen.

Beispiel 3: Malik postet ein Foto bei Instagram, das er vom Reichstag in Berlin geschossen hat. Daneben stellt er ein ähnliches Motiv eines Fotoreporters, das er im Netz gefunden hat.
Während er in der Nutzung seines eigenen Fotos frei ist, ist Urheber des anderen Bildes der Fotoreporter. Ohne dessen Zustimmung darf Malik dieses Bild nicht posten (= nutzen).

Der Share-Button gibt grünes Licht für das Teilen von Inhalten. Aber Vorsicht: Ist derjenige, der den Share-Button gesetzt hat, selbst nicht Urheber oder Inhaber der Nutzungsrechte, schützt auch der Share-Button nicht vor einer Verletzung des Urheberrechts.

Die Regel, dass die Nutzung geschützter Werke nur mit ausdrücklicher Erlaubnis des Urhebers (oder Nutzungsrechtsinhabers: z. B. Verlag), gestattet ist, kennt Ausnahmen. Die wichtigsten sind:

- stillschweigende („konkludente") Zustimmung: Der Urheber oder Inhaber der Nutzungsrechte ist mit der Verbreitung des Werkes einverstanden (z. B.: Share-Button auf einer Homepage).

Beispiel 4: Malik teilt ein Foto bei Instagram, das von seinem Freund Max „öffentlich" gepostet wurde. Außerdem teilt er einen Reisebericht seiner Facebook-Freundin Anna öffentlich, den diese nur für ihre Facebook-Freunde sichtbar gemacht hat.
Im ersten Fall ist im öffentlichen Posten ein stillschweigendes Einverständnis zu sehen, das Foto auch mit jedem beliebigen User zu teilen – denn sehen kann es ohnehin jeder.
Anna wollte ihren (ebenfalls urheberrechtlich geschützten) Reisebericht dagegen offenbar nur bestimmten Personen zeigen, sodass das Teilen für Personen außerhalb dieser Gruppe nicht von Annas Einverständnis gedeckt ist – hier liegt eine Urheberrechtsverletzung durch Malik vor.

- Erlöschen des Urheberrechts 70 Jahre nach dem Tod des Urhebers:

Beispiel 5: Die Germanistik-Studentin Magda postet regelmäßig kleine Teile aus ihrem Lieblingsbuch, Johann Wolfgang von Goethes „Faust", öffentlich auf Facebook.
Goethes „Faust" erfüllt zwar als eines der berühmtesten Werke der Literaturgeschichte alle Voraussetzungen eines urheberrechtlich geschützten Werkes. Da Goethe aber im Jahr 1832 gestorben ist, ist das Urheberrecht erloschen (§ 64 UrhG: 70 Jahre nach dem Tod des Urhebers). Das Werk ist damit „gemeinfrei", das heißt, dass jeder es nutzen kann.

- „Kleinzitat" (§ 51, Satz 2 Nr. 1 UrhG): stellenweises Zitieren ist ohne Zustimmung erlaubt:

Beispiel 6: Magda richtet auf Twitter auch politische Posts an ihre Follower. Dabei zitiert sie stellenweise aus aktuellen Tageszeitungen, um ihre Thesen zu untermauern.
Zeitungsinhalte sind zumeist (auch als kleine „Stellen") urheberrechtlich geschützt, so dass Magda an sich eine Erlaubnis bräuchte. Das UrhG erlaubt aber in bestimmten Fällen die Nutzung von Zitaten auch ohne Erlaubnis des Rechteinhabers. Dafür ist es jedoch nicht ausreichend, nur das Zitat in Anführungszeichen zu setzen und die Quelle anzugeben. Man muss sich mit dem Zitat auch auseinandersetzen, es zur Erläuterung oder Untermauerung eigener Inhalte nutzen. Der Tweet wiederum muss eine persönliche, geistige Schöpfung Magdas sein (was hier der Fall ist). Nur dann erfüllt sie den „Zitatzweck". Magda darf sich also nicht lediglich eigene Ausführungen ersparen. Achtung: Es dürfen nur Stellen, nicht das ganze Werk zitiert werden („Kleinzitat").

Achtung bei der Privatkopie: nur privater, kein gewerblicher Zweck
Wenn z. B. ein Musikstudent ein legal heruntergeladenes Musikstück für Studienzwecke auf sein Smartphone kopiert, liegt kein privater Zweck mehr vor, weil die Kopie nicht zum Gebrauch in der Privatsphäre bestimmt ist, sondern beruflichen Zwecken dient.

- „Privatkopie" – physisches und digitales Kopieren ausschließlich zum eigenen Gebrauch:

Beispiel 7: Malik hat bei dem (legalen) Internetanbieter „Yourmusique" Musik kostenpflichtig auf seinen Laptop heruntergeladen und kopiert diese auch auf sein Smartphone. Ein Lied, das ihm besonders gefällt, versendet er als Datei an 100 Facebook-Freunde.
Der Download erfolgt hier aufgrund eines Vertrages mit „Yourmusique". Das folgende digitale Kopieren (vom Laptop auf das Smartphone) ist als einzelne Privatkopie ohne Erwerbszweck ohne Erlaubnis gestattet (§ 53 Abs. 1 UrhG). Nicht erlaubt ist es dagegen, einen Song für 100 Freunde zu kopieren, denn hier kann man nicht mehr von „einzelnen Vervielfältigungen" sprechen.

10.1.3 Urheberrechtsverletzung: mögliche Rechtsfolgen

Liegt eine Urheberrechtsverletzung vor, so kann dies rechtliche Konsequenzen haben: Unterlassung und Schadensersatz sind die wichtigsten.

- Anspruch des Urhebers auf Unterlassung und Schadensersatz (§ 97 UrhG)

Beispiel 8: Magda freut sich auf das Ende des Winters. Sie postet ein Frühlingsfoto aus dem Internet öffentlich auf Instagram. Einen Monat später erhält sie eine Unterlassungsaufforderung eines Rechtsanwalts Dr. Menert im Namen des Berufsfotografen Uwe Mahler. Sie soll die Nutzung des Fotos per sofort unterlassen und einer „Vertragsstrafe" in Höhe von 320 Euro zustimmen sowie Abmahnkosten i. H. v. 450 Euro, insgesamt also 770 Euro zahlen. „Andernfalls werden gerichtliche Schritte eingeleitet." Magda hält das für einen schlechten Scherz.

Gehen wir davon aus, dass es sich nicht um einen Scherz handelt, denn derartige Abmahnungen kommen nicht selten vor. Magda hat hier eine Urheberrechtsverletzung begangen: Das Foto genießt urheberrechtlichen Schutz, Magda hat es genutzt (gepostet), sie hatte keine Zustimmung des Urhebers und einer der Ausnahmefälle (s. o.) liegt nicht vor.

- *Der Urheber kann hier zunächst Unterlassung der Nutzung verlangen: Magda muss das Foto durch Löschung des entsprechenden Instagram-Posts entfernen.*
- *Der Urheber kann Ersatz des Schadens verlangen, der ihm durch die Urheberrechtsverletzung entstanden ist. Hier behilft man sich mit der sogenannten „Lizenzanalogie": Was hätte Herr Mahler verdienen können, wenn Magda das Foto bei ihm „gekauft" hätte (was sie hätte tun müssen, um das Foto verwenden zu dürfen)? Hier werden als Maßstab zumeist die „marktüblichen Vergütungen für Bildnutzungsrechte der Mittelstandsgemeinschaft Foto-Marketing (mfm)" herangezogen. Nehmen wir an, dass der fiktive „Kaufpreis" 160 Euro beträgt. Dieser Wert wird nun noch einmal verdoppelt, weil auch die Quellenangabe am genutzten Werk fehlt: also 320 Euro. Dies ist die Summe der geforderten Vertragsstrafe, der Magda zustimmen muss, um nicht gerichtlich auf Schadensersatz verklagt zu werden – denn dann müsste sie auch noch zusätzlich die Gerichtskosten tragen.*
- *Schließlich kann der Urheber von der Rechtsverletzerin Magda den Ersatz der Kosten fordern, die durch die Beauftragung des Rechtsanwalts mit der Durchführung der Abmahnung (§ 97a UrhG) entstanden sind. Diese Kosten hängen vom sogenannten Streitwert ab, den die Angelegenheit vor Gericht hätte. Die hier geltend gemachten Abmahnkosten von 450 Euro erscheinen dem juristisch Unerfahrenen extrem hoch, sind aber nicht ungewöhnlich.*
- *Fazit: Die Forderungen des Urhebers sind berechtigt, und wenn Herr Mahler seine Urheberschaft beweisen kann, sollte Magda zahlen. Denn vor Gericht wird es noch teurer.*

- Recht auf Vernichtung von Vervielfältigungsstücken und Strafbarkeit

Das Recht des Urhebers auf Vernichtung von Vervielfältigungsstücken (§ 98 UrhG) spielt im Internet kaum eine Rolle, da die „Vernichtung" des Posts durch Löschung der Unterlassung gleichkommt. In der Welt körperlicher Vervielfältigungsstücke kann das ganz anders aussehen.

Beispiel 9: Der U-Verlag nutzt in einem neuen Fachbuch zum Urheberrecht auf vielen Seiten Texte aus einem Buch, das der Urheberrechtsexperte Professor Pingel zwei Jahre zuvor geschrieben hat – und zwar ohne Professor Pingel jemals kontaktiert zu haben. Nach dem Erscheinen des Fachbuchs macht Professor Pingel geltend, das Buch verletze sein Urheberrecht auf insgesamt 50 Seiten. Alle 10.000 gedruckten Exemplare müssten vernichtet werden.
Die Vernichtung von Vervielfältigungsstücken ist ein schwerwiegender Eingriff in den Gewerbebetrieb des Verlages. Deshalb ist zu fragen, ob eine andere, weniger belastende Lösung, wie etwa das Schwärzen der Urheberrechtsverletzungen, denkbar ist. Das scheint hier aber aufgrund der Vielzahl der Verletzungen unmöglich. Wenn sich der U-Verlag mit Professor Pingel nicht anderweitig einigen kann, muss er dem Vernichtungsanspruch Folge leisten.

Recht am eigenen Bild
Im Zusammenhang mit der Nutzung von Fotos ist das Recht des Abgebildeten am eigenen Bild zu beachten. Dieses Recht – obwohl missverständlich in § 22 „Kunsturhebergesetz" (KUG) geregelt – hat nichts mit dem Urheberrecht zu tun. Es konkretisiert vielmehr das sich aus dem Grundgesetz ergebende „allgemeine Persönlichkeitsrecht".
Bei Fotos ist damit nicht nur das Urheberrecht des Fotografen, sondern auch das Recht des Abgebildeten am eigenen Bild zu beachten: Selbst wenn der Urheber der Nutzung zustimmt, ist diese noch immer rechtswidrig, wenn der oder die Abgebildete nicht um Erlaubnis gefragt wurde.
Hinsichtlich der Ausnahmen in Social Media gilt Ähnliches wie für den Urheber: Wer ein Foto, auf dem er abgebildet ist, öffentlich postet, ist i. d. R. damit einverstanden, dass andere das Bild teilen.

Teilen, Liken – und mögliche Rechtsfolgen
Das Teilen eines Posts hat – abgesehen vom Urheberrecht – keine rechtlichen Auswirkungen. Laut diversen Gerichten macht sich derjenige, der etwas teilt, den Inhalt nämlich nicht zu eigen. Anders beim **Liken**: Wer eine Meinungsäußerung durch Betätigung des „Gefällt mir"-Buttons bewertet, macht sich nach der Rechtsprechung eine mögliche Beleidigung zu eigen und kann deshalb auch strafrechtlich verfolgt werden.

Gemäß § 106 UrhG ist die vorsätzliche Urheberrechtsverletzung sogar strafbar. Allerdings wird sie nur auf Antrag des geschädigten Urhebers und auch dann nur bei „öffentlichem Interesse" verfolgt. Das liegt bei alltäglichen Urheberrechtsverletzungen im Internet nicht vor.

10.2 | Meinungen, Werturteile und Tatsachenbehauptungen im Internet

Der Umgang mit Meinungsäußerungen im Internet führt häufig zu hitzigen Diskussionen. Dabei gilt auch hier: Die rechtlichen Probleme rund um verletzende Ansichten, falsche Behauptungen und mögliche Beleidigungen sind nicht neu. Begriffe wie „Fake-News" und „Hassrede" sind keine rechtlichen Kategorien. Zu lösen sind Konflikte nach der Gesetzeslage, wobei die grundrechtlich geschützte **Meinungsfreiheit** (Art. 5 GG) eine zentrale Rolle spielt. Die Meinungsfreiheit wird aber u. a. durch die strafbaren Beleidigungsdelikte und den besonders schwerwiegenden Tatbestand der „Volksverhetzung" (§ 130 StGB / siehe S. 101, Bsp. 3) begrenzt. Bei Letzterem muss z. B. eine Freiheitsstrafe von bis zu fünf Jahren befürchten, wer aus rassistischen Motiven Teile der Bevölkerung beschimpft – jedoch nur, wenn die Tat „geeignet ist, den öffentlichen Frieden zu stören".

10.2.1 Werturteile

Beispiel 10: Steve Streit erklärt in einer öffentlichen Facebook-Diskussion über einen Politiker, dass er diesen für nicht qualifiziert halte, als Volkvertreter im Bundestag zu sitzen. Kurz darauf wird der Kommentar von Facebook gelöscht. Steve pocht auf sein Grundrecht auf Meinungsfreiheit aus Artikel 5 GG. Andere Diskutanten begrüßen die Löschung, weil Steve sich mit seinem „Hass" auf den Politiker „außerhalb der Gesetzesordnung" bewege.
Der Fall zeigt zwei typische Fehler auf. Zum einen ist Facebook zwar ein mächtiges, aber kein staatliches Unternehmen – und damit nicht unmittelbar an die Grundrechte gebunden. Der Ruf nach Grundrechtsschutz geht hier deshalb fehl. Ob die Löschung nach den Facebook- „Gemeinschaftsstandards", die Steve durch seine Mitgliedschaft akzeptiert hat, gerechtfertigt ist, ist eine andere Frage; sie soll hier unbeantwortet bleiben.
Zum anderen ist „Hass" keine rechtliche Kategorie. Ob Steve sich gesetzeswidrig verhalten hat, bestimmt sich hier am Beleidigungsbegriff des Strafrechts. Zwar liegt eine Abwertung des genannten Politikers vor, doch nicht jedes negative Werturteil ist eine Beleidigung. Hier dürfte die Schwelle zu Schmähung und Ehrverletzung unterschritten sein, sodass sich Steve nicht außerhalb der Gesetze, sondern innerhalb seiner Meinungsfreiheit bewegt.

Facebook und die „mittelbare Grundrechtsbindung"
Grundrechte richten sich gegen Eingriffe staatlicher Institutionen – so sollen z. B. bei der Meinungsfreiheit staatliche Eingriffe in dieselbe abgewehrt werden.
Ob neben staatlichen Institutionen auch mächtige private Unternehmen „mittelbar" durch Grundrechte gebunden sind, ist umstritten. Dafür spricht, dass im Zeitalter der Globalisierung, in dem die Macht internationaler Großunternehmen zulasten von Staaten zunimmt, andernfalls die Grundrechte entwertet werden können.

10.2.2 Tatsachenbehauptungen

Anders als Werturteile sind Tatsachenbehauptungen dem konkreten Beweis zugänglich.

Beispiel 11: Tatiana schreibt auf ihrer eigenen Homepage wider besseres Wissen, dass ihr Nachbar Till Maier regelmäßig seine Kinder schlage. Till Maier stellt Strafanzeige und dringt auch darauf, dass der Post aus dem Netz entfernt wird. Tatiana beruft sich auf „Meinungsfreiheit".
Tatiana kann sich gegenüber der Polizei (oder Staatsanwaltschaft) als staatliche Stelle zwar auf ihr Grundrecht auf Meinungsfreiheit berufen. Doch wird dies keine Aussicht auf Erfolg haben, da die Meinungsfreiheit dort endet, wo andere im Kern ihrer Persönlichkeitsrechte verletzt werden. Hier liegt eine unwahre Tatsachenbehauptung vor, welche geeignet ist, Till Maier bei den Lesern des Posts als gewalttätig gegen seine eigene Familie darzustellen. Da Tatiana die Unwahrheit ihrer Behauptung bewusst war, liegt eine Verleumdung (§ 187 StGB) vor. Till Maier hat einen Anspruch auf Löschung der verleumderischen Inhalte aus dem Internet.

Achtung:
Aufgaben zu Kapitel 10 finden Sie auf unserer Homepage – siehe Hinweis auf der vorderen Umschlagsinnenseite!